“十二五”职业教育国家规划教材
经全国职业教育教材审定委员会审定

企业经济业务核算

QIYE JINGJI YEWU HESUAN

(第4版)

主　编　孙　琳　岳秀敏
主　审　马　红

中国财经出版传媒集团
中国财政经济出版社
· 北京 ·

图书在版编目（CIP）数据
企业经济业务核算 / 孙琳，岳秀敏主编. -- 4版.
北京 ：中国财政经济出版社，2025. 2. -- （“十二五”
职业教育国家规划教材）. -- ISBN 978-7-5223-3695-4
Ⅰ. F275
中国国家版本馆CIP数据核字第2025F15N45号

责任编辑：田明晖　　　　责任校对：徐艳丽
封面设计：陈宇琰　　　　责任印制：史大鹏

企业经济业务核算（第4版）
QIYE JINGJI YEWU HESUAN

中国财政经济出版社 出版
URL：http：//www.cfeph.cn
E－mail：tianmh@cfemg.cn

社址：北京市海淀区阜成路甲28号　邮政编码：100142
营销中心电话：010－88191522　编辑部门电话：010－88190670
天猫网店：中国财政经济出版社旗舰店
网址：https：//zgczjjcbs.tmall.com
北京中兴印刷有限公司印刷　各地新华书店经销
成品尺寸：185mm×260mm　16开　16.25印张　425 000字
2025年2月第4版　2025年2月北京第1次印刷
定价：49.00元
ISBN 978－7－5223－3695－4
（图书出现印装问题，本社负责调换，电话：010－88190548）
本社质量投诉电话：010－88190744
打击盗版举报热线：010－88191661　QQ：2242791300

（第4版）前言

“会计实务”学习领域的前置专业课程是“会计基础”，后续专业课程为“成本核算与分析”“财务管理”“会计报表编制与分析”和“审计基础与实务”等。通过学习本课程，让学生在掌握会计基本核算程序与方法的基础上，把所学的会计核算方法熟练应用于不同类型、不同行业的业务核算中，指导学生建立提取会计信息和分析会计数据的逻辑思维，帮助学生奠定扎实的就业竞争力，胜任企业对财务各个岗位的要求。《企业经济业务核算》就是能够满足该目标的教材，并且该教材也有配套的国家在线课程资源。

《企业经济业务核算》教材内容的选取是在与企业从事会计工作的专家进行了多次探讨的基础上确定的，符合企业的需求，按照工作过程和会计岗位的设置安排了教学和实训内容，实训与理论学习同步完成，力求达到学以致用、学以会用的目的。这种设计的合理性在于：减少了空洞的理论说教，学习的内容尽可能接近工作的实际内容，学生通过学习掌握了知识，适应了企业财务岗位需求，充分地体现了职业教育的特色。本教材可供各个层次的职业院校（包括五年一贯制）在校学生的学习，也可充分满足有财务知识需求人员的自学。

本教材由四川财经职业学院主导开发，成都冲和科技有限公司和四川航天信息有限公司在内容选取及业务单据等方面给予了大量的帮助。参与编写的老师如下：项目一货币资金的核算、项目二往来款项的核算、项目六无形资产和其他资产的核算由谢芬芬编写；项目三存货的核算、项目十三应付债券的核算、项目十四筹集资金的核算、项目十五会计报表的编制由孙琳编写；项目四固定资产的核算、项目五投资性房地产的核算、项目十职工薪酬的核算由马红编写；项目七交易性金融资产的核算、项目八债权投资的核算、项目九长期股权投资的核算由吴敏编写；项目十一税费的核算、项目十二销售的核算由岳秀敏编写。全书由马红教授设计、总纂和审核。

本次修订是依据最新的会计准则和税法而完成的，由于会计专业改革在不断推进，加之作者水平有限，难免出现疏漏或问题，在此敬请广大读者和同仁不吝赐教，以便今后修改、完善。

编　者

2024 年 11 月

目 录

1 项目一 货币资金的核算

学习目标

■培养细致严谨的职业态度；

■能正确判断库存现金、银行存款和其他货币资金核算的范畴；

■充分了解库存现金的内部控制和管理制度及银行账户管理和银行支付结算办法；

■能完成银行存款期末清查工作，会正确编制银行存款余额调节表；

■能正确编制和审核货币资金业务会计凭证；

■能完成货币资金有关账簿的登记；

■能提供和运用现金、银行存款、其他货币资金账户中的数据进行简单的财务分析。

关键术语

■库存现金

■银行存款

■其他货币资金

有关参考资料

■《企业会计准则》

■《初级会计实务》——初级会计资格考试用书

任务1
库存现金的核算

认知业务

库存现金收支业务流程

华美装饰材料有限责任公司2024年1月库存现金业务如下：

业务1：1日，公司对总务部实行定额备用金制度，首次核定的定额为20 000元，以现金付讫。

业务2：3日，采购部王刚出差借支差旅费3 500元，以现金付讫。

业务3：9日，采购部王刚出差归来，报销差旅费3 400元，余款退回。

业务4：11日，销售部购买办公用品600元，取得增值税普通发票，货款以现金付讫。

业务5：15日，公司用现金发放职工工资58 000元，代扣水费9 000元。

业务6：17日，公司出售部分多余材料取得现金226元（含税），并开出增值税专用发票，增值税税率为13%。

业务7：31日，当月总务部凭单据报销备用金3 000元。

业务8：31日，公司盘亏现金80元，报批后查明其中有50元属于应由责任人赔偿的款项，其余30元属于无法查明原因的现金短款，作为管理费用处理。

知识

一、库存现金概述

（一）库存现金的概念

库存现金通常是指存放在企业财会部门，由出纳员保管的主要用于企业日常零星开支的货币，包括人民币和外币。库存现金是企业流动性最强的资产，企业应当严格遵守国家有关现金的管理制度，并正确核算企业库存现金的收支情况。

（二）现金的使用范围

（1）职工的工资、津贴。

（2）个人劳务报酬。

（3）根据国家规定发给个人的科学技术、文化艺术、体育等各种奖金。

（4）各种劳保、福利费用以及国家规定的对个人的其他支出。

（5）向个人收购农副产品和其他物资的价款。

（6）出差人员必须随身携带的差旅费。

（7）结算起点（1 000元）以下的零星支出。

（8）中国人民银行确定需要支付现金的其他支出。

不属于上述现金使用范围的其他款项支付，一律通过银行进行转账结算。

（三）现金的库存限额

由开户银行根据企业的实际需要核定，一般按照企业 3～5 天日常零星开支的需要确定；边远地区和交通不便地区开户企业的库存限额，可按多于 5 天但不超过 15 天的日常零星开支的需要确定。库存限额不足时应及时补足，超出限额的现金应及时送存银行。

（四）现金的收支规定

企业在办理有关现金收支业务时，应遵守以下规定：

（1）企业的现金收入应于当日送存开户银行，当日送存确有困难的，由开户银行确定送存时间。

（2）企业不得从本单位的现金收入中直接支付现金，即不得“坐支”现金。

（3）企业签发现金支票从开户银行提取现金时，应如实写明提取现金的用途，由本单位财会部门负责人签字盖章，并经开户银行审查批准后，予以支付现金。

（4）不准用不符合国家统一会计制度的凭证顶替库存现金，即不得“白条抵库”；不准用企业银行账户代其他单位和个人存入或支取现金；不准保留账外公款，即不得“公款私存”，不得设置“小金库”等。

二、库存现金的核算

（一）现金收付的核算

企业收到现金时，借记“库存现金”科目，贷记有关科目；付出现金时，借记有关科目，贷记“库存现金”科目。

（二）现金清查的核算

为了加强对企业库存现金的监督，保证企业库存现金的安全和完整，企业应采用实地盘点法定期或不定期对库存现金进行清查。对于清查中发现的现金短缺或现金溢余，在查明原因前，应先记入“待处理财产损溢”科目，并同时调整“库存现金”科目的账面余额，做到账实相符。待查明原因，按管理权限报经批准后，从“待处理财产损溢”科目转出，分下列情况处理：

（1）若为现金短缺，属于应由保险公司赔偿或应由责任人赔偿的部分，记入“其他应收款”科目；属于无法查明原因的部分，记入“管理费用”科目。

（2）若为现金溢余，属于应支付给有关单位或人员的，记入“其他应付款”科目；属于无法查明原因的部分，记入“营业外收入”科目。

做中学

业务1：单据包括公司决议和借款单。

借：其他应收款——总务部　　20 000
　　贷：库存现金　　20 000

业务2：单据包括职工借款单。

借：其他应收款——王刚　　3 500
　　贷：库存现金　　3 500

业务3：单据包括差旅费报销单和收款收据。

借：管理费用　　3 400
　　库存现金　　100
　　贷：其他应收款——王刚　　3 500

业务4：单据包括增值税普通票、办公用品领用表。

借：销售费用　　600
　　贷：库存现金　　600

业务5：单据包括工资汇总表、工资发放表和代扣税费计算单。

借：应付职工薪酬——工资　　67 000
　　贷：库存现金　　58 000
　　　　其他应付款——自来水公司　　9 000

业务6：单据包括增值税专用发票记账联、领料单和收款收据。

借：库存现金　　226
　　贷：其他业务收入　　200
　　　　应交税费——应交增值税（销项税额）　　26

业务7：单据包括费用报销单（费用保险单后附增值税普通发票）。

借：管理费用　　3 000
　　贷：库存现金　　3 000

业务8：

（1）现金盘亏时，单据包括库存现金盘点报告单。

借：待处理财产损溢——待处理流动资产损溢　　80
　　贷：库存现金　　80

（2）报批后，单据包括有领导批复意见的库存现金盘点报告单。

借：管理费用　　30
　　其他应收款——相关责任人　　50
　　贷：待处理财产损溢——待处理流动资产损溢　　80

学后做

龙都公司2012年7月设立，主营家用电器的生产及销售。2024年5月至2024年8月有关库存现金的业务如下：

业务1：2024年5月12日，财务部购买办公用品800元，未取得增值税专用发票，货款以现金付讫。

业务2： 2024年5月23日，公司出售多余原材料取得现金113元（含增值税），开出了增值税专用发票，增值税税率为13%。

业务3： 2024年5月27日，采购员王林出差前到财务部预借差旅费5 000元，出纳员以现金付讫。

业务4： 2024年6月8日，采购员王林出差归来，报销差旅费4 800元，余款退回。

业务5： 2024年7月29日，财务部在清查库存现金时发现溢余200元，原因待查。

业务6： 2024年7月30日，经查业务5中的溢余现金，有160元系应付给司机刘强的油费，剩余部分原因不明。

业务7： 2024年8月15日，财务部进行库存现金清查时，发现现金短缺3 000元，原因待查。

业务8： 2024年8月20日，经查业务7中的短缺现金中，有800元系出纳员黄茜工作疏忽所致，应责令其赔偿，其余无法查明原因。

要求：（1）查找资料，了解上述业务完成的过程以及涉及的部门；

（2）确认上述业务发生或完成时应取得的单据；

（3）编制上述业务的会计分录。

任务2
银行存款的核算

认知业务

华美装饰材料有限责任公司2024年8月银行存款业务如下：

业务1： 8日，公司开出现金支票一张，从银行提取现金30 000元备发工资。

业务2： 11日，公司购进价值20 000元的原材料，取得的增值税专用发票上的税率为13%，对方代垫运杂费600元，运杂费取得普通发票，货款和运杂费均以银行存款支付，材料已验收入库。

业务3： 15日，公司销售商品一批给客户，开出的增值税专用发票上注明售价为150 000元，增值税率为13%，收到货款100 000元存入银行，其余款项暂未收到。

业务4： 31日，银行存款日记账账面余额为83 820元，银行对账单余额为171 820元。经逐笔核对，发现存在下列未达账项：

（1）29日企业开出现金支票74 600元支付劳务费，持票人尚未到银行办理结算手续；

（2）29日银行代企业收取货款52 000元，企业尚未收到收款通知；

（3）30日银行代企业支付电话费3 600元，企业尚未收到付款通知；

（4）30日企业送存银行的转账支票35 000元，银行尚未入账。

根据该公司发生的上述事项，编制“银行存款余额调节表”（见表1－1）：

表1－1　　银行存款余额调节表

2024年8月31日　　单位：元

项目	金额	项目	金额
企业银行存款日记账余额 加：银行已收、企业未收款 减：银行已付、企业未付款		银行对账单余额 加：企业已收、银行未收款 减：企业已付、银行未付款	
调节后的存款余额		调节后的存款余额	

知识

一、银行存款概述

（一）银行存款的管理

银行存款是指企业存放在银行或其他金融机构的货币资金，包括人民币存款和外币存款。银行存款管理的具体要求如下：

1. 严格执行银行账户管理办法的规定

实行独立核算的企业，必须在银行开设账户，以办理银行存款的存入、付出和转账业务。企业在银行开户，必须送存单位及有关人员的印鉴，签发各种结算凭证时，盖有留存银行印鉴的印章方为有效。

企业在银行开立存款账户，必须遵守相应的《银行账户管理办法》的各项规定。银行存款账户可以分为基本存款账户、一般存款账户、临时存款账户和专用存款账户四种。

（1）基本存款账户。基本存款账户是企业办理日常转账结算和现金收付的账户。一个企业只能在一家银行的一个分支机构开立一个基本存款账户。该账户既可提现，也可办理转账结算；企业的工资、奖金等现金支取必须通过该账户办理。

（2）一般存款账户。一般存款账户是企业在基本存款账户以外的银行借款转存、与基本存款账户的企业不在同一地点的附属非独立核算单位开立的账户，或根据其资金管理需要开立的账户。一个企业可以开立多个一般存款账户。该账户只能办理转账结算和现金缴存，不能提现。

（3）临时存款账户。临时存款账户是企业因临时经营活动需要开立的账户。该账户既可办理转账结算，也可根据国家现金管理的规定办理现金收付。

（4）专用存款账户。专用存款账户是企业因特定用途需要开立的账户。该账户既可提现，也可办理转账结算，但资金用途必须是企业制定的专门项目，如基建资金，新产品开发资金等。

企业在银行开立的存款账户，只办理本企业经营业务范围内的资金收付企业，不得出租和转让给其他单位或个人使用。银行存款账户必须有足够的资金保证支付，不准签发空头和远期的付款凭证。

2. 银行存款收付业务必须使用银行统一规定的结算凭证

企业向银行存入款项时，要填制“送款单”或“进账单”，将现金或转账支票送存银行，或由银行按支付结算办法规定划转存入企业存款账户，企业根据“送款单”或“进账单”回单联或银行收账通知单入账。

企业从银行提取现金或支付款项时，应签发支票或其他结算凭证，或由银行根据支付结算办法的规定主动将款项从企业存款户中划出，企业根据银行盖章的付款通知联入账。企业填写的各项收付款结算凭证，必须如实填明款项来源或用途，不得弄虚作假以套取银行信用。

3. 定期与银行核对账目

企业收入的一切款项，除国家另有规定的外，都必须及时送存银行；一切支出，除规定可用库存现金支付的外，都应按照支付结算办法的有关规定，通过银行办理转账结算。因此，企业要定期与银行核对账目，发现不符的账项要及时与银行联系，查明原因，进行账项调整。

（二）银行支付结算办法

根据中国人民银行有关支付结算办法规定，目前企业发生的货币资金收付业务，可以采用支票、银行本票、银行汇票、商业汇票、托收承付、委托收款、汇兑、信用卡等结算方式，通过银行办理转账结算。

按照支付结算适用的区域不同，以上结算方式可分为同城结算方式、异地结算方式和同城异地通用结算方式三种。其中，同城结算方式是指在同一城镇或同一票据交换地区进行的结算方式，主要包括银行本票结算方式；异地结算方式是指在全国范围内的不同城镇或交换地区进行的结算，包括汇兑、银行汇票和托收承付三种结算方式；同城异地通用结算方式是指同城、异地均可使用的结算方式，包括支票、委托收款、商业汇票和信用卡四种结算方式。

办理各种银行转账结算业务时要遵守《票据法》《票据管理实施办法》《支付结算办法》等法规的有关规定。企业应当加强与货币资金相关的票据的管理，明确各种票据的购买、保管、领用、背书转让、注销等环节的职责权限和程序，并专设登记簿进行记录，防止空白票据的遗失和被盗用。

1. 支票

支票是指由出票人签发，委托办理支票业务的银行在见票时无条件支付确定金额给持票人的一种票据，见图 1－1 和图 1－2。

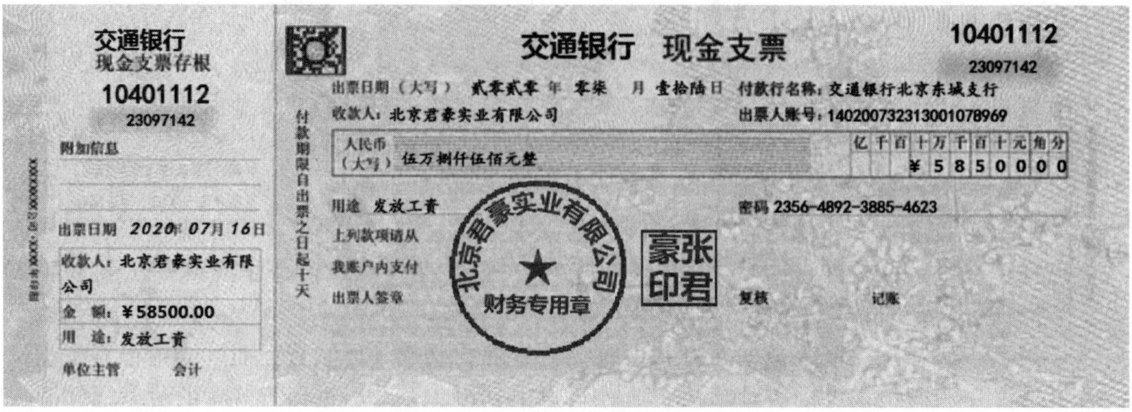

图 1－1　现金支票

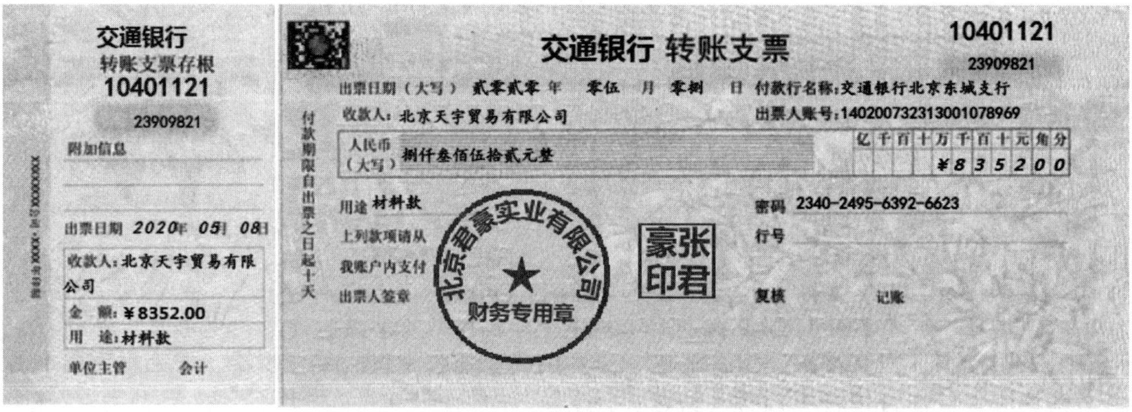

图 1－2　转账支票

（1）支票的结算程序如图 1－3：

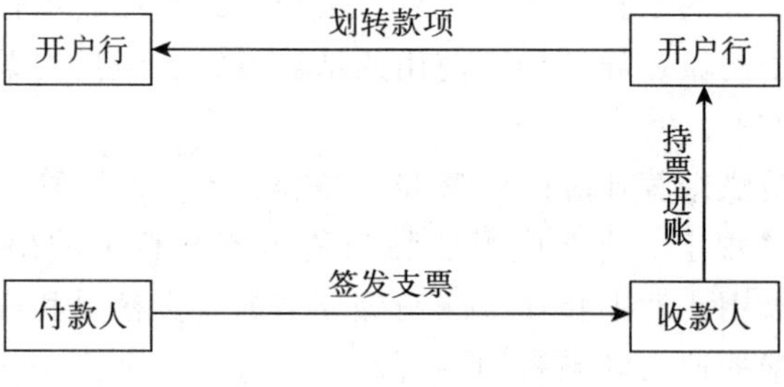

图 1－3　支票的结算流程

（2）有关规定：

A. 支票种类：按照支付票款的方式，支票分为现金支票、转账支票、普通支票。

支票上印有“现金”字样的为现金支票，现金支票只能用于支取现金。支票上印有“转账”字样的为转账支票，转账支票只能用于转账。支票上未印有“现金”或“转账”字样的为普通支票，普通支票可以用于支取现金，也可以用于转账。在普通支票左上角画两条平行线的，为划线支票，划线支票只能用于转账，不得支取现金。

B. 适用范围：支票适用于同城或异地的单位、个人各种款项的结算。支票一律记名，起点金额为 100 元。

C. 提示付款期：10 天（从签发的次日算起，到期日遇节假日顺延）。

D. 支票签发规定：不准签发空头支票。签发支票必须使用墨汁或碳素墨水填写，支票上各项内容要填写齐全，数字要标准，大小写金额要一致。现在大多数商业银行要求采用支票打印机或支票打印软件填制支票各项内容，以提高支票填写的规范性及支票的安全性。

签发日期应填写实际出票日期，支票正联出票日期必须使用中文大写，支票存根部分出票日期可以用阿拉伯数字书写；收款单位名称应填写全称，并与预留银行印鉴中单位名称保持一致；大写金额应紧接“人民币”书写，不得留有空白，以防加填；大小写金额要对应，并按规定书写；小写金额前面，均应填写人民币符号“¥”；在签发人签章处按预留银行印鉴（财务专用章、法人印章）签章，不能缺漏；支票签发后，将支票从存根联与正联之间骑缝线剪开，正联交给收款人办理转账，存根联留下作为记账依据。

2. 银行本票

银行本票是申请人将款项交存银行，由银行签发的，给申请人据以办理转账结算或支取现金的一种票据，见图 1－4。

交通银行本票申请书(存根)

第 20195356　号

申请日期　2020年　05月　10日

申请人	北京君豪实业有限公司	收款人	北京天宇贸易有限公司
账　号 或地址	140200732313001078969	账 号 或地址	140200100901213644122
用途	货款	代　理 付款行	
申请金额	人民币（大写）陆万玖仟陆佰元整	千百十万千百十元角分	¥ 6 9 6 0 0 0 0

此联申请人留存

备注:

图 1－4　银行本票

（1）银行本票结算程序如图 1－5：

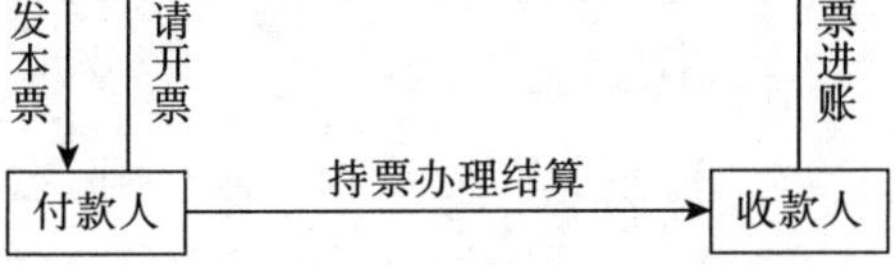

图 1－5　银行本票的结算流程

（2）有关规定：

A. 种类：按金额的不同，银行本票分为定额本票和不定额本票。

定额本票面额为1千元、5千元、1万元和5万元。不定额本票一式两联，在结清本票时，第一联由出票行留存，作借方凭证附件，第二联由出票行作借方凭证。

B. 适用范围：银行本票适用于同城或同一票据交换区的单位、个人各种款项的结算。银行本票可以用于转账，注明“现金”字样的银行本票可以用于支取现金。银行本票一律记名，允许背书，不予挂失。

C. 提示付款期：自出票日起最长不得超过2个月。

D. 银行本票签发规定：出票银行受理银行本票申请书，收妥款项签发银行本票。不定额银行本票用压数机压印出票金额。出票银行在银行本票上签章后将银行本票第二联和银行本票申请书第一联交给申请人。

银行本票必须记载的事项：表明“银行本票”的字样；无条件支付的承诺；确定的金额；收款人名称；出票日期；出票人签章。欠缺记载上列事项之一的，银行本票无效。

3. 银行汇票

银行汇票是汇款人将款项交存当地银行，由银行签发的，委托办理银行汇票业务的银行在见票时按实际结算金额支付确定金额给持票人的一种票据。

（1）银行汇票结算程序与银行本票结算程序原理相同。

（2）有关规定：

A. 适用范围：银行汇票适用于异地单位和个人之间各种款项的结算，特别适用于企业先收款后发货或钱货两清的商品交易。银行汇票可以用于转账，填明“现金”字样的银行汇票也可以用于支取现金。银行汇票一律记名，可以背书转让，汇款金额起点为500元。

B. 提示付款期：自出票日起1个月。

C. 银行汇票签发规定：出票银行受理银行汇票申请书，收妥款项后签发一式四联的银行汇票，并用压数机压印出票金额，将第二联银行汇票和第三联解讫通知，连同“银行汇票申请书”第一联一并交给申请人。注意：银行汇票的日期应为大写。

银行汇票必须记载的事项：表明“银行汇票”的字样；无条件支付的承诺；出票金额；付款人名称；收款人名称；出票日期；出票人签章。欠缺记载上列事项之一的，银行汇票无效。

4. 商业汇票

商业汇票是指由出票人签发，承兑人承兑，委托付款人在指定日期无条件支付确定金额给收款人的票据。按承兑人不同分为商业承兑汇票（见图1－6与图1－7）和银行承兑汇票（见图1－8与图1－9）。前者的承兑人是付款人，后者的承兑人是付款人的开户银行。

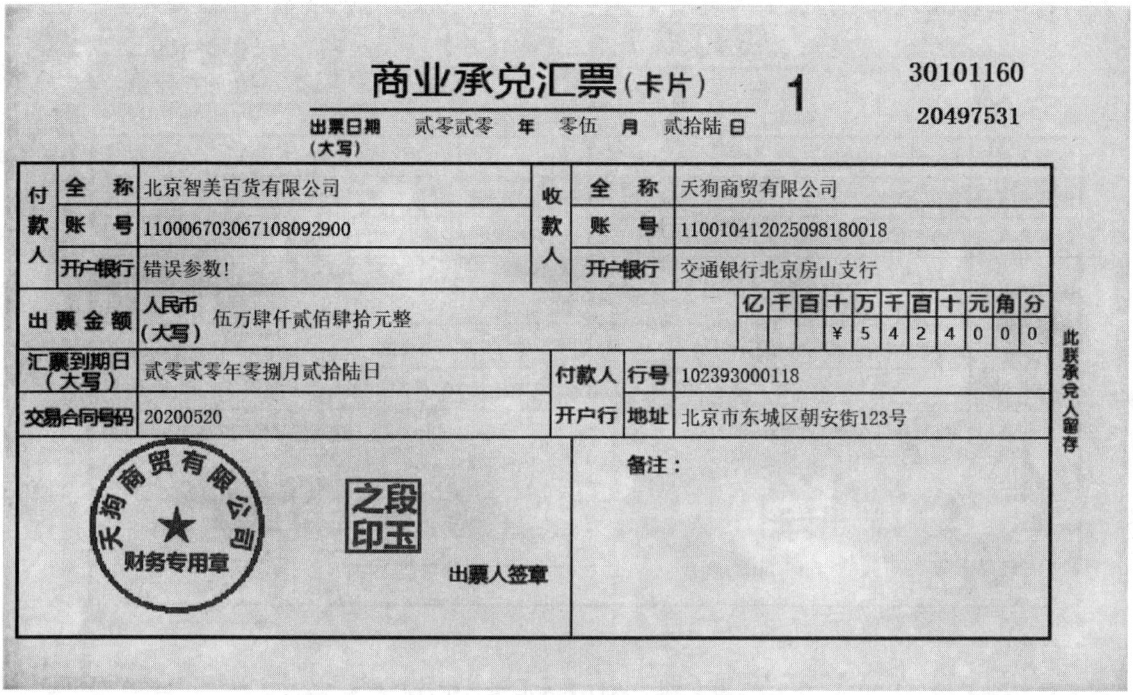

商业承兑汇票（卡片） 1

30101160
20497531

出票日期（大写） 贰零贰零 年 零伍 月 贰拾陆 日

付款人	全称	北京智美百货有限公司	收款人	全称	天狗商贸有限公司
	账号	110006703067108092900		账号	110010412025098180018
	开户银行	错误参数!		开户银行	交通银行北京房山支行

出票金额	人民币（大写） 伍万肆仟贰佰肆拾元整	亿	千	百	十	万	千	百	十	元	角	分
					¥	5	4	2	4	0	0	0

汇票到期日（大写）	贰零贰零年零捌月贰拾陆日	付款人开户行	行号	102393000118
交易合同号码	20200520		地址	北京市东城区朝安街123号

天狗商贸有限公司 财务专用章
之段印玉
出票人签章

备注：

此联承兑人留存

图 1－6 商业承兑汇票（卡片）

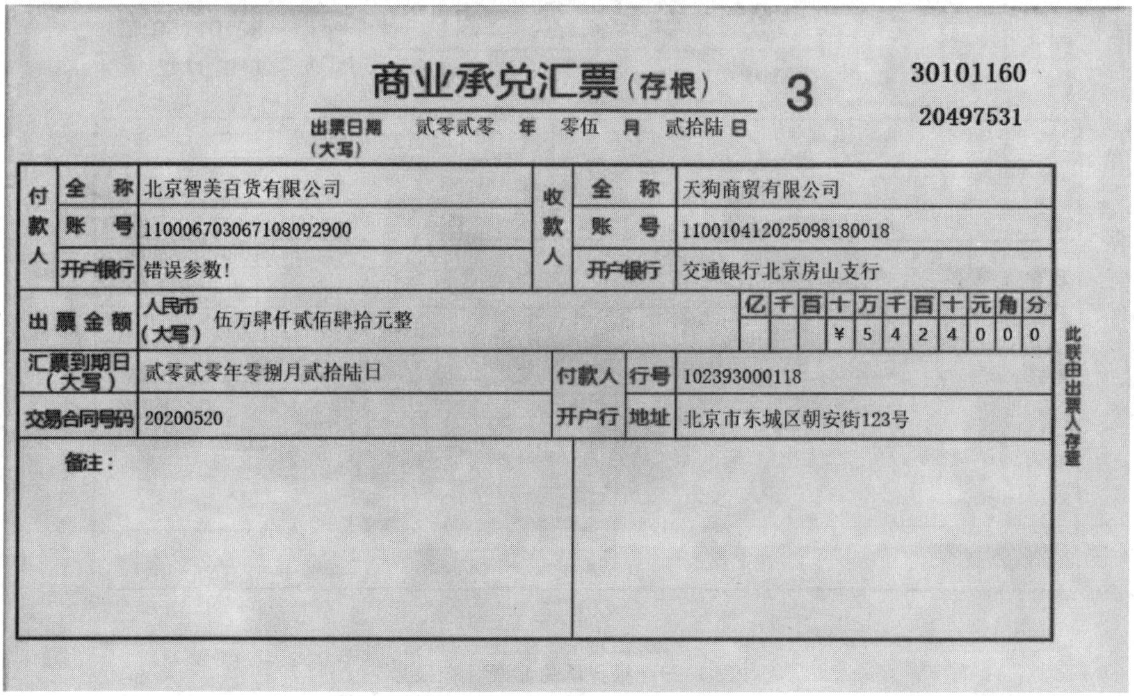

商业承兑汇票（存根） 3

30101160
20497531

出票日期（大写） 贰零贰零 年 零伍 月 贰拾陆 日

付款人	全称	北京智美百货有限公司	收款人	全称	天狗商贸有限公司
	账号	110006703067108092900		账号	110010412025098180018
	开户银行	错误参数!		开户银行	交通银行北京房山支行

出票金额	人民币（大写） 伍万肆仟贰佰肆拾元整	亿	千	百	十	万	千	百	十	元	角	分
					¥	5	4	2	4	0	0	0

汇票到期日（大写）	贰零贰零年零捌月贰拾陆日	付款人开户行	行号	102393000118
交易合同号码	20200520		地址	北京市东城区朝安街123号

备注：

此联由出票人存查

图 1－7 商业承兑汇票（存根）

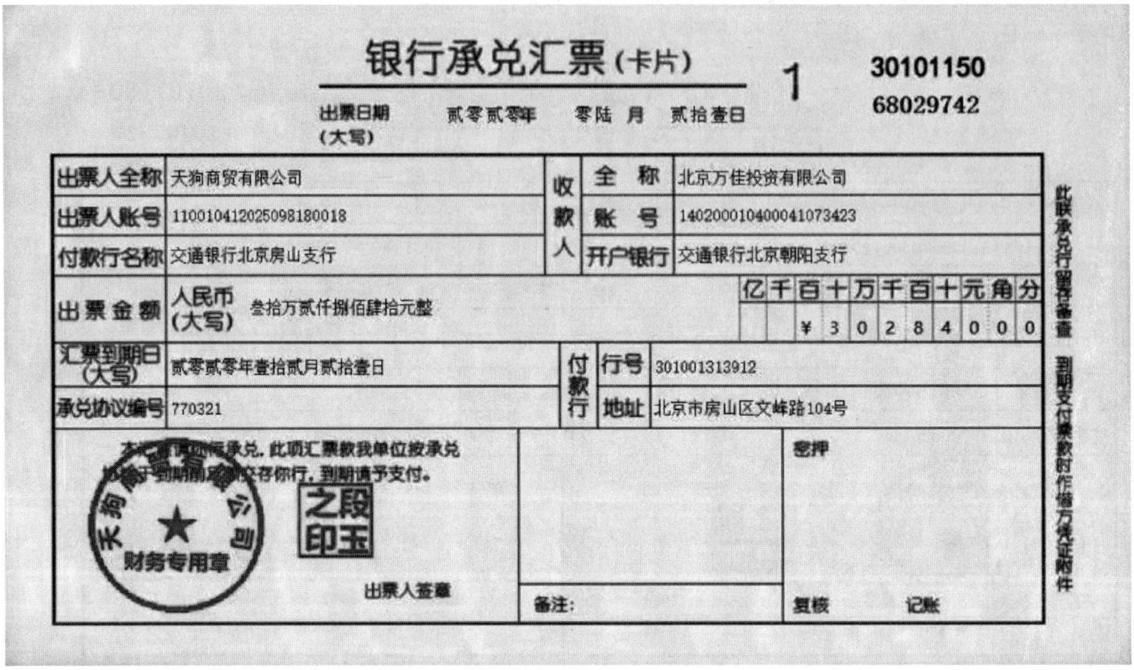

银行承兑汇票（卡片） 1

30101150
68029742

出票日期（大写） 贰零贰零年 零陆 月 贰拾壹日

出票人全称	天狗商贸有限公司	收款人	全　称	北京万佳投资有限公司
出票人账号	110010412025098180018		账　号	140200010400041073423
付款行名称	交通银行北京房山支行		开户银行	交通银行北京朝阳支行
出票金额	人民币（大写） 叁拾万贰仟捌佰肆拾元整		亿千百十万千百十元角分	¥ 3 0 2 8 4 0 0 0
汇票到期日（大写）	贰零贰零年壹拾贰月贰拾壹日	付款行	行号	301001313912
承兑协议编号	770321		地址	北京市房山区文峰路104号

本汇票请你行承兑，此项汇票款我单位按承兑协议于到期前足额交存你行，到期请予支付。

天狗商贸有限公司 财务专用章　之段印玉

出票人签章　　备注：　　密押　　复核　　记账

此联承兑行留存备查，到期支付票款时作借方凭证附件

图1-8　银行承兑汇票（卡片）

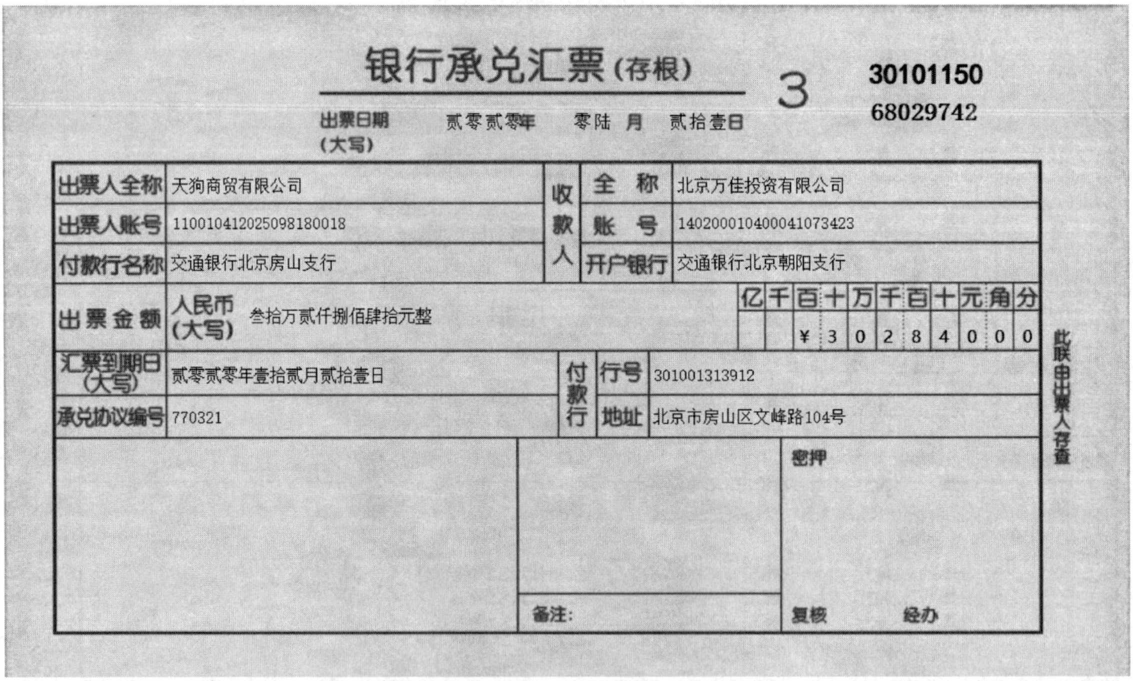

银行承兑汇票（存根） 3

30101150
68029742

出票日期（大写） 贰零贰零年 零陆 月 贰拾壹日

出票人全称	天狗商贸有限公司	收款人	全　称	北京万佳投资有限公司
出票人账号	110010412025098180018		账　号	140200010400041073423
付款行名称	交通银行北京房山支行		开户银行	交通银行北京朝阳支行
出票金额	人民币（大写） 叁拾万贰仟捌佰肆拾元整		亿千百十万千百十元角分	¥ 3 0 2 8 4 0 0 0
汇票到期日（大写）	贰零贰零年壹拾贰月贰拾壹日	付款行	行号	301001313912
承兑协议编号	770321		地址	北京市房山区文峰路104号

备注：　　密押　　复核　　经办

此联由出票人存查

图1-9　银行承兑汇票（存根）

（1）商业承兑汇票结算程序如图1-10：

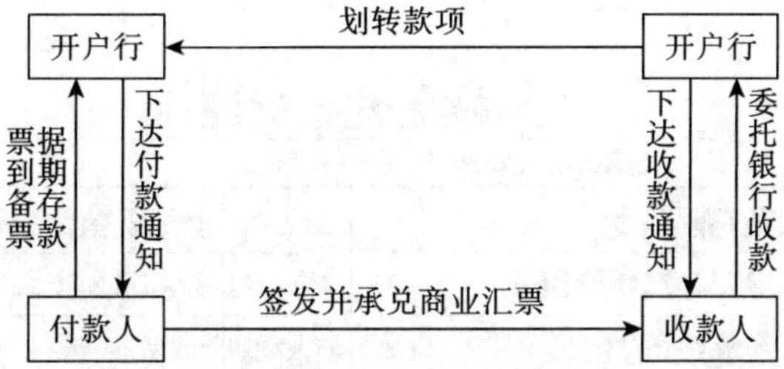

图 1－10　商业承兑汇票流程

（2）银行承兑汇票的结算程序如图 1－11：

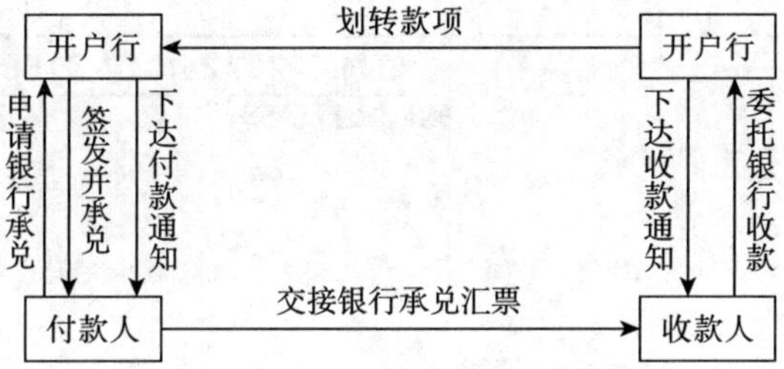

图 1－11　银行承兑汇票流程

（3）有关规定：

A. 适用范围：商业汇票适用于在银行开立账户的法人之间根据购销合同先发货后收款或延期付款的商品交易。同城或异地均可使用。商业汇票一律记名，可以背书转让，也可以贴现。

B. 承兑期限：由交易双方商定，最长不得超过 6 个月。若分期付款应一次签发若干张不同期限的汇票。

C. 银行汇票必须记载的事项：表明“商业承兑汇票”或“银行承兑汇票”的字样。

确定的金额（大写）；付款人名称、账号、开户银行及行号；收款人名称、账号、开户银行及行号；出票日期（大写）、汇票到期日为交易双方约定的付款日（大写）；银行承兑汇票的“承兑协议编号”为付款人与承兑银行签订的“承兑协议”的编号；出票人在汇票的第一、第二联签单位财务专用章和单位法人代表章。欠缺记载上列事项之一的，商业汇票无效。商业承兑汇票一般一式三联。第一联卡片，由承兑人（付款人）留存；第二联商业承兑汇票，交收款人（或持票人），是持票人开户行随托收凭证寄付款人开户行作借方凭证附件；第三联存根由出票人存查。

银行承兑汇票一般一式三联。第一联卡片，由承兑银行留存备查作为到期支付票款时作借方凭证附件；第二联银行承兑汇票，交收款人（或持票人），是收款人开户行随托收凭证寄付款人开户行作借方凭证附件；第三联存根由出票人存查。

5. 汇兑

汇兑是指汇款人委托银行将款项汇给异地收款人的一种结算方法，即俗称的“汇款”，见图 1－12。

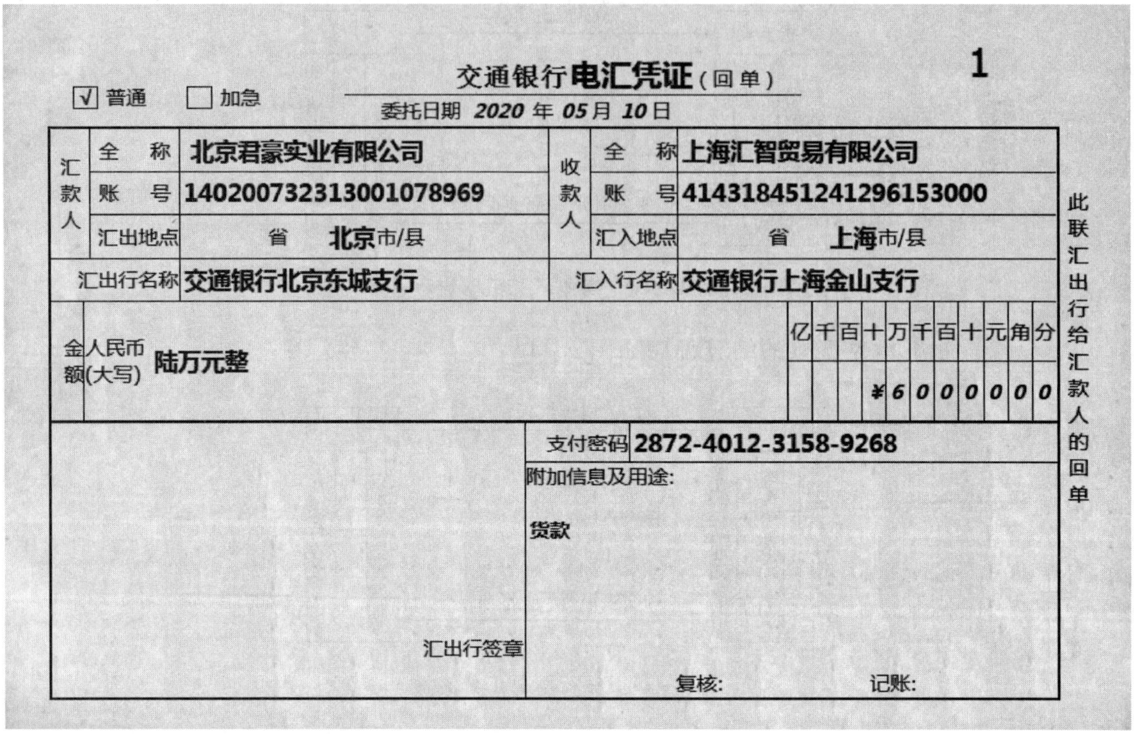

交通银行电汇凭证（回单） 1

☑普通 □加急

委托日期 2020 年 05 月 10 日

汇款人	全　称	北京君豪实业有限公司	收款人	全　称	上海汇智贸易有限公司
	账　号	140200732313001078969		账　号	414318451241296153000
	汇出地点	省　北京市/县		汇入地点	省　上海市/县
汇出行名称		交通银行北京东城支行	汇入行名称		交通银行上海金山支行
金额	人民币(大写)	陆万元整	亿千百十万千百十元角分		¥6000000
汇出行签章			支付密码		2872-4012-3158-9268
			附加信息及用途：		货款
			复核：		记账：

此联汇出行给汇款人的回单

图 1－12　电汇凭证

（1）汇兑结算程序如图 1－13：

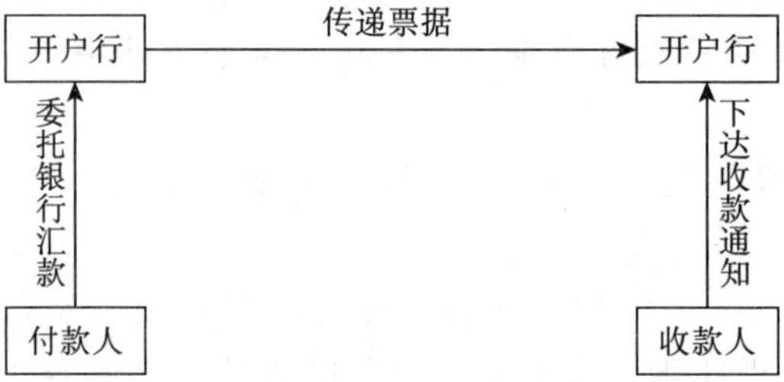

图 1－13　汇兑结算流程

（2）有关规定：

A. 种类：汇兑分为信汇（邮寄凭证）或电汇（拍发电报），由汇款人根据对汇款快慢的要求选择使用。

B. 适用范围：汇兑适用于单位和个人各种款项的异地结算。汇兑结算没有起点限制，就汇款人来说，无论是否在银行开立账户，只要需要就可办理。

C. 汇兑凭证填写规定：表明“电汇”或“信汇”的字样；无条件支付的委托；确定的金额；收款人名称；汇款人名称；汇入地点、汇入行名称；汇出地点、汇出行名称；委托日期；汇款人签章。汇兑凭证上欠缺上列记载事项之一的，银行不予受理。汇兑凭证记载的汇款人名称、收款人名称，其在银行开立存款账户的，必须记载其账号。欠缺记载的，银行不予受理。

汇款人以电汇方式汇款时，应填制电汇凭证一式三联（第一联回单，汇出行给汇款人的回单；第二联借方凭证，汇出行作借方凭证；第三联汇款依据，汇出行凭以汇出汇款），并在第二联“汇款人签章”处加盖预留银行印鉴。银行受理后加盖转讫章，将第一联回单退给汇款人作为记账的依据。

汇款人以信汇方式汇款时，填制信汇凭证一式四联（第一联汇出行给汇款人的回单；第二联汇出行作借方凭证；第三联汇入行作贷方凭证；第四联给收款人的收账通知或代取款收据），并在第二联“汇款人盖章”处加盖预留银行印鉴。银行受理后加盖转讫章，将第一联回单退给汇款人作为记账的依据。

6. 委托收款

委托收款是指收款人委托银行向付款人收取款项的一种结算方法。委托收款结算款项的划回方式，分邮寄和电报两种，由收款人选用。

（1）委托收款结算程序如图1－14：

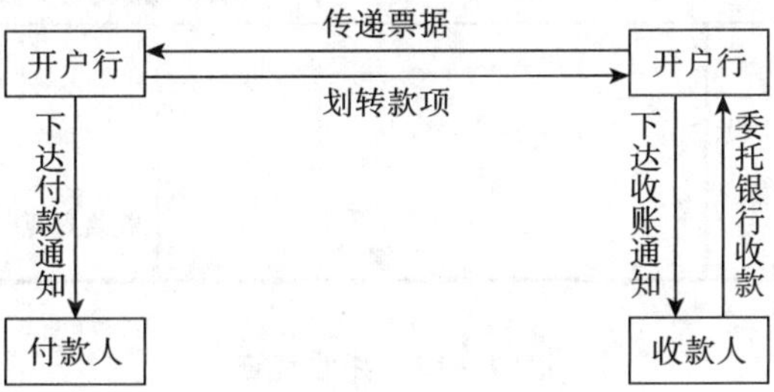

图1－14　委托收款结算流程

（2）有关规定：

A. 适用范围：委托收款适用于单位和个人各种款项的同城或异地结算。在同城范围内，主要用于公用事业单位向用户收取的水电费、煤气费、电话费等公用事业费的结算。委托收款结算没有金额起点限制，也没有最高限额。

B. 委托收款的付款期：若以银行为付款人的，银行应在当日将款项主动支付给收款人；若以单位为付款人的，银行应及时通知付款人，付款人应于接到通知的当日书面通知银行付款。

C. 办理委托收款的相关规定：应填制一式五联的托收凭证（第一联是收款人开户银行给收款人的受理回单，由收款人开户银行审查无误后加盖印章退给收款人；第二联由收款人开户银行作为贷方凭证；第三联由付款人开户银行作为借方凭证；第四联由付款人开户行凭以汇款或收款人开户银行作收账通知；第五联是付款人开户行给付款人的按期付款通知），选择业务类型是“委托收款”。

托收凭证必须记载的事项：表明“托收凭证”字样；确定金额；收款人和付款人全称、开户银行、地址及账号；托收凭证名称及附寄单证张数（根据提供的债务证明填明）；委托日期；收款人签章（收款人在第二联托收凭证上加盖预留银行印章）。欠缺记载上列事项之一的，银行不予受理。

7. 托收承付

托收承付是指收款人发货后委托银行向异地付款人收取款项，由付款人向银行承认付款的一种较为严格的结算方式。托收承付结算款项的划回方式，分邮寄和电报两种，由收款人选用，见图 1－15。

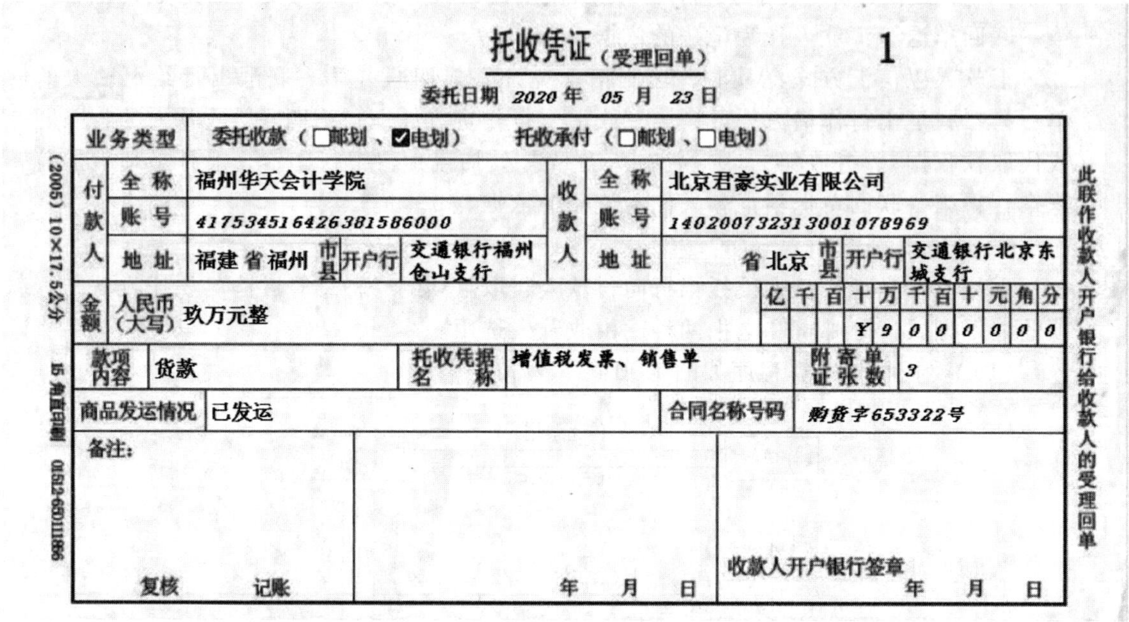

托收凭证（受理回单） 1

委托日期 2020 年 05 月 23 日

业务类型	委托收款（□邮划、☑电划）			托收承付（□邮划、□电划）				
付款人	全称	福州华天会计学院		收款人	全称	北京君豪实业有限公司		
	账号	41753451642638158600 0			账号	1402007323130010 78969		
	地址	福建省福州市/县	开户行 交通银行福州仓山支行		地址	省北京市/县	开户行 交通银行北京东城支行	
金额	人民币（大写）	玖万元整			亿千百十万千百十元角分	￥ 9 0 0 0 0 0 0		
款项内容	货款	托收凭据名称	增值税发票、销售单		附寄单证张数	3		
商品发运情况	已发运			合同名称号码	购货字 653322 号			
备注： 复核 记账		年 月 日		收款人开户银行签章 年 月 日				

此联作收款人开户银行给收款人的受理回单

（2005）10×17.5 公分 15 角直印制 0512-6011866

图 1－15 托收凭证

（1）托收承付的结算程序如图 1－16：

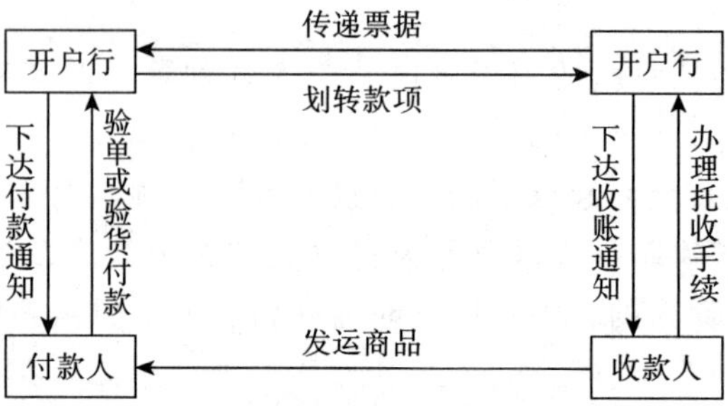

图 1－16 托收承付的结算流程

（2）有关规定：

A. 适用范围：在托收承付结算方式下，收付款单位必须是国有企业、供销合作社以及经营管理较好，并经开户银行审查同意的城乡集体所有制工业企业；必须是商品交易以及因商品交易而产生的劳务供应款项的异地结算；收付款双方必须签有符合《合同法》的购销合同，并在合同上订明使用托收承付结算方式。托收承付结算每笔的金额起点为 1 万元；新华书店系统每笔的金额起点为 1 千元。

B. 承付货款分为验单付款和验货付款两种：验单付款是指根据银行转来的托收承付结算凭证及其他单证，与经济合同核对无误后，承付货款；验货付款是指在收到商品，检验无误后，才承付货款。验单付款承付期 3 天，验货付款承付期 10 天。

8. 信用卡

信用卡是指商业银行向个人和单位发行的，凭以向特约单位购货、消费和向银行存取现金且具有消费信用的特制载体卡片。

（1）信用卡结算程序如图 1－17：

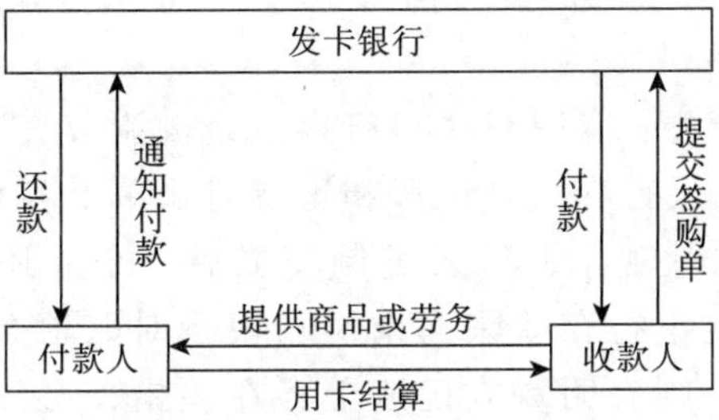

图 1－17　信用卡结算流程

（2）有关规定：

A. 种类：信用卡按使用对象分为单位卡和个人卡；按信誉等级分为金卡和普通卡。

B. 适用范围：信用卡适用于同城或异地的特约单位购物、消费和向银行存取现金，办理转账结算。

> **提示**
>
> 企业采用上述银行支付结算办法，须区分情况使用不同的账户进行会计核算：①企业签发或取得支票，用“银行存款”账户核算；②企业使用银行本票存款、银行汇票存款，或信用卡存款方式结算，用“其他货币资金”账户核算。但若企业在销售商品等业务中取得银行本票、银行汇票应直接引起银行存款增加，不能增加其他货币资金；③企业在商品销售等业务中取得商业汇票，应使用“应收票据”账户核算，但若企业采用托收承付或委托收款方式办理结算的，则应使用“应收账款”账户核算。

二、银行存款的核算

（一）银行存款收付的账务处理

企业收到款项时，借记“银行存款”科目，贷记有关科目；付出款项时，借记有关科目，贷记“银行存款”科目。

（二）银行存款的清查

为了加强对企业银行存款的监督，防止企业银行存款记账上的差错，保证银行存款的安全、完整，正确掌握企业银行存款的实有金额，企业应当指定专人（非出纳人员）定期（至少每月一次）将企业登记的“银行存款日记账”和开户行开具的“银行对账单”进行核对。企业银行存款日记账的账面余额与银行对账单余额不一致的，企业应查找原因。

造成企业与开户行双方账目余额不一致的原因，一是可能双方记账出现差错；二是可能存在未达账项。未达账项是指银行与企业之间因为票据传递时间上的差异导致一方已入账而另一方尚未入账的事项，包括以下四种情况：①企业已收款记账，银行未收款未记账的款项（企业已收，银行未收）；②企业已付款记账，银行未付款未记账的款项（企业已付，银行未付）；③银行已收款记账，企业未收款未记账的款项（银行已收，企业未收）；④银行已付款记账，企业未付款未记账的款项（银行已付，企业未付）。

存在未达账项的，企业应编制“银行存款余额调节表”。“银行存款余额调节表”的编制方法，是在企业银行存款日记账和银行对账单上各自加上或减去对方已收或已付，本方未收或未付的款项。调节表编制完成后，企业还须指派对账人员以外的其他人员进行审核，确定银行存款账面余额与银行对账单余额是否调节相符。若调节后双方账目仍不相符，则表明双方记账上存在差错，必须进一步查明原因，并予以更正。

做中学

业务1：单据包括现金支票存根。

借：库存现金　　30 000

　　贷：银行存款　　30 000

业务2：单据包括增值税专用发票的发票联和抵扣联、增值税普通发票、银行支付凭证和材料入库单。

借：原材料　　20 600

　　应交税费——应交增值税（进项税额）　　2 600

　　贷：银行存款　　23 200

业务3：单据包括增值税专用发票记账联、领料单、发运凭证和银行进账单回单。

借：银行存款　　100 000

　　应收账款——某客户　　69 500

　　贷：主营业务收入　　150 000

　　　　应交税费——应交增值税（销项税额）　　19 500

业务4：根据该公司发生的上述事项，编制“银行存款余额调节表”（见表1-2）：

表1-2　银行存款余额调节表

2024年8月31日　　单位：元

项目	金额	项目	金额
企业银行存款日记账余额	83 820	银行对账单余额	171 820
加：银行已收、企业未收款	52 000	加：企业已收、银行未收款	35 000
减：银行已付、企业未付款	3 600	减：企业已付、银行未付款	74 600
调节后的存款余额	132 220	调节后的存款余额	132 220

学后做

龙都公司2012年7月设立，主营家用电器的制造、销售。2024年5月至2024年7月有关银行存款的业务如下：

业务1：2024年5月8日，财务部向供应商东信公司开出一张金额为16 800元的转账支票，预付购料款。

业务2：2024年5月12日，采购部从东信公司购进价值30 000元的原材料，取得的增值税专用发票上的税率为13%，增值税税额3 900元。同时，对方代垫运杂费600元，运杂费取得普通发票，将预付款抵付后的余款均以银行存款支付，材料已验收入库。

业务3：2024年5月28日，销售部向客户爱丽思公司销售商品一批，开出的增值税专用发票上注明：售价150 000元，增值税税率为13%，增值税税额19 500元。当日收到货款100 000元存入银行，其余暂欠，龙都公司已向银行办妥托收手续。

业务4：2024年5月30日，财务部收到银行转来的托收承付收款通知一份，托收爱丽思公司的款项69 500元已收妥入账。

业务5：2024年5月31日，公司收到银行转来的委托收款方式付款通知联和增值税专用发票，系本月管理部门水费共计4 770元（含税，增值税税率6%），已办理转账。

要求：（1）查找资料，了解上述业务完成的过程以及涉及的部门；

（2）确认上述业务发生或完成时应取得的单据；

（3）编制上述业务的会计分录。

任务3 其他货币资金的核算

认知业务

华美装饰材料有限责任公司2024年10月其他货币资金业务如下：

业务1：11日，公司将一笔50 000元的款项，汇往异地开立临时采购专户。

业务2：15日，公司用上述款项购入一批材料，买价40 000元，增值税5 200元，余款已于同日划回，材料已验收入库。

业务3：17日，公司从银行申请取得一张面值为30 000元的银行本票。

业务4：20日，公司用上述款项购入一批材料，买价20 000元，增值税2 600元，余款已于同日划回，材料已验收入库。

知识

一、其他货币资金概述

其他货币资金是指除库存现金、银行存款以外其他具有特定用途的货币资金，包括外埠存款、银行本票存款、银行汇票存款、信用证保证金存款、信用卡存款、存出投资款等。

二、主要业务的账务处理

（一）外埠存款的核算

外埠存款是指企业到外地进行临时或零星采购时，汇往采购地银行并以汇款单位名义开立采购专户的存款。设立外埠存款，一是为了结算方便，二是为了保证货币资金的安全。该存款账户不计利息，除采购员差旅费可以支取少量现金外，一律转账结算。采购专户只付不收，付完结束账户。

外埠存款的核算程序可分为以下三个步骤：

（1）汇出资金并开户时，借记“其他货币资金——外埠存款”科目，贷记“银行存款”科目。

（2）采购付款时，借记有关科目，贷记“其他货币资金——外埠存款”科目。

（3）余额转回时，借记“银行存款”科目，贷记“其他货币资金——外埠存款”科目。

（二）银行汇票存款、银行本票存款和信用卡存款、信用证保证金存款的核算

银行汇票存款是企业为了取得银行汇票按规定存入银行的款项；银行本票存款是企业为了取得银行本票按规定存入银行的款项；信用卡存款是企业为了取得信用卡按规定存入银行的款项；信用证保证金存款是采用信用证结算方式的企业为开具信用证而存入银行信用证保证金账户的款项。

上述票据结算方式的会计核算均可分为三个环节：一是取得银行汇票、银行本票或信用卡、信用证；二是用票、卡、证付款；三是余额转回。下面以银行汇票为例，来说明具体的账务处理方法：

1. 付款单位的账务处理

（1）收到银行汇票和解讫通知后，根据“银行汇票委托书”存根联，借记“其他货币资金——银行汇票存款”科目，贷记“银行存款”科目。

（2）办理结算时，假定为购买材料支付货款，且汇票款项有余额，应根据“银行汇票”第四联“多余款收账通知”和购货发票等原始凭证，借记有关材料、“银行存款”（多余金额）科目，贷记“其他货币资金——银行汇票存款”科目。

2. 收款单位的账务处理

收款单位受理银行汇票后，应填制进账单，连同银行汇票和解讫通知一起送存银行，根据进账单回单和有关原始凭证，借记“银行存款”科目，贷记有关科目。

（三）存出投资款的核算

存出投资款是指企业已存入证券公司但尚未进行短期投资的资金。存出投资款的核算主要包括资金划出和使用两部分。企业向证券公司划出资金时，借记“其他货币资金——存出投资款”科目，贷记“银行存款”科目；企业购买股票、债券时，借记“交易性金融资产”等科目，贷记“其他货币资金——存出投资款”科目。

做中学

业务 1：单据包括银行开户凭证。

借：其他货币资金——外埠存款　　50 000

　　贷：银行存款　　50 000

业务 2：单据包括增值税专用发票的发票联和抵扣联、材料入库单、银行收款凭证。

借：原材料　　40 000

　　应交税费——应交增值税（进项税额）　　5 200

　　银行存款　　4 800

　　贷：其他货币资金——外埠存款　　50 000

业务 3：单据包括银行本票申请书。

借：其他货币资金——银行本票存款　　30 000

　　贷：银行存款　　30 000

业务 4：单据包括增值税专用发票的发票联和抵扣联、材料入库单、银行收款凭证。

借：原材料　　20 000

　　应交税费——应交增值税（进项税额）　　2 600

　　银行存款　　7 400

　　贷：其他货币资金——银行本票存款　　30 000

学后做

龙都公司 2012 年 7 月设立，主营家用电器的制造、销售。2024 年 6 月至 2024 年 8 月有关其他货币资金的业务如下：

业务 1：2024 年 6 月 8 日，公司委托开户银行将一笔 60 000 元的款项，汇往异地开立临时采购专户。

业务 2：2024 年 6 月 14 日，公司用上述款项购入一批材料，买价 40 000 元，增值税款 5 200 元，余款已于同日划回，材料已验收入库。

业务 3：2024 年 7 月 9 日，公司从银行申请取得一张面值为 30 000元的银行本票。

业务 4：2024 年 7 月 11 日，公司用上述款项购入一批材料，买价

23 000元，增值税2 990元，余款已于同日划回，材料已验收入库。

业务5：2024年8月16日，公司向某证券公司划出资金180 000元准备进行股票投资。

业务6：2024年8月21日，公司购入ABC公司普通股共计170 000元，作为交易性金融资产，假定不考虑相关税费。

要求：（1）查找资料，了解上述业务完成的过程以及涉及的部门；

（2）确认上述业务发生或完成时应取得的单据；

（3）编制上述业务的会计分录。

【学后做参考答案】

【任务1】

本组业务涉及的原始凭证：费用报销单、增值税普通发票、增值税专用发票的记账联、领料单、发运凭证、收款收据、职工借款单、差旅费报销单、库存现金盘点报告单等。

业务1：借：管理费用 800

贷：库存现金 800

业务2：借：库存现金 113

贷：其他业务收入——销售多余原材料 100

应交税费——应交增值税（销项税额） 13

业务3：借：其他应收款——王林 5 000

贷：库存现金 5 000

业务4：借：管理费用 4 800

库存现金 200

贷：其他应收款——王林 5 000

业务5：借：库存现金 200

贷：待处理财产损溢——待处理流动资产损溢 200

业务6：借：待处理财产损溢——待处理流动资产损溢 200

贷：其他应付款——刘强 160

营业外收入 40

业务7：借：待处理财产损溢——待处理流动资产损溢 3 000

贷：库存现金 3 000

业务8：借：其他应收款——黄茜 800

管理费用 2 200

贷：待处理财产损溢——待处理流动资产损溢 3 000

【任务2】

本组业务涉及的原始凭证：转账支票存根、支付申请单、增值税专用发票的发票联和抵扣联、材料入库单、增值税普通发票、银行支付凭证、产成品出库单、增值税专用发票的记账联、发运凭证、托收凭证、银行进账单回单等。

业务1：借：预付账款——东信公司 16 800

贷：银行存款 16 800

业务2：（1）借：原材料　30 600
应交税费——应交增值税（进项税额）　3 900
贷：预付账款——东信公司　34 500
（2）借：预付账款——东信公司　17 700
贷：银行存款　17 700

业务3：借：银行存款　100 000
应收账款——爱丽思公司　69 500
贷：主营业务收入　150 000
应交税费——应交增值税（销项税额）　19 500

业务4：借：银行存款　69 500
贷：应收账款——爱丽思公司　69 500

业务5：借：管理费用　4 500
应交税费——应交增值税（进项税额）　270
贷：银行存款　4 770

【任务3】

本组业务涉及的原始凭证：银行开户凭证、增值税专用发票的发票联和抵扣联、材料入库单、银行收款凭证、银行本票申请书、证券专户开户凭证、银行付款凭证、证券买入清单等。

业务1：借：其他货币资金——外埠存款　60 000
贷：银行存款　60 000

业务2：借：原材料——××材料　40 000
应交税费——应交增值税（进项税额）　5 200
银行存款　14 800
贷：其他货币资金——外埠存款　60 000

业务3：借：其他货币资金——银行本票存款　30 000
贷：银行存款　30 000

业务4：借：原材料——××材料　23 000
应交税费——应交增值税（进项税额）　2 990
银行存款　4 010
贷：其他货币资金——银行本票存款　30 000

业务5：借：其他货币资金——存出投资款　180 000
贷：银行存款　180 000

业务6：借：交易性金融资产——成本　170 000
贷：其他货币资金——存出投资款　170 000

货币资金核算习题

2 项目二 往来款项的核算

学习目标

■ 培养谨慎务实的职业态度；

■ 能正确识别、整理往来业务涉及的会计凭证；

■ 能充分了解往来业务涉及的债权、债务业务的会计核算内容；

■ 能正确编制和审核往来业务所涉及的债权、债务的会计凭证；

■ 能完成应收账款、应付账款、预收账款、预付账款等往来业务总账、明细账的建立；

■ 能完成应收账款、应付账款等各项往来业务账簿的登记；

■ 能正确提供和分析往来业务账务处理结果的会计信息。

关键术语

■ 债权业务

■ 债务业务

■ 坏账、坏账准备及坏账损失

有关参考资料

■《企业会计准则》

■《初级会计实务》——初级会计资格考试用书

任务1

往来业务债权的核算

认知业务

长江工业制造公司为增值税一般纳税人，所取得的商业汇票均为不带息商业汇票。公司只对应收账款进行减值测试，减值测试采用余额百分比法，估计的坏账比例为3%。

2024年6月至2024年12月购销业务如下：

业务1：6月1日，公司对总务部实行定额备用金制度，首次核定的定额为30 000元，以现金付讫。

业务2：6月5日，公司向天欣公司销售产品一批，价款800 000元，增值税款104 000元，已开出增值税发票。合同中约定以商业承兑汇票结算。当天收到天欣公司交来的商业承兑汇票一张，面值904 000元，期限3个月。

业务3：7月9日，公司向成都双流金辉公司购入原材料一批，取得的增值税专用发票上注明价款1 000 000元，增值税款130 000元。合同约定金辉公司同意长江工业制造公司用所持有的田野公司的银行承兑汇票结算，该汇票长江公司于2024年5月10日取得，期限6个月，面值1 000 000元。余款130 000元长江公司已于当日用银行存款支付。材料已验收入库。

业务4：8月8日，公司用所持有的天欣公司的未到期商业承兑汇票向成都银行申请贴现，该商业承兑汇票系6月5日取得，面值904 000元，期限3个月，银行贴现利率为7.2%，假定票据到期款项的收取长江公司不承担连带偿还责任。

业务5：9月8日，公司持有的乐辰公司的商业承兑汇票到期，如期收到票款800 000元存入银行。

（**思考**：假如9月8日，乐辰公司签发承兑的商业承兑汇票到期，乐辰公司无力支付票款，长江公司应该如何处理？）

业务6：9月12日，公司向天欣公司销售产品一批，货款总额为2 000 000元，增值税款260 000元，已开出增值税发票。公司为天欣公司垫付运费及增值税合计4 360元，以银行存款付清，公司到开户行办理了委托收款。

业务7：9月20日，公司向龙华公司采购原材料一批，根据合同约定，长江公司向龙华公司预付购货款200 000元。

业务8：9月26日，公司收到龙华公司发来的原材料及增值税专用发票，发票中注明：材料价款820 000元，增值税税额106 600元，材料于当日验收入库。

业务9：9月30日，公司向龙华公司支付余款726 600元。

知识

应收及预付款项的核算

一、往来业务债权概述

（一）购销业务债权的内容

1. 应收账款

应收账款是指企业因对外销售商品、提供劳务等经营活动应向客户收取的款项。应收账款主要包括应收取的货款、代购货方垫付的运杂费、应收取的增值税销项税额等。它不包括应收取的各种赔款、罚款，也不包括各种非主要经营业务而发生的应收款项，如：职工欠款、存出保证金、应收股利和利息等债权。

2. 应收票据

应收票据是指企业因销售商品、产品、提供劳务等而收到的已承兑的商业汇票。票据作为一种债权凭证，是一种记载有一定的付款日期、付款地点、付款金额的流通证券，也是一种可以由持票人自由转让给他人的债权凭证，它包括企业持有的未到期兑现的汇票、本票和支票。在我国会计实务中，支票、银行本票、银行汇票均为见票即付的票据，收到这种票据，即可视同收到货币资金，无需将其列为应收票据处理，只有商业汇票是一种远期票据，企业取得商业汇票时，只是取得了一项债权。因此，应收票据仅指企业因销售商品、产品而收到的经承兑人承兑的商业汇票。

商业汇票可以按不同标准进行分类。

（1）按照票据承兑人的不同，商业汇票可分为银行承兑汇票和商业承兑汇票。承兑是指汇票付款人承诺在汇票到期日支付汇票金额的行为。商业汇票必须经承兑后方可生效。商业承兑汇票的承兑人是付款人，银行承兑汇票的承兑人是承兑申请人的开户银行。

（2）按照票据是否带息分类，商业汇票分为带息票据和不带息票据。带息票据是指商业汇票到期时，承兑人除向收款人或被背书人支付票面金额外，还应按票面金额、票据期限和票据利率支付自票据生效日起至票据到期日止利息的商业汇票。不带息票据是指商业汇票到期时，承兑人只按票面金额向收款人或被背书人支付款项的票据。

3. 预付账款

预付账款是指企业按照购销合同规定预付给供应单位的货款，是企业的一项债权。

（二）其他债权的主要内容

主要包括其他应收款，是指企业除应收账款、应收票据、预付账款及长期应收款等以外的其他各种应收暂付款项。

二、往来业务债权的确认和计量

（一）购销业务债权的确认和计量

1. 应收账款的确认和计量

（1）应收账款的确认。应收账款是因企业赊销业务而产生的，所以应在销售成立时确认入账。

(2) 应收账款的计量。应收账款的计量，是指确定应收账款的入账金额。通常情况下，应收账款应按从购货方应收的合同或协议价款作为初始确认金额。但企业有时为了及时回笼货款或为了扩大销售量，在销货时往往实行折扣政策，会影响应收账款的计价。因此，应当在考虑折扣这一因素的基础上，采用一定的方法计算确定应收账款的入账金额。

企业在销售过程中的折扣有商业折扣和现金折扣两种方式。

(1) 商业折扣。商业折扣是指在商品交易时为鼓励客户大批量购买而从商品价目单中所列售价的基础上扣减一定的数额，实际上是对商品报价进行的折扣。商业折扣通常以百分比来表示，如5%、10%、15%等。在发生商业折扣的情况下，企业应收账款的入账金额应按扣除商业折扣后的实际售价金额入账。如某企业赊销A产品，产品价目单上标明产品单价为80元，甲顾客购买1 000件，按规定给予10%的商业折扣，则该企业A产品的实际销售单价为72(80－80×10%)元，应收账款的入账金额为72 000元。由于商业折扣一般在交易发生时即已确定，商业折扣仅仅是确定实际售价的一种手段，不在买卖任何一方的账面上反映，所以，商业折扣对应收账款入账金额的确认并无实质性的影响。

(2) 现金折扣。现金折扣是销售企业为了鼓励客户在一定期限内尽早偿还货款而给予客户的折扣优惠。现金折扣一般用（2/10、1/20、n/30）等形式来表示。其含义是信用期为30天，在10天内付款给予2%的折扣，在20天内付款给予1%的折扣，在20天以上30天内付款无折扣。现金折扣使得企业应收账款的应收数额在规定的付款期内随客户付款时间的不同而有所差异，这就产生了应收账款发生时以什么金额计价入账的问题。

按照《企业会计准则第14号——收入》的要求，若合同中存在可变对价，企业应当对计入交易价格的可变对价进行估计。企业应当按照期望值或最可能发生金额确定可变对价的最佳估计数。

例如，甲公司为增值税一般纳税人，2024年9月1日销售A商品5 000件并开具增值税专用发票，每件商品的标价为200元（不含增值税），A商品适用的增值税税率为13%；每件商品的实际成本为120元；由于是成批销售，甲公司给予客户10%的商业折扣，并在销售合同中规定现金折扣条件为2/20，n/30，且计算现金折扣时不考虑增值税；当日A商品发出，客户收到商品并验收入库。甲公司基于对客户的了解，预计客户20天内付款的概率为90%，20天后付款的概率为10%。2024年9月19日，收到客户支付的货款。对于商业折扣，甲公司从应确认的销售商品收入中予以扣除；对于现金折扣，甲公司认为按照最可能发生金额能够更好地预测其有权获取的对价金额。

因此，甲公司应确认的销售商品收入的金额＝200×(1－10%)×5 000×(1－2%)＝882 000（元）；增值税销项税额＝200×(1－10%)×5 000×13%＝117 000（元）。

2. 应收票据的确认和计量

(1) 应收票据到期日的确定。商业汇票的持票人在票据到期日可向承兑人收取票据款项。商业汇票自承兑日起生效，其到期日是由票据有效期限的长短来决定的。票据期限的确定一般有按月计算和按日计算两种。

①按月计算票据到期日。若应收票据期限按月计算，票据的到期日不考虑各月份实际天数的多少，统一按到期月份的对应日计算。如：3月5日签发的承兑期限为3个月

的商业汇票，其到期日为6月5日；如果签发承兑汇票的日期为某月月末，则不论月份大小，统一以到期月份的最末一天为到期日。如4月30日签发的承兑期限为4个月的商业汇票，其到期日为8月31日。

②按日计算票据到期日。若应收票据期限按日计算，票据的到期日不考虑月数，统一按票据的实际日历天数计算。在票据签发承兑日和票据到期日这两天中，只算其中的一天，称为“算头不算尾”或“算尾不算头”。如3月10日签发的承兑期限为150天的商业汇票，到期日的计算为：8月7日。

算头不算尾（3月22天；4月30天；5月31天；6月30天；7月31天；8月6天）

算尾不算头（3月21天；4月30天；5月31天；6月30天；7月31天；8月7天）

（2）应收票据贴现。应收票据贴现，是指商业汇票的持票人为了资金周转的需要，持已承兑未到期的应收票据向银行兑取款项，银行受理后，从票据到期值中扣除按一定贴现利率计算的贴现息后，将余款付给贴现申请人，作为银行对贴现申请人短期贷款的一种信贷活动。实质上，应收票据贴现是企业的一种短期融资行为。

贴现企业向银行申请办理商业汇票贴现时，首先应确定出贴现利息和贴现金额（也称贴现净额或贴现实得额）。其计算公式为：

贴现金额 = 票据到期值 - 贴现利息

贴现利息 = 票据到期值 × 贴现率 × 贴现天数/360

公式中的票据到期值，对于不带息票据而言指的就是商业汇票的面值。贴现率由银行统一规定，一般以年利率表示。贴现天数是指自贴现日起至票据到期前一日止的实际天数，贴现日计入，票据到期日不计入。例如，本公司于3月10日将1月12日签发的、承兑期限为90天、到期日为4月12日的不带息商业汇票贴现，则贴现天数计算为33天，即3月22天，4月11天。

例如：成都盛天露公司将持有的一张期限为150天、面值为100 000元的不带息商业承兑汇票向银行办理贴现。该汇票出票日为4月12日，到期日为9月9日，该公司于7月15日向银行申请贴现，银行规定贴现率为9%。有关计算如下：

票据到期值：100 000（元）

贴现天数 = 17 + 31 + 8 = 56（天）

贴现息 = 100 000 × 9% × 56/360 = 1 400（元）

贴现净额 = 100 000 - 1 400 = 98 600（元）

3. 预付账款的确认和计量

预付账款应按实际发生额入账。

（二）其他债权的确认和计量

1. 其他应收款的核算内容

其他应收款包括不设置“备用金”账户的企业拨出的备用金、应收的各种赔款与罚款、应向职工收取的各种垫付款项，以及已不符合预付账款性质而按规定转入的预付账款等。具体包括：

（1）应收的各种赔款、罚款；
（2）应收出租包装物、出租固定资产的租金；
（3）应向职工收取的各种垫付款项；
（4）备用金；
（5）存出保证金，如租入包装物支付的押金；
（6）其他各种应收、暂付款项。

做中学

业务1：单据包括公司决议和费用报销单。

借：其他应收款——总务部　　30 000
　　贷：库存现金　　30 000

业务2：单据包括增值税专用发票的记账联、商业承兑汇票、产成品出库单和发运凭证。

借：应收票据——天欣公司　　904 000
　　贷：主营业务收入　　800 000
　　　　应交税费——应交增值税（销项税额）　　104 000

业务3：单据包括增值税专用发票的发票联和抵扣联、材料入库单和银行支付凭证等。

借：原材料　　1 000 000
　　应交税费——应交增值税（进项税额）　　130 000
　　贷：应收票据——田野公司　　1 000 000
　　　　银行存款　　130 000

业务4：单据包括银行业务凭单。

票据到期值：因属于不带息票据，其到期值为票据面值904 000元

贴现天数 = 24 + 4 = 28（天）

贴现息 = 904 000 × 7.2% × 28/360 = 5 062.4（元）

贴现金额 = 904 000 − 5 062.4 = 898 937.6（元）

借：银行存款　　898 937.6
　　财务费用　　5 062.4
　　贷：应收票据——天欣公司　　904 000

业务5：单据包括商业汇票和银行进账单（回单）。

借：银行存款　　800 000
　　贷：应收票据——乐辰公司　　800 000

假如9月8日，乐辰公司签发承兑的商业承兑汇票到期，乐辰公司无力支付票款，长江公司应该作如下处理：

借：应收账款——乐辰公司　　800 000
　　贷：应收票据——乐辰公司　　800 000

业务6：单据包括增值税专用发票的记账联、银行托收凭证回单联，

支付运费支票的回单等。

借：应收账款——天欣公司　　2 264 360
　　贷：主营业务收入　　2 000 000
　　　　应交税费——应交增值税（销项税额）　　260 000
　　　　银行存款　　4 360

业务7：单据包括银行支付凭证。

借：预付账款——龙华公司　　200 000
　　贷：银行存款　　200 000

业务8：单据包括增值税专用发票的发票联、抵扣联和材料入库单。

借：原材料　　820 000
　　应交税费——应交增值税（进项税额）　　106 600
　　贷：预付账款——龙华公司　　926 600

业务9：单据包括银行支付凭证。

借：预付账款——龙华公司　　726 600
　　贷：银行存款　　726 600

学后做

成都盛天露有限责任公司为增值税一般纳税人，增值税税率为13%，2024年5月至2024年9月发生如下经济业务：

业务1：5月2日，赊销产品一批给甲企业，货款840 000元，增值税109 200元，公司以银行存款1 200元代购货方垫付运费，已一并向银行办妥托收手续。5月6日，接银行通知，上述托收的款项已全部收妥入账。

业务2：5月8日，赊销产品2 000件给甲企业，按价目表标明的单位售价为1 000元，由于甲企业购买量大，公司给予客户10%的商业折扣，开出增值税专用发票。

业务3：5月9日，销售一批产品给乙企业，货款总额为1 000 000元，增值税130 000元。公司为乙企业垫付运杂费3 000元，以银行存款付清。

业务4：6月10日，向天宝公司销售产品一批，价款400 000元，增值税为52 000元。双方商定以商业汇票结算。收到天宝公司交来的已承兑商业汇票一张，面值452 000元，期限5个月。

业务5：6月13日，收到名山公司交来的商业承兑汇票一张，面值为565 000元，期限为3个月，用以抵偿前欠本公司货款500 000元和增值税65 000元。

业务6：9月13日，名山公司商业汇票到期，如数收到票款存入银行。

业务7：9 月 16 日，公司持有的一张面值为 300 000 元的商业承兑汇票到期，但付款人鑫远公司银行账户无款支付，票据由托收银行退回。

业务8：9 月 20 日，公司将持有的一张 3 个月期限、面值 936 000 元的不带息商业承兑汇票向银行办理贴现。该票据出票日 2024 年 7 月 18 日，到期日 2024 年 10 月 18 日。银行规定贴现率为 7.2%。贴现协议中明确，假设票据到期，银行不能按时向债务人收取款项，成都盛天露公司不负有还款责任。

业务9：9 月 21 日，公司按购货合同规定开出转账支票，预付东方公司购买材料款 200 000 元。9 月 26 日，公司收到东方公司发来的原材料并取得增值税专用发票。发票中注明货款 500 000 元，增值税 65 000元，材料已如数验收入库。9 月 29 日，以银行存款补付东方公司货款 365 000 元。

业务10：9 月 23 日，公司以现金 900 元支付向胜利公司借入包装物的押金。

业务11：9 月 25 日，公司盘亏的甲材料 8 500 元，经公司办公会讨论确定，由材料库房管理人员职工刘勇因管理不善而承担赔偿责任 2 000元，其余作为企业的一般损失处理。公司尚未收到赔款。假定不考虑相关税费。

要求：（1）查找资料，了解上述业务完成的过程以及涉及的部门；
（2）确认上述业务发生或完成时应取得的单据；
（3）编制上述业务的会计分录。

任务 2 应收款项债权减值的核算

认知业务

长江工业制造公司为增值税一般纳税人，所取得的商业汇票均为不带息商业汇票。公司只对应收账款进行减值测试，减值测试采用余额百分比法，估计的坏账比例为 3%。

2024 年 1 月 1 日：

应收账款账户期初余额：借方 10 420 000 元

坏账准备——应收账款账户期初余额：借方 312 600 元。

2024 年 12 月 31 日，未计提减值准备之前的数据如下：

应收账款账户期初余额：借方 10 960 000 元。

该企业需计提多少元的坏账准备？

知识

一、应收款项减值的确认与计量

（一）概述

企业的应收款项由于债务人财务困难等原因而无法收回，这部分无法收回的应收款项成为企业的一项损失，称为坏账。企业因发生坏账而产生的损失，称为坏账损失。

（二）应收款项减值损失的核算方法

企业对应收款项减值损失的核算，按照企业会计准则规定应当采用备抵法。

备抵法是指采用一定的方法按期（至少每年末）估计应收款项减值损失，提取坏账准备并转作当期费用。实际发生减值损失时，直接冲减已计提坏账准备，同时转销相应的应收款项余额的一种处理方法。

（三）应收款项减值损失的计量

在备抵法下，企业每期期末要进行应收款项减值损失的测试，具体测试方法分为以下两种情况：

1. 单项金额重大的应收款项

对于单项金额重大的应收款项，应当单独进行减值测试。有客观证据表明其发生了减值的，应当根据其未来现金流量现值低于其账面价值的差额，确认减值损失，计提坏账准备。

2. 单项金额非重大的应收款项

对于单项金额非重大的应收款项可以单独进行减值测试，确定减值损失，计提坏账准备；也可以与经单独测试后未减值的应收款项一起按类似信用风险特征划分为若干组合，再按这些应收款项组合在资产负债表日余额的一定比例计算确定减值损失，计提坏账准备。根据应收款项组合余额的一定比例计算确定的坏账准备，应当反映各项目实际发生的减值损失，即各项组合的账面价值超过其未来现金流量现值的金额。

短期应收款项的预计未来现金流量与其现值相差很小的，在确定相关减值损失时，可不对其预计未来现金流量进行折现。

3. 坏账准备计提比例的确定

企业应当根据以前年度与之相同或相类似的、具有类似信用风险特征的应收款项组合的实际损失率为基础，结合现时情况确定本期各项组合计提坏账准备的比例，据此计算本期应计提的坏账准备。

（四）计提坏账准备的具体方法

企业每期期末，应对每一项应收款项的账面余额进行检查，进行减值测试，如果有客观证据表明发生了减值，则应确认应收款项减值损失，记入当期损益，并计提坏账准备。计提坏账准备时，应注意以下几点：

第一次提取坏账准备时，计提坏账准备的数额，应根据测试的减值金额确定。

第二次计提坏账准备时，会计期末测试的减值损失金额与“坏账准备”账户的余额有差异时，应对“坏账准备”账户的余额进行调整，使调整后的“坏账准备”账户的贷方余额与测试的减值损失金额一致。

本期应计提的坏账准备额 = 本期末减值测试确定的坏账准备余额 -“坏账准备”原贷方余额(+“坏账准备”原借方余额)

会计实务中应运用账龄分析法计提坏账准备的较为普遍。

账龄分析法是根据应收款项账龄的长短，来确定减值损失金额的一种方法。所谓账龄是指客户所欠账款超过结算期的时间。虽然应收款项能否回收的程度与账龄长短并无直接关系，但从一般意义上讲，账龄越长，账款收不回的可能性越大。

采用账龄分析法，一般是列出“应收款项账龄分析表”（见表 2 - 1），将所有应收款项按账龄的长短分段排列，然后分段确定坏账损失比例，分段估算坏账损失，把各段估算出来的坏账损失相加后即确定为本期应估计的坏账损失总额，从而确定本期应计提的坏账准备额。

表 2 - 1 **应收账款账龄分析表**

年 月 日 单位：

购货单位	账面余额	账龄					
		未到期	过期 30 天	过期 60 天	过期 90 天	过期 6 个月	过期 6 个月以上
合计							
估计坏账比例							
估计坏账损失							

做中学

单据包括坏账准备计算表。

需要计提的坏账准备金额：10 960 000 × 3% - 312 600 = 16 200（元）

借：信用减值损失 16 200

　　贷：坏账准备 16 200

学后做

2022年至2024年成都盛天露公司与应收款项减值相关的资料如下：

业务1：2022年年初“坏账准备”科目贷方余额为120 000元，当年年末，应收款项余额为9 200 000元。经减值测试，应收款项估计能为企业带来未来现金流量现值为9 050 000元。

业务2：2023年6月，成都盛天露公司应收龙泉光华公司的货款86 000元因故不能收回，经批准确认为坏账损失。年末应收款项余额为11 000 000元。经减值测试，应收款项估计能为企业带来未来现金流量现值为10 830 000元。

业务3：2024年9月20日，收到成都天天商贸公司支付的货款95 000元。该款项本公司原已将其确认为坏账损失。年末应收款项余额为11 840 000元。经减值测试，应收款项估计能为企业带来未来现金流量现值为11 655 000元。

要求：（1）查找资料，了解上述业务完成的过程以及涉及的部门；

（2）确认上述业务发生或完成时应取得的单据；

（3）编制上述业务的会计分录。

任务3
往来业务债务的核算

认知业务

长江工业制造公司为增值税一般纳税人，2024年5月至2024年12月购销业务如下：

业务1：5月1日，从新世纪公司购入原材料一批，价款3 000 000元，增值税款390 000元，已取得增值税专用发票。公司当日开具一张面值3 390 000元、期限4个月的不带息商业承兑汇票，材料已验收入库。

业务2：9月1日，业务1中开出的商业汇票到期，公司支付款项。

业务3：10月11日，公司从重庆顺达公司购入原材料一批，价款430 000元，增值税额55 900元，材料于当日验收入库。

业务4：11月16日，公司与都江堰永兴贸易公司签订产品销售合同，根据合同约定，长江公司向永兴公司销售产品一批，永兴公司应向长江公司预付购货款150 000元，长江公司在收到预付款后发货。

业务5：11月24日，公司收到永兴公司的预付款150 000元。

业务6：11月28日，公司向永兴公司发出商品并开具增值税专用发票，注明价款

600 000元，增值税额 78 000 元。

业务 7：12 月 13 日，公司收到永兴公司补付的货款 528 000 元。

业务 8：12 月 30 日，总务部凭单据报销备用金 5 000 元。

业务 9：12 月 30 日，公司因一项对外销售产品合同未能按期发货给购货方成都启明星贸易公司造成一定经济损失，经双方协商，长江公司同意按合同约定向对方支付违约金 100 000元。

业务 10：12 月 30 日向成都启明星贸易公司支付违约金 100 000 元。

知识

一、往来业务债务概述

（一）购销业务债务的主要内容

1. 应付账款

应付账款是指企业因购买材料、商品或接受劳务供应等经营活动应支付的款项。这是一种最常见、最普遍的负债，主要是由于企业取得物资与支付货款在时间上的不一致而产生的负债。应付账款与应付票据不同，虽然两者都是由于交易而引起的负债，都属于流动负债，但应付账款属于尚未结清的债务，而应付票据是一种延期付款的证明，以承诺付款的票据为依据。

2. 应付票据

应付票据是指企业购买材料、商品和接受劳务供应等而开出、承兑的商业汇票，包括商业承兑汇票和银行承兑汇票。商业汇票按是否带息，分为不带息商业汇票和带息商业汇票两种。带息商业汇票有确定的票面利率，票据到期时，除应支付票据金额外，还应按票面利率计算支付利息。

3. 预收账款

预收账款是指企业按照合同规定向购货单位预收的款项。与应付账款不同，预收账款所形成的负债不是以货币偿付，而是以货物偿付。

（二）其他债务的主要内容

主要包括其他应付款，指企业除应付票据、应付账款、预收账款、应付职工薪酬、应交税费、应付利息、应付股利等经营活动以外的其他各项应付、暂收的款项。

二、往来业务债务的确认和计量

（一）购销业务债务的确认和计量

1. 应付账款的确认和计量

（1）应付账款的确认。从理论上讲，应付账款入账时间的确定，应以与所购买物资所有权有关的风险和报酬已经转移或劳务已经接受为标志。但在实际工作中，应区别情况处理：

①在货物与发票账单同时到达的情况下，应付账款一般应待货物验收入库后，才按发票账单等登记入账。这主要是为了确认所购货物的品种、数量及质量是否与合同条款相符，以免因先入账而在验收入库时发现购入物资错、漏、破损等问题再进行调账的情况。

②在货物与发票账单非同时到达，且两者间隔较长时间的情况下，应付账款的入账时间以收到发票账单为准。但对于货物已到，发票账单在月末仍未到达的情况，为了在资产负债表上客观反映企业所拥有的资产和承担的债务，月末编制资产负债表时，企业应将所购货物和应付账款估价入账。

（2）应付账款的计量。应付账款一般按未来应付金额入账，在购货存在现金折扣的情况下，应付账款入账金额的确定分为总价法和净价法两种，我国会计实务一般采用总价法，即按发票上记载的应付金额的总值（不扣除折扣）记账，获得的现金折扣，冲减财务费用。

2. 应付票据的确认和计量

（1）应付票据的确认。购货企业应当在办妥采购业务并开出承兑的商业汇票时确认应付票据。

（2）应付票据的计量。无论是不带息票据还是带息票据，均应按业务发生时的金额即票面价值入账。

票据到期时，如果企业无力支付票据款，则应根据不同情况进行处理：

①若企业采用商业承兑汇票进行结算，企业即为承兑人，也就是付款人，银行将把商业承兑汇票退还给收款人，由收付款双方协商解决。由于商业承兑汇票已经失效，企业应将应付票据款转为应付账款，应付的利息也应计入应付账款，借记“应付票据”“应付利息”“财务费用”科目，贷记“应付账款”科目。需要注意的是，到期不能支付的带息应付票据，转入“应付账款”后，期末不再计提应付利息。

②若采用银行承兑汇票进行结算，承兑人为承兑银行，承兑银行将代为支付票据款，并将其转为对企业的逾期贷款。由于商业汇票已经失效，企业应将应付票据款转为短期借款，应付的利息也应计入短期借款，借记“应付票据”“应付利息”“财务费用”等科目，贷记“短期借款”科目。企业支付的罚息，应计入财务费用。

3. 预收账款应当按实际发生额入账

（二）其他债务的确认和计量

其他应付款的核算内容，主要包括：

（1）应付租入包装物租金；

（2）应付短期租赁固定资产租金；

（3）存入保证金；

（4）收取的各种押金；

（5）应付各种赔款、罚款；

（6）其他各项应付、暂收的款项。

做中学

业务1：单据包括增值税专用发票的发票联和抵扣联、材料入库单和商业承兑汇票。

借：原材料　　3 000 000
　　应交税费——应交增值税（进项税额）　　390 000
　　贷：应付票据——新世纪公司　　3 390 000

业务2：单据包括付款申请单和银行支付凭证。

借：应付票据——新世纪公司　　3 390 000
　　贷：银行存款　　3 390 000

业务3：单据包括增值税专用发票的发票联和抵扣联、材料入库单。

借：原材料　　430 000
　　应交税费——应交增值税（进项税额）　　55 900
　　贷：应付账款——顺达公司　　485 900

业务4：签订合同时不进行账务处理。

业务5：单据包括银行进账单回单。

借：银行存款　　150 000
　　贷：预收账款——永兴公司　　150 000

业务6：单据包括增值税专用发票的记账联、产成品出库单和发运凭证等。

借：预收账款——永兴公司　　678 000
　　贷：主营业务收入　　600 000
　　　　应交税费——应交增值税（销项税额）　　78 000

业务7：单据包括银行进账单回单。

借：银行存款　　528 000
　　贷：预收账款——永兴公司　　528 000

业务8：单据包括费用报销单。

借：管理费用　　5 000
　　贷：库存现金　　5 000

业务9：单据包括公司决议。

借：营业外支出　　100 000
　　贷：其他应付款——成都启明星贸易公司　　100 000

业务10：单据包括银行支付凭证。

借：其他应付款——成都启明星贸易公司　　100 000
　　贷：银行存款　　100 000

学后做

2024年5月至11月成都盛天露有限公司发生如下经济业务：

业务1：5月3日，成都盛天露有限公司从阿坝建新林业公司购入原材料一批，专用发票上注明的价款800 000元，增值税为104 000元，购销合同规定采用商业汇票结算。成都盛天露有限公司开出并承兑一张面值为904 000元、期限为4个月的商业承兑汇票给建新公司，材料已验收入库。

（1）成都盛天露有限公司开出并承兑商业汇票时；

（2）票据到期付款时；

（3）若票据到期企业无力支付。

业务2：5月5日，从甘孜天逸林业公司购入价值1 000 000元的原材料（圆木），增值税进项税额为130 000元，同时出具一张面值为1 130 000元、期限为5个月的不带息商业承兑汇票，材料已验收入库。

（1）购入材料时；

（2）9月30日票据到期付款时；

（3）9月30日票据到期，若企业无力支付票款。

业务3：成都盛天露有限公司5月12日，从甘孜天逸林业公司购入原材料一批，价款600 000元，增值税税率13%，商品当日验收入库。

业务4：成都盛天露有限公司7月15日，接受龙泉长城贸易公司一批订货，按合同规定，货款金额为500 000元，预计3个月完成。订货方预付货款40%，另60%待完工发货后再支付。该货物的增值税税率为13%。

（1）收到预付的货款时；

（2）3个月后产品完工并发出时；

（3）收到订货单位补付的货款时。

业务5：成都盛天露有限公司8月31日，确认向海澜公司短期租赁租入生产设备本月应支付的租金6 400元。

业务6：成都盛天露有限公司10月31日，用基本户存款支付天天公司违约金50 000元。该违约金上月末已确认。

要求：（1）查找资料，了解上述业务完成的过程以及涉及的部门；

（2）确认上述业务发生或完成时应取得的单据；

（3）编制上述业务的会计分录。

【学后做参考答案】

【任务1】

本组业务涉及的原始凭证：增值税专用发票的记账联、产成品出库单、发运凭证银行托收手续回单、商业汇票、银行业务回单、转账支票存根、付款申请单、增值税专用发票的发票联和抵扣联和材料入库单等。

业务1：（1）借：应收账款——甲企业 950 400
贷：主营业务收入 840 000
应交税费——应交增值税（销项税额） 109 200
银行存款 1 200
（2）借：银行存款 950 400
贷：应收账款——甲企业 950 400
业务2：借：应收账款——甲企业 2 034 000
贷：主营业务收入 1 800 000
应交税费——应交增值税（销项税额） 234 000
业务3：借：应收账款——乙企业 1 133 000
贷：主营业务收入 1 000 000
应交税费——应交增值税（销项税额） 130 000
银行存款 3 000
业务4：借：应收票据——天宝公司 452 000
贷：主营业务收入 400 000
应交税费——应交增值税（销项税额） 52 000
业务5：借：应收票据——名山公司 565 000
贷：应收账款——名山公司 565 000
业务6：借：银行存款 565 000
贷：应收票据——名山公司 565 000
业务7：借：应收账款——鑫远公司 300 000
贷：应收票据——鑫远公司 300 000
业务8：贴现天数 =28（天）
贴现息 =936 000 ×7.2% ×28/360 =5 241.6（元）
贴现金额 =936 000 －5 241.6 =930 758.40（元）
借：银行存款 930 758.4
财务费用 5 241.6
贷：应收票据 936 000
业务9：（1）借：预付账款——东方公司 200 000
贷：银行存款 200 000
（2）借：原材料 500 000
应交税费——应交增值税（进项税额） 65 000
贷：预付账款——东方公司 565 000
（3）借：预付账款——东方公司 365 000
贷：银行存款 365 000
业务10：借：其他应收款——胜利公司 900
贷：库存现金 900
业务11：（1）借：待处理财产损溢——待处理流动资产损溢 8 500
贷：原材料——甲材料 8 500

（2）借：其他应收款——刘勇 2 000
管理费用 6 500
贷：待处理财产损溢——待处理流动资产损溢 8 500

【任务2】

本组业务涉及的原始凭证：坏账审批程序、公司决议和应收款项减值损失计算表和银行进账单回单等。

业务1：借：信用减值损失 30 000
贷：坏账准备 30 000

业务2：2023年6月，确认坏账

借：坏账准备 86 000
贷：应收账款——龙泉华光公司 86 000

2023年年末，应计提坏账

借：信用减值损失 106 000
贷：坏账准备 106 000

【说明：2023年末应提坏账(11 000 000 - 10 830 000) - 150 000 + 86 000 = 106 000】

业务3：2024年9月20日收回已核销的坏账

借：应收账款——天天商贸公司 95 000
贷：坏账准备 95 000

借：银行存款 95 000
贷：应收账款——天天商贸公司 95 000

2024年年末，计提坏账

借：坏账准备 80 000
贷：信用减值损失 80 000

【说明：(11 840 000 - 11 655 000) - 170 000 - 95 000 = -80 000，应转回。】

【任务3】

本组业务涉及的原始凭证：增值税专用发票的发票联和抵扣联、材料入库单、银行支付凭证、产成品出库单、增值税专用发票的记账联、发运凭证、银行进账单回单等。

业务1：（1）借：原材料 800 000
应交税费——应交增值税（进项税额） 104 000
贷：应付票据——建新林业公司 904 000

（2）借：应付票据——建新林业公司 904 000
贷：银行存款 904 000

（3）借：应付票据——建新林业公司 904 000
贷：应付账款——建新林业公司 904 000

业务2：（1）借：原材料 1 000 000
应交税费——应交增值税（进项税额） 130 000
贷：应付票据——天逸林业公司 1 130 000

（2）借：应付票据——天逸林业公司 1 130 000
贷：银行存款 1 130 000

（3）借：应付票据——天逸林业公司 1 130 000

贷：应付账款——天逸林业公司 1 130 000

业务3：借：原材料 600 000

应交税费——应交增值税（进项税额） 78 000

贷：应付账款——天逸林业公司 678 000

业务4：（1）借：银行存款 200 000

贷：预收账款——龙泉长城贸易公司 200 000

（2）借：预收账款——龙泉长城贸易公司 565 000

贷：主营业务收入 500 000

应交税费——应交增值税（销项税额） 65 000

（3）借：银行存款 365 000

贷：预收账款——龙泉长城贸易公司 365 000

业务5：借：制造费用 6 400

贷：其他应付款——海澜公司 6 400

业务6：借：其他应付款——天天公司 50 000

贷：银行存款 50 000

往来款项核算习题

3 项目三 存货的核算

学习目标

■ 能树立正确的价值观，依法办事；
■ 能掌握存货的定义及内容；
■ 能掌握存货初始计量、后续计量的计算；
■ 能对存货的盘亏、盘盈进行会计处理；
■ 能对存货进行期末计量；
■ 能掌握原材料计划成本核算；
■ 能掌握委托加工物资核算；
■ 能掌握周转材料和库存商品的核算；
■ 能完成存货总账、明细账的建立；
■ 能完成存货账簿的登记；
■ 能分析存货账务处理结果提供的会计信息。

关键术语

■ 存货、原材料、委托加工物资、周转材料、库存商品
■ 计划成本、材料成本差异
■ 存货跌价准备

有关参考资料

■《企业会计准则第1号——存货》
■《初级会计实务》——初级会计资格考试用书

任务1
存货认知

知识

一、存货的定义及确认

1. 存货的定义

存货，是指企业在日常活动中持有以备出售的产成品或商品、处在生产过程中的在产品、在生产过程或提供劳务过程中耗用的材料和物料等。存货区别于固定资产等非流动资产的最基本的特征是，企业持有存货的最终的目的是为了出售，不论是可供直接销售，如企业的产成品、商品等；还是需经过进一步加工后才能出售，如原材料等。

2. 存货的确认

存货同时满足下列条件的，才能予以确认：

（1）符合存货的定义；

（2）与该存货有关的经济利益很可能流入企业；

（3）该存货的成本能够可靠地计量。

二、存货的内容

1. 原材料

是指企业在生产过程中经加工改变其形态或性质并构成产品主要实体的各种原料及主要材料、辅助材料、燃料、修理备用件（备品备件）、包装材料、外购半成品（外购件）等。

2. 在产品

是指企业正在制造尚未完工的生产物，包括正在各个生产工序加工的产品和已加工完毕但尚未检验或已检验但尚未办理入库手续的产品。

3. 半成品

是指经过一定生产过程并已检验合格交付半成品仓库保管，但尚未制造完工成为产成品，仍需进一步加工的中间产品。

4. 产成品

是指工业企业已经完成全部生产过程并已验收入库，可以按照合同规定的条件送交订货单位，或者可以作为商品对外销售的产品。企业接受来料加工制造的代制品和为外单位加工修理的代修品，制造和修理完成验收入库后，应视同企业的产成品。

5. 商品

是指商品流通企业外购或委托加工完成验收入库用于销售的各种商品。

6. 包装物

是指为了包装本企业的商品而储备的各种包装容器，如桶、箱、瓶、坛、袋等。其主要作用是盛装、装潢产品或商品。

7. 低值易耗品

是指不能作为固定资产核算的各种用具物品，如工具、管理用具、玻璃器皿、劳动保护用品，以及在经营过程中周转使用的容器等。其特点是单位价值较低，或使用期限相对于固定资产较短，在使用过程中保持其原有实物形态基本不变。

8. 委托代销商品

是指企业委托其他单位代销的商品。

三、存货取得的方式及成本计算

存货应当以其实际成本入账。对于采购存货，存货成本包括采购成本、加工成本和其他成本。

（一）存货的采购成本

一般包括采购价格、进口关税和其他税金、运输费、装卸费、保险费以及其他可归属于存货采购成本的费用。其中：

（1）采购价格，是指企业购入的材料或商品的发票账单上列明的价款，但不包括按规定可以抵扣的增值税进项税额。

（2）其他税金，是指企业购买、自制或委托加工存货发生的消费税、资源税和不能从销项税额中抵扣的增值税进项税额等。

（3）其他可归属于存货采购成本的费用，是指采购成本中除上述各项以外的可直接归属于存货采购成本的费用，如在存货采购过程中发生的仓储费、包装费、运输途中的合理损耗、入库前的挑选整理费用等。这些费用能分清负担对象的，应直接计入存货的采购成本；不能分清负担对象的，应选择合理的分配方法，分配计入有关存货的采购成本。分配方法通常包括按所购存货的数量或采购价格比例进行分配。

（4）商品流通企业采购商品过程中发生的运输费、装卸费、保险费以及其他可归属于存货采购成本的费用等进货费用，应当计入存货采购成本，也可以先进行归集，期末再进行分摊，对于已售商品的进货费用计入当期主营业务成本，对于未售商品的进货费用计入期末存货成本，如果金额较小也可以直接计入当期的销售费用。

（二）存货的加工成本

是指在存货的加工过程中发生的追加费用，包括直接人工以及按照一定方法分配的制造费用。由于加工成本实质是企业在进一步加工存货的过程中追加发生的生产成本，因此，不包括直接由材料存货转移来的价值。

加工成本 = 直接人工 + 制造费用

（三）存货的其他成本

是指除采购成本、加工成本以外的，使存货达到目前场所和状态所发生的其他支出。企业设计产品发生的设计费用通常应计入当期损益，但是为特定客户设计产品所发生的、可直接确定的设计费用应计入存货的成本。

但是，下列项目不能计入存货的成本：

（1）非正常消耗的直接材料、直接人工及制造费用应计入当期损益，不得计入存货成本。例如，企业超定额的废品损失以及由自然灾害而发生的直接材料、直接人工及制造费用，由于这些费用的发生无助于使该存货达到目前场所和状态，不应计入存货成本，而应计入当期损益。

（2）仓储费用指企业在采购入库后发生的储存费用，应计入当期损益。但是，在生产过程中为达到下一个生产阶段所必需的仓储费用则应计入存货成本。例如，某种酒类产品生产企业为使生产的酒达到规定的产品质量标准，而必须发生的仓储费用，就应计入酒的成本，而不是计入当期损益。

（3）不能归属于使存货达到目前场所和状态的其他支出不符合存货的定义和确认条件，应在发生时计入当期损益，不得计入存货成本。

（四）投资者投入存货的成本

投资者投入存货的成本应当按照投资合同或协议约定的价值确定，但合同或协议约定价值不公允的除外。若约定价值不公允，则应按照该项存货的公允价值作为其入账价值。

（五）盘盈存货的成本

盘盈的存货应按其重置成本作为入账价值。

四、发出存货成本的计算

企业应当根据各类存货的实物流转方式、企业管理的要求、存货的性质等实际情况，合理地选择发出存货成本的计算方法，以合理确定当期发出存货的实际成本。企业在确定发出存货的成本时，可以采用先进先出法、月末一次加权平均法、移动加权平均法和个别计价法四种方法。

（一）先进先出法

先进先出法是以先购入的存货应先发出（销售或耗用）这样一种存货实物流动假设为前提，对发出存货进行计价。采用这种方法，先购入的存货成本在后购入存货成本之前转出，据此确定发出存货和期末存货的成本。在先进先出法下，在物价持续上升时，期末存货成本接近于市价，而发出成本偏低，会高估企业当期利润和库存存货价值；反之，会低估企业存货价值和当期利润。

优点：先进先出法可以随时结转存货发出成本。

缺点：较繁琐，如果存货收发业务较多、且存货单价不稳定时，其工作量较大。

（二）全月一次加权平均法

是指以本月全部进货数量加上月初存货数量作为权数，去除本月全部进货成本加上月初存货成本，计算出存货的加权平均单位成本，以此为基础计算发出存货的成本和期末存货成本的一种方法。

加权平均单位成本 =（月初结存存货成本 + 本月入库存货成本）/（月初结存存货数量 + 本月入库存货数量）

优点：简化成本计算工作。

缺点：平时无法从账簿中查询存货的收发及结存金额，需到月末才能计算出相应的结果，不利于存货成本日常管理与控制。

（三）移动加权平均法

是指每次收到存货以后，以当次进货的成本加上原有库存存货的成本，除以当次进货数量与原有库存存货的数量之和，计算出新的平均单位成本，作为下次进货前计算各次发出存货成本依据的一种方法。

移动加权平均单位成本 =（原有结存存货成本 + 本次入库存货成本）/（原有结存存货数量 + 本次入库入存货数量）

本批发出存货成本 = 本批发出存货数量 × 移动加权平均单位成本

移动加权平均法计算出来的商品成本比较均衡和准确，但计算起来的工作量大，一般适用于经营品种不多、或者前后购进商品的单价相差幅度较大的商品流通类企业。

（四）个别计价法

个别计价法是假设存货的成本流转与实物流转相一致，按照各种存货，逐一辨认各批发出存货和期末存货所属的购进批别或生产批别，分别按其购入或生产时所确定的单位成本作为计算各批发出存货和期末存货成本的方法。又称“个别认定法”“具体辨认法”。

优点：计算发出存货的成本和期末存货的成本比较合理、准确。

缺点：实务操作的工作量繁重，困难较大。适用于容易识别、存货品种数量不多、单位成本较高的存货计价。

对于性质和用途相似的存货，应当采用相同的成本计算方法确定发出存货的成本。对于不能替代使用的存货、为特定项目专门购入或制造的存货以及提供的劳务，通常采用个别计价法确定发出存货的成本。

任务2
原材料的核算

认知业务

存货的核算——原材料

南海公司为制造企业，增值税一般纳税人，主要生产甲产品，材料有A材料和B材料，A材料采用实际成本计价核算，发出A材料采用全月一次加权平均法；B 材料采用计划成本计价核算。

2024 年 5 月末原材料账户余额：

原材料——A 材料 1 200 元（100 千克）

——B 材料 1 000 000 元（100 000 千克，计划成本 10 元/千克）

材料成本差异——B 材料 100 000 元

2024 年 6 月发生如下经济业务：

业务 1：3 日，购入 A 材料 2 000 千克，从销售方取得的增值税专用发票中注明：买价 20 000 元，增值税 2 600 元；从运输公司取得的增值税专用发票上注明运输费 500 元，增值税 45 元；从服务公司取得的增值税普通发票上注明装卸费及增值税合计 100 元。同日，该批 A 料验收入库，实收 1 990 千克，途中合理损耗 10 千克。公司签发转账支票支付上述款项。

业务 2：13 日，购入 A 材料 12 000 千克，取得的增值税专用发票上注明买价 200 000 元，增值税 26 000 元。材料尚未入库。上述款项已通过企业网银支付。

业务 3：14 日，购入 B 材料 300 000 千克，取得的增值税专用发票上记载的货款为 3 300 000元，增值税税额 429 000 元，发票账单已收到，全部款项以银行存款支付，材料尚未入库。

业务 4：15 日，B 材料入库，计划成本为 3 000 000 元。

业务 5：16 日，13 日购入的 A 材料验收入库。

业务 6：25 日，根据“发料凭证汇总表”的记录，A 材料的领用情况为：基本生产车间产品生产领用 20 000 千克，辅助生产车间产品生产领用 6 000 千克，基本生产车间管理部门领用 2 500 千克。

业务 7：30 日，根据“发料凭证汇总表”的记录，B 材料的领用情况为：基本生产车间产品生产领用 20 000 千克，辅助生产车间领用 6 000 千克，基本生产车间管理部门领用 2 500千克。

业务 8：30 日，结转发出 B 材料的成本差异。

思考：发出的 A 材料如果采用先进先出法或移动加权平均法，应该如何计算发出 A 材料的成本？

知识

一、科目设置

（1）“在途物资”科目，该科目属于资产类，核算企业购入尚未入库的存货，借方登记增加，贷方登记减少，余额在借方，可按照材料种类设置明细账。

（2）“应交税费——应交增值税（进项税额）”，负债类账户，核算企业购入存货按照税法规定能够抵扣的增值税额，记入借方。

（3）“材料采购”科目，该科目属于资产类，借方登记采购材料的实际成本，贷方登记入库材料的计划成本。借方大于贷方表示超支，从本科目贷方转入“材料成本差异”科目的借方；贷方大于借方表示节约，从本科目借方转入“材料成本差异”科目的贷方；期末若为借方余额，反映企业（在途）材料的实际成本，可依据材料的类别、品种设置明细账。

(4)“原材料”科目，该科目属于资产类，用于核算库存原材料的收发与结存情况。在材料采用计划成本核算时，本科目的借方登记入库材料的计划成本，贷方登记发出材料的计划成本，期末余额在借方，反映企业库存原材料的计划成本，可依据原材料的类别、品种设置明细账。

(5)“材料成本差异”科目，该科目属于资产类，反映企业已入库各种材料的实际成本与计划成本的差异。借方登记超支差异及发出材料应负担的节约差异，贷方登记节约差异及发出材料应负担的超支差异。期末如为借方余额，反映企业库存材料的实际成本大于计划成本；如为贷方余额，反映企业库存材料的实际成本小于计划成本。

二、原材料采用实际成本计价核算

原材料，是指企业在生产过程中经加工改变其形态或性质并构成产品主要实体的各种原料及主要材料、辅助材料、燃料、修理备用件（备品备件）、包装材料、外购半成品（外购件）等。

按实际成本进行核算，是指从存货（原材料）的收发凭证到明细分类账和总账，均以实际成本来反映存货（原材料）的收、发和结存的情况。在实务中，在核算所有存货类型时都可以采用实际成本。

（一）购入材料

1. 货款已经支付，同时原材料已验收入库

这种情况，应通过“原材料”科目进行核算；材料入库后，根据“收料单”和“增值税专用发票”等单据，借记“原材料”和“应交税费”科目，贷记“银行存款”科目。

2. 货款已经支付或开出商业汇票，外购原材料（存货）尚未到达或尚未验收入库

首先，应当通过“在途物资”进行核算。待材料到达、入库后，再根据收料单，由“在途物资”科目转入“原材料”科目核算。

3. 货款尚未支付，外购存货已经验收入库

若收到银行转来的结算凭证，或者发票账单，款项尚未支付，则确认“应付账款”。

4. 货到单未到

若在月末没有收到发票账单等相关单据，无法确认入库材料实际成本，则期末应当按照暂估价值先入账，但在下月初作相反的会计分录予以冲回，收到发票账单后再按照实际金额记账。即在月末根据暂估价值，借记“原材料”科目，贷记“应付账款——暂估应付账款”，下月初作相反的会计分录予以冲回。

（二）发出材料

企业各生产单位和部门领用的材料具有种类多、业务频繁等特点。实务中，企业通常于月末根据领料单等编制“发料凭证汇总表”结转发出材料的实际成本，应当根据

所发出材料的用途，按实际成本分别记入“生产成本”“制造费用”“销售费用”“管理费用”等科目。

三、原材料采用计划成本核算

计划成本法是指企业存货的日常收入、发出和结余均按预先制定的计划成本计价，同时另设“材料成本差异”科目，作为计划成本和实际成本联系的纽带，用来登记实际成本和计划成本的差额，月末再通过对存货成本差异的分摊，将发出存货的计划成本和结存存货的计划成本调整为实际成本进行反映的一种核算方法。计划成本法下存货的总分类和明细分类核算均按计划成本计价，这种方法适用于存货品种繁多、收发频繁、管理比较规范的企业。

（一）购入材料

1. 货款已支付，同时材料验收入库

在计划成本下，取得的材料先要通过“材料采购”科目（实际成本）进行核算，企业支付材料价款和运杂费等构成存货实际成本的，计入“材料采购”科目。待材料入库后，借记“原材料”科目（计划成本）金额，贷记“材料采购”科目（实际成本），两者差额计入“材料成本差异”。

2. 货款已经支付，材料尚未验收入库

其处理方法与上面相同。

3. 货款尚未支付，材料已经验收入库

当月内，应暂缓入账，待有关发票账单到达时按单货同到的方法入账。若月末发票账单仍未到达应按计划成本估价入账，下月初用红字冲销。

注意：不能估计增值税，不能估计材料成本差异。

（二）发出材料

平时，企业根据领料单等编制的“发料凭证汇总表”结转发出材料的计划成本，应当根据所发出材料的用途，按计划成本分别计入“生成成本”“制造费用”“管理费用”等账户。

（三）月末结转差异

根据准则规定，企业日常采用计划成本核算的，发出材料应由计划成本调整为实际成本，通过“材料成本差异”科目进行结转，按照所发出材料的用途，分别计入“生产成本”“制造费用”“管理费用”等账户。

发出材料的应负担的成本差异应当按月分摊，不得在季末或者年末一次计算。

本期材料成本差异率 =（期初结存材料的成本差异 + 本期验收入库材料的成本差异）÷（期初结存材料的计划成本 + 本期验收入库材料的计划成本）×100%

节约差异为负号，用“ - ”表示。超支差异为正号，用“ + ”表示。

发出材料应负担的成本差异 = 发出材料的计划成本 × 本期材料成本差异率

发出材料的实际成本 = 发出材料的计划成本 + 发出材料后负担的成本差异

期末结存材料应负担的成本差异 = 结存材料计划成本 × 本期材料差异率

期末结存材料的实际成本 = 结存材料的计划成本 + 结存材料应负担的成本差异

= 期末材料的计划成本 ×(1 + 材料成本差异率)

【总结】

（1）采购时，按实际成本记入“材料采购”科目借方；

（2）验收入库时，按计划成本记入“原材料”科目的借方，实际成本记入“材料采购”科目贷方，差额形成“材料成本差异”；

（3）平时发出材料时，一律用计划成本；

（4）期末，计算材料成本差异率，结转发出材料应负担的差异额。

做中学

业务1：单据包括收料单、增值税专用发票、银行转账支票存根等。

借：原材料——A 材料　　20 600

　　应交税费——应交增值税（进项税额）　　2 645

　　贷：银行存款　　23 245

采购成本 = 20 000 + 500 + 100 = 20 600（元）

业务2：单据包括增值税专用发票、网银支付打印单等。

借：在途物资——A 材料　　200 000

　　应交税费——应交增值税（进项税额）　　26 000

　　贷：银行存款　　226 000

业务3：单据包括银行电汇凭证、增值税专用发票、收料单。

借：材料采购——B 材料　　3 300 000

　　应交税费——应交增值税（进项税额）　　429 000

　　贷：银行存款　　3 729 000

在计划成本核算下，取得的材料先要通过“材料采购”科目进行核算，企业支付材料价款和运杂费等构成存货实际成本的，计入“材料采购”科目。

业务4：单据包括收料单。

借：原材料——B 材料　　3 000 000

　　材料成本差异　　300 000

　　贷：材料采购——B 材料　　3 300 000

业务5：A 材料验收入库。

借：原材料——A 材料　　200 000

　　贷：在途物资——A 材料　　200 000

业务6：单据包括发料凭证汇总表。

A 材料加权平均单价 =（1 200 + 20 600 + 200 000）/（100 + 2 000 + 12 000）= 15.73（元/千克）

借：生产成本——基本生产成本　　31 460

　　　　　　——辅助生产成本　　9 438

制造费用　39 325

在建工程　78 650

贷：原材料——A 材料　158 873

业务7：单据包括发料凭证汇总表。

借：生产成本——基本生产成本　200 000

——辅助生产成本　60 000

制造费用　25 000

贷：原材料——B 材料　285 000

业务8：单据包括发料凭证汇总表。

（1）材料成本差异 = [100 000 + (－300 000)]/(1 000 000 + 3 000 000) × 100% = －5%

（2）“基本生产成本”应负担的成本差异 = 200 000 × (－5%) = －10 000（元）

（3）“辅助生产成本”应负担的成本差异 = 60 000 × (－5%) = －3 000（元）

（4）“制造费用”应负担的成本差异 = 25 000 × (－5%) = －1 250（元）

结转发出材料的成本差异的分录为：

借：材料成本差异——B 材料　14 250

贷：生产成本——基本生产成本　10 000

——辅助生产成本　3 000

制造费用　1 250

学后做

业务1：某企业为增值税小规模纳税企业。企业对材料采用实际成本法核算，该企业购入甲材料 600 千克，每千克含税单价为 50 元，发生运杂费 2 000 元，运输途中发生合理损耗 10 千克，入库前发生挑选整理费用 200 元，该材料已入库，款已付。确定该批甲材料的入账价值并作会计分录。

业务2：某企业对材料采用计划成本核算。2024 年 12 月 1 日，结存材料的计划成本为 400 万元，材料成本差异贷方余额为 6 万元；本月入库材料的计划成本为 2 000 万元，材料成本差异借方发生额为 12 万元；本月发出材料的计划成本为 1 600 万元。计算该企业 2024 年 12 月 31 日结存材料的实际成本。

业务3：某工业企业为增值税一般纳税企业，材料按计划成本计价核算。甲材料计划单位成本为每千克 10 元。“原材料”账户月初余额 40 000 元，“材料成本差异”账户月初借方余额 500 元。该企业 2024 年 4 月有关资料如下：

（1）4月15日，从外地A公司购入甲材料6 000千克，增值税专用发票注明的材料价款为61 000元，增值税额7 930元，企业已用银行存款支付上述款项，材料尚未到达。

（2）4月20日，从A公司购入的甲材料到达，验收入库时发现短缺20千克，经查明为途中定额内自然损耗。按实收数量验收入库。

（3）4月30日，汇总本月发料凭证，本月共发出甲材料5 000千克，全部用于产品生产。

要求：根据上述业务编制相关的会计分录，并计算本月材料成本差异率、本月发出材料应负担的成本差异及月末库存材料的实际成本。

业务4：某企业采用月末一次加权平均法计算发出原材料的成本。2024年10月1日，甲材料结存200千克，每千克实际成本为100元；10月10日购入甲材料300千克，每千克实际成本为110元；10月25日发出甲材料400千克。10月末，计算甲材料的库存余额。

业务5：某企业采用先进先出法计算发出原材料的成本。2024年9月1日，甲材料结存200千克，每千克实际成本为300元；9月7日，购入甲材料350千克，每千克实际成本为310元；9月21日，购入甲材料400千克，每千克实际成本为290元；9月28日发出甲材料500千克，计算9月甲材料的发出成本。

业务6：A公司2024年7月1日结存甲材料100千克，每千克实际成本1 000元。本月发生如下有关业务：

（1）3日，购入甲材料50千克，每千克实际成本1 050元，材料已验收入库。

（2）5日，发出甲材料80千克。

（3）7日，购入甲材料70千克，每千克实际成本980元，材料已验收入库。

（4）12日，发出甲材料130千克。

（5）20日，购入甲材料80千克，每千克实际成本1 100元，材料已验收入库。

（6）25日，发出甲材料30千克。

要求：

（1）假定A公司原材料采用实际成本核算，发出材料采用先进先出法，请根据上述资料，计算甲材料5日、25日发出材料的成本以及期末结存的成本。

（2）假定A公司原材料采用实际成本核算，发出材料采用全月一次加权平均法，请根据上述资料计算A公司当月结存材料的实际成本和发出材料的实际成本。（小数点后保留两位）

任务3
周转材料的核算

认知业务

南海公司为增值税一般纳税人，周转材料采用实际成本计价核算，2024年6月有关包装物及低值易耗品的业务如下：

业务1：1日，生产产品领用包装物成本100 000元。

业务2：5日，销售商品领用不单独计价包装物成本50 000元。

业务3：6日，行政办公室领用清扫工具，成本800元，采用一次摊销法。

业务4：18日，销售商品领用单独计价包装物成本8 000元，开出的增值税发票中注明卖价10 000元，增值税额1 300元，款项已存入银行。

业务5：20日，基本生产车间领用设备专用修理工具，成本2 000元，采用五五摊销法进行摊销。

知识

一、周转材料概述

周转材料，是指企业能够多次使用、逐渐转移其价值但仍保持原有形态不确认为固定资产的材料，主要包括包装物和低值易耗品。

（一）包装物

包装物是指企业为了包装本企业商品而储备的各种包装容器，如桶、箱、瓶、坛、袋等。企业的包装物包括：

（1）生产过程中用于包装产品作为产品组成部分的包装物：包装物的成本在领用时计入“生产成本”账户。

（2）随同商品、产品出售而不单独计价的包装物：包装物的成本在出售时计入“销售费用”账户。

（3）随同商品出售而单独计价的包装物：包装物的成本在出售时计入“其他业务成本”账户。

（4）出租或出借给购买单位使用的包装物（可以周转使用）：出租的包装物成本摊销时计入“其他业务成本”账户，出借的包装物成本摊销时计入“销售费用”账户。出租或出借的包装物因不能使用而报废时回收的残料，应作为当月包装物摊销额的减少，冲减有关资产成本或当期损益。

（二）低值易耗品

低值易耗品是指单位价值较低、使用年限较短，不能作为固定资产的各种用具物品。主要包括：

（1）经营用具，指经营中使用的各种用具如清洁器械、消防器械等。

（2）管理用具，指企业管理中的各种家具用具，如保险柜、沙发、椅子、桌子等。

（3）包装容器，指物业管理企业在经营过程中使用的周转箱、包装袋等。

（4）劳保用品等。

二、周转材料的核算

（一）包装物的核算

1. 外购包装物的核算

企业外购包装物如果采用实际成本核算，则按照包装物的实际成本借记“周转材料——包装物”，按照可以抵扣的增值税，借记“应交税费——应交增值税（进项税额）”，贷记“银行存款”等科目。

如果企业外购包装物采用计划成本核算，则先按照包装物的实际成本借记“材料采购”，按照可以抵扣的增值税，借记“应交税费——应交增值税（进项税额）”，贷记“银行存款”等科目；然后再按照计划成本借记“周转材料——包装物”，按照实际成本贷记“材料采购”，成本差异借记或贷记“材料成本差异”。

2. 发出包装物的核算

发出包装物，如果采用实际成本核算，则按照包装物的实际成本，借记“生产成本”等科目，贷记“周转材料——包装物”科目。

（1）生产领用包装物。发出包装物，如果采用计划成本核算，则按其实际成本借记“生产成本”科目，按其计划成本，贷记“周转材料——包装物”科目，按其差额，借记或贷记“材料成本差异”科目。

（2）随同商品出售而不单独计价的包装物。应按其实际成本计入销售费用，借记“销售费用”科目，贷记“周转材料——包装物”科目，如果采用计划成本核算，则要考虑材料成本差异。

（3）随同商品出售且单独计价的包装物。随同商品出售且单独计价的包装物，一方面应反映其销售收入，计入其他业务收入；另一方面应反映其实际销售成本，计入其他业务成本。

（二）低值易耗品的核算

低值易耗品在生产过程中可以多次使用不改变其实物形态，在使用时也需维修，报废时可能也有残值。由于它价值低，使用期限短，所以采用简便的方法，将其价值摊入产品成本。在实务中，通常采用实际成本核算低值易耗品。其核算原理和原材料是一样的。

（1）外购低值易耗的核算：取得低值易耗品的核算同包装物。

（2）发出低值易耗品的核算：企业应当采用一次转销法或者分次（五五）摊销法对其进行摊销，计入相关资产的成本或者当期损益。如果对相关包装物或低值易耗品计提了存货跌价准备，还应结转已计提的存货跌价准备，冲减相关资产的成本或当期损益。

1. 一次转销法

采用一次转销法摊销低值易耗品，在领用低值易耗品时，将其价值一次、全部计入有关资产成本或者当期损益，主要适用于价值较低或极易损坏的低值易耗品的摊销。比如：价值较低或极易损坏的管理用具和小型工具、卡具以及在单件小批生产方式下为制造某批订货所用的专用工具等低值易耗品以及生产领用的包装物和随同商品出售的包装物；数量不多、金额较小，且业务不频繁的出租或出借包装物，也可以采用一次转销法结转包装物的成本，但在以后收回使用过的出租和出借包装物时，应加强实物管理，并在备查簿上进行登记。

2. 五五摊销法

五五摊销法，是指低值易耗品在领用时或出租、出借包装物时先摊销其成本的一半，在报废时再摊销其成本的另一半。即低值易耗品或包装物分两次各按50%进行摊销。适用于价值较低、使用期限较短的低值易耗品，也适用于每期领用数量和报废数量大致相等的低值易耗品。

三、科目设置

（1）“周转材料——包装物”账户核算包装物，该账户为资产类账户，借方登记包装物增加（购入等），贷方登记包装物减少（生产领用等），余额在借方，反映库存包装物的成本，可以按照包装物的类别设置明细账。

（2）“周转材料——低值易耗品”账户核算低值易耗品，该账户为资产类账户，借方登记低值易耗品增加（购入等），贷方登记低值易耗品减少（生产领用等），余额在借方，反映库存低值易耗品的成本，可以按照其类别设置明细账。

做中学

业务1：单据包括领料单。

借：生产成本　　100 000

　　贷：周转材料——包装物　　100 000

业务2：单据包括领料单。

借：销售费用　　50 000

　　贷：周转材料——包装物　　50 000

业务3：借：管理费用——低值易耗品　　800

　　　　　　贷：周转材料——低值易耗品　　800

业务4：单据包括领料单、增值税专用发票。

借：银行存款　　11 300

　　贷：其他业务收入　　10 000

　　　　应交税费——应交增值税（销项税额）　　1 300

借：其他业务成本　　8 000

　　贷：周转材料——包装物　　8 000

业务5：单据包括领料单。

领用：

借：周转材料——低值易耗品——在用　　2 000

　　贷：周转材料——低值易耗品——在库　　2 000

第一次领用时摊销其价值的一半：

借：制造费用　　1 000

　　贷：周转材料——低值易耗品——摊销　　1 000

第二次领用时摊销其价值的一半：

借：制造费用　　1 000

　　贷：周转材料——低值易耗品——摊销　　1 000

同时：

借：周转材料——低值易耗品——摊销　　2 000

　　贷：周转材料——低值易耗品——在用　　2 000

学后做

某企业属一般纳税人，销售商品的增值税税率为13%，低值易耗品和包装物采用计划成本计价，低值易耗品的材料成本差异率为2%，采用一次摊销法包装物的材料成本差异率为-2%，3月发生下列经济业务：

业务1：3月5日，行政部门领用清洁用具一批，计划成本125元。

业务2：3月8日，生产车间领用劳保用品一批，计划成本3 600元。

业务3：3月9日，生产车间生产A产品领用包装物一批，计划成本为650元。

业务4：3月10日，销售产品领用包装物一批，计划成本74元，该包装物不单独计价。

业务5：3月14日，出售B产品领用包装物5个，每个计划成本10元，每个包装物向买方收费18元（含增值税），款项已收存银行。

要求：根据上述经济业务编制会计分录。

任务4
委托加工物资的核算

认知业务

南海公司为增值税一般纳税人，2024年5月末账户余额“委托加工物资——D材料”

600 000 元。2024 年 6 月发生部分有关委托加工业务：

业务 1：10 日，委托甲公司加工一批 1#商品，发出加工材料实际成本 70 000 元，以银行存款支付运费 2 200 元，增值税税额 198 元，取得运输部门开具的增值税专用发票。

业务 2：20 日，1#商品加工完毕，从甲公司取得增值税专用发票中显示加工费 20 000 元，增值税税额 2 600 元；当日运回验收入库。从运输部门取得的增值税专用发票中显示运费2 500元，增值税税额 225 元。所有款项均以银行存款支付。

业务 3：25 日，通过网银支付 D 材料加工费 120 000 元及增值税 15 600 元，支付消费税 66 000元，取得增值税专用发票及收据。D 材料收回后用于连续生产应税消费品。

业务 4：27 日，D 材料验收入库。

思考：如果 D 材料南海公司收回后准备直接出售了，加工中支付的消费税应该如何处理？

知识

一、委托加工物资概念

委托加工物资是指委托外单位加工的各种材料。委托加工是指一方委托另一方将一种材料加工成另外一种材料、物品的过程，一定是委托方提供主料，受托方提供辅料、加工劳务。

二、科目设置

企业应该设置“委托加工物资”账户，该账户为资产类账户，借方登记增加（归集委托加工物资的成本），贷方登记减少（反映委托加工物资的入库），余额在借方（反映尚未入库的委托加工物资），按照物资类别设置明细账。

三、委托加工物资的成本

企业委托外单位加工物资的成本包括加工中实际耗用的物资成本、支付的加工费以及运杂费、支付的税费等。

如果委托加工应税消费品收回后直接用于销售的，其所负担的消费税应计入加工物资成本；如果收回的应税消费品用于连续生产的，应将所负担的消费税先记入“应交税费——应交消费税”科目的借方，按规定用以抵扣加工的消费品销售后所负担的消费税。

做中学

业务 1：发料单。

借：委托加工物资	72 200	
应交税费——应交增值税（进项税额）	198	
贷：原材料——××材料		72 398

业务2：增值税专用发票。

借：委托加工物资　　22 500

　　应交税费——应交增值税（进项税额）　　2 825

　　贷：银行存款　　25 325

业务3：增值税专用发票，消费税计提表，收据。

借：委托加工物资　　120 000

　　应交税费——应交增值税（进项税额）　　15 600

　　　　　　——应交消费税　　66 000

　　贷：银行存款　　201 600

注：若该商品收回后用于直接出售，则该消费税可计入委托加工物资成本。

业务4：入库单。

借：库存商品　　214 700

　　贷：委托加工物资——甲公司　　214 700

学后做

齐齐公司2024年9月委托甲公司加工一批应税消费品，采用实际成本核算，发生以下经济业务：

业务1：发出材料一批，实际成本100 000元。

业务2：以银行存款支付运费1 000元，增值税税额90元，以银行存款支付。

业务3：以银行存款支付加工费8 000元，增值税税额1 040元，代收代缴的消费税为4 000元，以银行存款支付。该产品收回后用于直接出售。

业务4：收回委托加工物资时以银行存款支付运费2 500元，增值税税额225元。并验收入库。

要求：编制上述业务的会计分录。

任务5
库存商品的核算

认知业务

江氏公司为制造业企业，适用13%的增值税税率，同时经营一家大型商场，该商场兼营批发和零售。2024年6月发生如下部分业务：

业务1：30日填制的“入库单”记载，6月已验收入库A产品1 000台，实际单位成本5 000元，总成本500万元；B产品2 000台，实际单位成本1 000元，总成本200万元。

业务2：30日填制的“出库单”记载，6月已实现销售A产品500台，B产品1 500台。A产品实际单位成本5 000元，B产品实际单位成本1 000元。

业务3：6月统计结果显示：商场批发部甲类商品月初库存230 000元，本月购进270 000元，本月销售收入260 000元，发生销售折让8 000元。5月该甲类商品的毛利率为18%。采用毛利率法计算6月已销售商品和期末库存商品成本。

业务4：6月商场零售部统计结果如下：月初结存护肤品类商品的进价成本为100万元，售价总额为110万元。本月购进护肤品类商品的进价成本为75万元，增值税税额9.75万元，已取得增值税专用发票，款项已结算。该批购进的护肤品类商品售价总额为90万元。本月销售收入为120万元。采用售价金额核算法处理6月业务，计算6月已销售商品和期末库存商品成本。

知识

一、概述

库存商品是指企业已完成全部生产过程并已验收入库，合乎标准规格和技术条件，可以按照合同规定的条件送交订货单位，或可以作为商品对外销售的产品以及外购或委托加工完成验收入库用于销售的各种商品。库存商品具体包括了库存产品、外购商品、接受来料加工制造的代制品和为外单位加工修理的代修品等。

对于工业企业而言，库存商品是企业完工入库的产成品；对于商业企业而言，库存商品是企业以销售为目的而购入的商品。商品流通企业发出存货，通常采用毛利率法和售价金额核算法进行核算。

二、科目设置

企业应该设置“库存商品”账户，该账户为资产类账户，借方登记验收入库的库存商品成本，贷方登记发出的库存商品成本，期末余额在借方，反映各种库存商品的实际成本或计划成本。

三、工业企业库存商品的业务核算

工业企业的库存商品主要指产成品，平日，产成品的收入、发出和销售只登记数量不登记金额，月度终了，计算入库产品的实际成本。其中，在采用实际成本核算库存商品时，对发出和销售的产成品，可以采用前述的先进先出法、加权平均法或个别计价法等方法确定其成本。

库存商品可以采用实际成本核算，也可以采用计划成本核算，其方法与原材料相似。采用计划成本核算时，库存商品实际成本与计划成本的差异，可单独设置“产品成本差异”科目核算。

（一）产成品入库的会计处理

产成品完工经验收合格之后，由生产车间按照交库品种和数量填写“产成品入库单”，会计人员根据“产成品入库单”和“成本计算单”，据以登记库存商品明细账。

商品验收入库时，按实际成本借记“库存商品”科目，贷记“生产成本”科目。

（二）产成品销售的会计处理

企业销售产品时，应填制“产成品发货单”，交仓库办理产品出库手续并据以登记库存商品明细账，月度终了，结转销售和发出的商品成本。

对外销售库存商品时，应按其实际成本借记“主营业务成本”科目，贷记“库存商品”。若所售出的库存商品已计提存货跌价准备，应按照相应比例结转。

四、商业企业库存商品的业务核算

（一）毛利率法

毛利率法，是根据本期实际销售额乘以上期（或本期计划）毛利率匡算本期销售毛利，据以计算发出存货成本和期末结存存货成本的一种方法。其计算公式为：

销售净额 = 商品销售收入 - 折扣与折让

销售毛利 = 销售净额 × 销售毛利率

销售成本 = 销售净额 - 销售毛利

期末存货成本 = 期初存货成本 + 本期购货成本 - 本期销售成本

用毛利率法计算本期销售成本和期末库存商品成本，在商品流通企业是常用的一种方法，尤其是商业批发企业。商品流通企业由于经营商品的品种繁多，如果分品种计算商品成本，工作量较大，一般来说，商品流通企业同类商品的毛利率大致相同，采用这种存货计价方法既能减轻工作量，也能满足对存货管理的需要。

（二）售价金额法

售价金额核算法，是指平时商品的购入、加工收回、销售均按售价记账，售价与进账的差额通过“商品进销差价”科目核算，期末计算进销差价率和本期已销商品应分摊的进销差价，并据以调整本期销售成本的一种方法。计算公式如下：

$$\text{商品进销差价率} = \frac{\text{期初库存商品进销差价} + \text{本期外购商品进销差价}}{\text{期初库存商品售价} + \text{本期购入商品售价}} \times 100\%$$

本期销售商品应分摊的商品进销差价 = 本期商品销售收入 × 商品进销差价率

本期销售商品的成本 = 本期商品销售收入 - 本期销售商品应分摊的商品进销差价

期末结存商品的成本 = 期初库存商品的进价成本 + 本期购进商品的进价成本 - 本期销售商品的成本

如果企业的商品进销差价率各期之间是比较均衡的，因此，也可采用上期商品进销差价率计算分摊本期的商品销售差价。年度终了，应对商品进销差价进行核实调整。

对从事商业零售业务的企业（如百货公司、超市等），由于经营的商品种类、品种、规格等繁多，对库存和货架陈列商品的管控要求高，采用售价金额核算法既可以满足按商品零售价格明码标价的要求，又便于加强库存和陈列商品的实物负责制管理。因此，零售实务中广泛采用这一方法。

企业购入商品采用售价金额核算，按验收入库商品的售价，借记“库存商品”科目，按商品进价，贷记“银行存款”“在途物资”“委托加工物资”等科目，按商品售价与进价之间的差额，贷记“商品进销差价”等科目。

对外销售发出商品时，按售价结转销售成本，借记“主营业务成本”科目，贷记“库存商品”科目。期末分摊已销商品的进销差价，借记“商品进销差价”科目，贷记“主营业务成本”科目。

做中学

业务1：单据包括入库单。

借：库存商品——A 产品　　5 000 000

　　　　　——B 产品　　2 000 000

　贷：生产成本——基本生产成本（A 产品）　　5 000 000

　　　　　——基本生产成本（B 产品）　　2 000 000

业务2：单据包括出库单。

借：主营业务成本　　4 000 000

　贷：库存商品——A 产品　　2 500 000

　　　　　——B 产品　　1 500 000

业务3：单据包括产品出库单。

本月销售净额 = 260 000 − 8 000 = 252 000（元）

销售毛利 = 252 000 × 18% = 45 360（元）

本月销售成本 = 252 000 − 45 360 = 206 640（元）

期末库存销售成本 = 230 000 + 270 000 − 206 640 = 293 360（元）

业务4：计算销售商品分摊的商品进销差价。

商品进销差价率 = [(10 + 15) ÷ (110 + 90)] × 100% = 12.5%

已销售商品应分摊的商品进销差价 = 120 × 12.5% = 15（万元）

本期销售商品的实际成本 = 120 − 15 = 105（万元）

期末结存商品的实际成本 = 100 + 75 − 105 = 70（万元）

学后做

业务1：甲商场 2024 年 10 月 1 日甲类商品库存 1 800 万元，本期购进 3 000 万元，销售收入 3 400 万元，上月该类商品的毛利率为 25%。请采用毛利率法计算本月已销售商品和期末库存商品成本。

业务2：某商场为增值税一般纳税人，采用售价金额核算法进行核算。该商场 2024 年 2 月期初库存日用百货的进价成本 30 万元，售价 40 万元，本期购入日用百货的进价成本 270 万元，售价 360 万元，本期销售收入 340 万元。

要求：

（1）计算该商场 2 月的商品的进销差价率。

（2）计算已销日用百货的实际成本。

（3）计算期末库存日用百货的实际成本。

任务 6
存货的清查和减值

认知业务

A 公司为增值税一般纳税人，2021 年 12 月 31 日“存货跌价准备”账户余额为 0。2022 年至 2024 年发生部分如下财产清查及存货减值测试的业务：

业务 1：2022 年 12 月 2 日，公司在定期财产清查时，发现甲材料实存数比账存数多出 300 千克，重置成本 2 000 元。经查，属于材料收发计量方面的错误，批准处理。

业务 2：2022 年 12 月，公司丙商品市场价格持续下跌，在可预计的未来无回升的希望。31 日，丙商品账面余额 100 000 元，计算确定丙商品的可变现净值为 80 000 元。

业务 3：2023 年 12 月 8 日，公司因仓库保管员王某过失导致乙材料毁损 800 千克，实际成本 5 000 元，相关增值税专用发票上注明的增值税税额为 650 元。12 月 25 日有关部门做出责任认定：仓库保管员王某承担赔款 3 955 元，其余损失由企业承担。

业务 4：2023 年 12 月，丙商品市场价格有所上升，12 月 31 日，丙商品的账面余额仍为 100 000 元，计算确认丙商品的可变现净值为 95 000 元。

业务 5：2024 年 12 月，丙商品市场向好，价格大幅回升。12 月 31 日，丙商品账面余额 150 000 元，计算确认丙商品的可变现净值为 155 000 元。

知识

一、存货的清查

存货清查是指通过对存货的实地盘点，确定存货的实有数量，并与账面结存数核对，从而确定存货实存数与账面数是否相符的一种专门方法。

由于存货的种类繁多，收发频繁，在日常收发过程中可能发生计量错误、计算错误或者自然损耗，还可能发生损坏变质的情况，造成账实不符，形成存货的盘盈或盘亏。对于存货的盘盈和盘亏，应填写存货盘点报告，及时查明原因，按照规定程序报批处理。

为了反映和监督企业在财产清查中查明的各种存货的盘盈、盘亏和毁损情况，企业应当设置“待处理财产损溢”科目，借方登记存货的盘亏、毁损金额及盘盈的转销金额，贷方登记存货的盘盈金额及盘亏的转销金额。企业清查的各种存货损溢，应在期末结账前处理完毕，期末处理后，本科目应无余额。

存货清查发生盘盈和盘亏通过“待处理财产损溢”科目核算，核算时分两步：

第一步，批准前调整为账实相符，即将账按实物数量进行调整；

第二步，批准后按规定结转处理。

（一）盘盈存货的账务处理

批准处理前，应将盘盈存货估计的成本计入“待处理财产损溢”账户贷方；经批准处理后或期末，应将盘盈存货的成本冲减“管理费用”。

（二）盘亏存货的账务处理

批准处理前，应将盘亏存货的实际成本计入“待处理财产损溢”账户借方，批准处理后或期末，应分别盘亏的不同原因做出处理。如属合理损耗（定额内损耗），计入“管理费用”；如属超定额损耗，能确定过失人的，由过失人赔偿，赔偿前，先计入“其他应收款”，不能确定过失人的仍计入“管理费用”；如属非常损失，则扣除保险赔款和残值后计入“营业外支出”。

二、存货的减值

资产负债表日，存货应采用成本与可变现净值两者之中较低者计价的方法，即成本与可变现净值孰低法。当期末存货的成本比可变现净值低时，按成本计价；当存货的可变现净值比成本低时，按可变现净值计价，这充分体现了谨慎原则。

（一）可变现净值的含义

可变现净值，是指在日常活动中，存货的估计售价减去至完工时估计将要发生的成本、估计的销售费用以及相关税费后的金额。

在理解可变现净值时应注意：一是确定可变现净值的前提是企业正常活动；二是可变现净值表现为存货的预计未来净现金流量，而不是存货的售价或合同价；三是区别存货类别确认可变现价值，对于产成品、商品和用于出售的材料等直接用于出售的商品存货，应当以该存货的估计售价减去估计的销售费用和相关税费后的金额确定其可变现净值，需要经过加工的材料存货，在正常生产经营过程中，应当以所生产的产成品的估计售价减去至完工时估计将要发生的成本、估计的销售费用和相关税费后的金额确定其可变现净值。

（二）成本与可变现净值孰低法的具体做法

1. 单项比较

按每一种存货的成本与可变现净值逐项进行比较，每项存货都取较低的数确定存货的期末价值；企业通常应当按照单个存货项目计提存货跌价准备。

2. 分类比较

按存货类别的成本与相同类别的可变现净值进行比较，每类存货取其较低数确定存货的期末价值；如果某一类存货的数量繁多并且单价较低则采用此法。

3. 总额比较

按全部存货的总成本与全部存货的可变现净值总额进行比较，取较低数作为期末全部存货的成本，如果在同一地区生产和销售的产品系列相关、具有相同或类似最终用途或目的，且难以与其他项目分开计量的存货则采用此法。

（三）存货跌价准备的计提和转回

资产负债表日，存货应当按照成本与可变现净值孰低计量。其中，成本是指期末存货的实际成本。可变现净值是指在日常活动中，存货的估计售价减去至完工时估计将要发生的成本、估计的销售费用以及估计的相关税费后的金额。

存货成本高于其可变现净值的，应当计提存货跌价准备，计入当期损益。以前减记存货价值的影响因素已经消失的，减记的金额应当予以恢复，并在原已计提的存货跌价准备金额内转回，转回的金额计入当期损益。

可变现净值＝存货的估计售价－进一步加工成本－估计的销售费用和税费

如果存货是直接用于出售的：

可变现净值＝存货的估计售价－估计的销售费用和税费

（四）存货跌价准备的账务处理

企业应当设置“存货跌价准备”科目核算存货跌价准备的计提、转回和转销情况，跌价准备记入“资产减值损失”科目。

当期应计提的存货跌价准备＝(存货成本－可变现净值)－存货跌价准备已有贷方余额

结果大于零为当期补提；小于零应在已计提的存货跌价准备范围内转回。

三、科目设置

“资产减值损失”科目，该科目属于损益类，是指企业在资产负债表日，经过对资产的测试，判断资产的可收回金额低于其账面价值而计提资产减值损失准备所确认的相应损失。本科目的借方登记资产可收回金额低于其账面价值的差额，贷方登记期末时转入“本年利润”的金额或转回的流动资产减值损失，结转后本科目无余额。

“存货跌价准备”科目，该科目属于资产备抵类，反映核算企业提取的存货跌价准备。在中期期末或年度终了，由于存货遭受毁损、全部或部分陈旧过时或销售价格低于成本等原因，存货成本不可以收回的部分，应按单个存货项目的成本高于其可变现净值的差额提取，并计入存货跌价损失。该科目借方登记转销的存货减值准备，贷方登记计提的存货减值准备，余额在贷方。

“待处理财产损溢”科目，借方登记存货的盘亏、毁损金额及盘盈的转销金额，贷方登记存货的盘盈金额及盘亏的转销金额。

四、存货在附注中的披露

1. 各类存货的期初和期末账面价值

2. 确定发出存货成本所采用的方法

3. 存货可变现净值的确定依据，存货跌价准备的计提方法，当期计提的存货跌价准备的金额，当期转回的存货跌价准备的金额，以及计提和转回的有关情况

4. 用于担保的存货账面价值

做中学

业务1：单据包括材料盘点报告表，批准处理文件。

审批处理前：

借：原材料——甲材料　　2 000

　　贷：待处理财产损溢——待处理流动资产损溢　　2 000

审批处理后：

借：待处理财产损溢——待处理流动资产损溢　　2 000

　　贷：管理费用　　2 000

业务2：单据包括存货跌价准备计提表，询价单，销售税费确认表。

借：资产减值损失——计提的存货跌价准备　　20 000

　　贷：存货跌价准备　　20 000

业务3：单据包括存货盘点报告表、批准处理文件。

2023 年 12 月 8 日：

借：待处理财产损溢——待处理流动资产损溢　　5 650

　　贷：原材料——乙材料　　5 000

　　　　应交税费——应交增值税（进项税额转出）　　650

2023 年 12 月 25 日：

借：其他应收款——王某　　3 955

　　管理费用　　1 695

　　贷：待处理财产损溢——待处理流动资产损溢　　5 650

业务4：单据包括存货跌价准备计提表，询价单，销售税费确认单。

借：存货跌价准备　　15 000

　　贷：资产减值损失——计提的存货跌价准备　　15 000

业务5：单据包括存货跌价准备计提表，询价单，销售税费确认单。

借：存货跌价准备　　5 000

　　贷：资产减值损失——计提的存货跌价准备　　5 000

学后做

业务1：某企业采用成本与可变现净值孰低法对存货进行期末计

价，成本与可变现净值按单项存货进行比较，2024年12月31日，甲、乙、丙三种存货的成本与可变现净值分别为：甲存货成本20万元，可变现净值16万元；乙存货成本24万元，可变现净值30万元；丙存货成本36万元，可变现净值30万元。甲、乙、丙三种存货此前未计提存货跌价准备。假定该企业只有这三种存货，计算2024年12月31日应补提的存货跌价准备。

业务2：甲公司为增值税一般纳税人，因台风造成一批库存材料毁损，实际成本为70 000元，相关增值税专用发票上注明的增值税税额9 100元。根据保险合同约定，应由保险公司赔偿50 000元。请编制相关会计分录。

业务3：甲公司在财产清查中盘盈H材料1 000千克，实际单位成本60元，经查属于材料收发计量方面的错误。请编制相关会计分录。

【学后做参考答案】

【任务2】

业务1：材料入账价值 = 50 × 600 + 2 000 + 200 = 32 200（元）

借：原材料　　32 200

　　贷：银行存款　　32 200

业务2：

材料成本差异率 = [（−6 + 12）÷（400 + 2 000）] × 100% = 0.25%

领用材料实际成本 = 1 600 × 0.25% + 1 600 = 1 604（万元）

12月末结存材料实际成本 = 400 +（−6）+（2 000 + 12）− 1 604 = 802（万元）

业务3：（1）借：材料采购——甲材料　　61 000

　　应交税费——应交增值税（进项税额）　　7 930

　　贷：银行存款　　68 930

（2）借：原材料——甲材料　　59 800

　　材料成本差异——甲材料　　1 200

　　贷：材料采购　　61 000

（3）借：生产成本　　50 000

　　贷：原材料——甲材料　　50 000

借：生产成本　　851.7

　　贷：材料成本差异——甲材料　　851.7

材料成本差异率 = [（500 + 1 200）÷（40 000 + 59 800）] × 100% = 1.7%

材料成本差异 = 50 000 × 1.7% = 850（元）

结存材料实际成本 =（40 000 + 500）+（59 800 + 1 200）−（50 000 + 850）= 50 650（元）

业务4：全月一次加权平均单位成本 =（200 × 100 + 300 × 110）÷（200 + 300）= 106（元/千克）

月末库存材料数量 = 200 + 300 - 400 = 100

月末结存材料成本 = 100 × 106 = 10 600（元）

业务5：发出材料成本 = 200 × 300 + 300 × 310 = 153 000（元）

业务6：(1) 先进先出法

5 日，发出甲材料成本 = 80 × 1000 = 80 000（元）

12 日，发出甲材料成本 = 20 × 1 000 + 50 × 1 050 + 60 × 980 = 131 300（元）

25 日，发出甲材料成本 = 10 × 980 + 20 × 1 100 = 31 800（元）

月末结存甲材料成本 = 60 × 1 100 = 66 000（元）

(2) 全月一次加权平均法

甲材料全月一次加权平均单位成本 =（100 × 1 000 + 50 × 1 050 + 70 × 980 + 80 × 1 100）÷（100 + 50 + 70 + 80）= 1 030.33（元/千克）

月末结存甲材料成本 = 100 × 1 000 + 50 × 1 050 + 70 × 980 + 80 × 1 100 - 247 279.2 = 61 819.8（元）

本月发出甲材料成本 = 240 × 1 030.33 = 247 279.2（元）

【任务3】

业务1：借：	管理费用	127.5	
	贷：周转材料——低值易耗品		125
	材料成本差异		2.5
业务2：借：	制造费用	3 672	
	贷：周转材料——低值易耗品		3 600
	材料成本差异		72
业务3：借：	生产成本	637	
	材料成本差异	13	
	贷：周转材料——包装物		650
业务4：借：	销售费用	72.52	
	材料成本差异	1.48	
	贷：周转材料——包装物		74
业务5：借：	其他业务成本	49	
	材料成本差异	1	
	贷：周转材料——包装物		50
借：	银行存款	90	
	贷：其他业务收入		79.65
	应交税费——应交增值税（销项税额）		10.35

【任务4】

业务1：借：	委托加工物资	100 000	
	贷：原材料		100 000
业务2：借：	委托加工物资	1 000	
	应交税费——应交增值税（进项税额）	90	
	贷：银行存款		1 090

业务3：借：委托加工物资　12 000
　　　　　　应交税费——应交增值税（进项税额）　1 040
　　　　　　贷：银行存款　13 040

业务4：借：委托加工物资——B材料　2 500
　　　　　　应交税费——应交增值税（进项税额）　225
　　　　　　贷：银行存款　2 725
　　　　借：库存商品——B材料　115 500
　　　　　　贷：委托加工物资——B材料　115 500

【任务5】

业务1：销售毛利 = 3 400 × 25% = 850（万元）
　　　　销售成本 = 3 400 − 850 = 2 550（万元）
　　　　月末库存商品成本 = 1 800 + 3 000 − 2 550 = 2 250（万元）

业务2：（1）商品进销差价率 = [(10 + 90) ÷ (40 + 360)] × 100% = 25%
　　　　（2）已售商品的实际成本 = 340 − 340 × 25% = 255（万元）
　　　　（3）结存商品的成本 = 30 + 270 − 255 = 45（万元）

【任务6】

业务1：（1）甲存货应计提的跌价准备 = 20 − 16 = 4（万元）
　　　　（2）乙未减值
　　　　（3）丙存货应计提的跌价准备 = 36 − 30 = 6（万元）

业务2：（1）审批处理前：借：待处理财产损溢　70 000
　　　　　　　　　　　　贷：原材料　70 000
　　　　（2）审批处理后：借：其他应收款　50 000
　　　　　　　　　　　　　营业外支出　20 000
　　　　　　　　　　　　贷：待处理财产损溢　70 000

业务3：（1）审批处理前：
借：原材料——甲材料　60 000
　　贷：待处理财产损溢　60 000
（2）审批处理后：
借：待处理财产损溢　60 000
　　贷：管理费用　60 000

存货核算习题

4 项目四 固定资产的核算

学习目标

■ 培养精益求精的职业态度；

■ 了解固定资产有关业务的完成过程，清楚固定资产的确认原则，能正确界定固定资产；

■ 能熟练掌握固定资产的取得及后续业务处理的方法；

■ 能正确编制和审核固定资产业务的会计凭证；

■ 能完成固定资产总账和明细账的建立及固定资产账簿的登记；

■ 能提供管理所需的会计信息，会基本的会计数据分析。

关键术语

■ 在建工程

■ 固定资产

■ 累计折旧

■ 固定资产清理

有关参考资料

■《企业会计准则第 4 号——固定资产》

■《初级会计实务》——初级会计资格考试用书

任务1
固定资产取得的核算

认知业务

甲公司为增值税一般纳税人，2024年发生如下有关固定资产的业务：

业务1：5月8日，购入一台不需要安装即可投入使用的生产设备，从销售方取得的增值税专用发票上注明设备售价30 000元，增值税3 900元。设备运输过程中，从包装公司取得的增值税专用发票上注明包装费400元，增值税24元；从运输公司取得的增值税专用发票上注明运费300元，增值税27元。所有款项均以银行存款支付。

业务2：6月1日，购入一台需要安装的设备，从销售方取得的增值税专用发票上注明设备售价500 000元，增值税65 000元。从运输公司取得的增值税专用发票上注明运费2 500元，增值税225元。所有款项均已通过银行支付。6月8日安装设备时，领用本公司生产用原材料一批，成本30 000元，购进该批材料时已认证的增值税进项税额为4 800元；领用本公司库存商品一批，成本5 000元，市场价格10 000元；6月25日，计算应付本公司安装工人工资4 900元。6月25日，设备安装完毕达到预定可使用状态并交付使用部门。

业务3：7月15日，公司决定自行建造一栋厂房。7月31日以银行存款购入建造厂房所用建筑材料，取得的增值税专用发票上注明建筑材料买价500 000元，增值税65 000元，当日验收入库。8月1日领用全部建筑材料开始建造厂房，8月和9月共支付厂房建造工人薪酬200 000元。9月30日厂房建造完毕交付车间使用。

业务4：公司于2020年7月将新办公楼的建造工程出包，至2024年7月，办公楼建设进度100%并完成验收交付。按照合同规定，公司应支付第3笔工程款并办理竣工结算。合同总造价1 000万元，2020年8月工程开工时支付第一笔工程款300万元，2021年12月程度进度达到50%时支付第二笔工程款400万元。每支付一笔工程款均取得了增值税专用发票，增值税税率为13%。

知识

一、固定资产的概念和特征

固定资产是指同时具有以下特征的有形资产：

1. 为生产商品、提供劳务、出租或经营管理而持有

企业持有固定资产的目的，是为了生产商品、提供劳务、出租或经营管理的需要，即企业持有的固定资产是企业的劳动工具或手段，而不像商品一样为了对外出售。这一特征是固定资产区别于商品等流动资产的重要标志。其中“出租”的固定资产，是指企

业以经营租赁方式出租的机器设备类固定资产，不包括以经营租赁方式出租的建筑物。

2. 使用寿命超过一个会计年度

通常情况下，固定资产的使用寿命是指使用固定资产的预计期间。企业使用固定资产的期限较长，使用寿命超过一个会计年度。这一特征表明企业固定资产的收益期超过1年，能在1年以上的时间为企业创造利益。

3. 固定资产是有形资产

固定资产具有实物特征，这一特征将固定资产与无形资产区别开来。

二、固定资产的分类

企业的固定资产种类繁多、规格不一，为加强管理，便于组织会计核算，有必要对其进行科学、合理的分类。通常使用的分类方法有以下几种：

（1）按固定资产经济用途分类，可分为生产经营用固定资产和非生产经营用固定资产。

（2）按固定资产使用情况分类，可分为使用中固定资产、未使用固定资产和不需用固定资产。

（3）按固定资产的所有权分类，可分为自有固定资产和租入固定资产。

（4）按固定资产的经济用途和使用情况综合分类，一般分为大类：生产经营用固定资产，非生产经营用固定资产，租出固定资产，不需用固定资产，租入固定资产和土地。其中，土地是指过去已经估价单独入账的土地。因征地而支付的补偿费，应计入与土地有关的房屋建筑物的价值内，不单独作为土地价值入账。企业取得的土地使用权不能作为固定资产管理。

三、固定资产的确认条件

固定资产在符合定义的前提下，应当同时满足以下两个条件，才能予以确认。

1. 与该固定资产有关的经济利益很可能流入企业

资产最基本的特征是预期能给企业带来经济利益，固定资产也应该满足。在实务工作中，首先，需要判断该项固定资产所包含的经济利益是否很可能流入企业。如果该项固定资产相关的经济利益不是很可能流入企业，那么，即使其满足固定资产的其他确认条件，企业也不能将其确认为固定资产；如果该固定资产的相关经济利益很可能流入企业，并同时满足固定资产确认的其他条件，那么，企业应将其确认为固定资产。

在实务中，判断固定资产包含的经济利益是否很可能流入企业，主要依据与该固定资产所有权相关的风险和报酬是否转移给了企业。其中，与固定资产所有权相关的风险，是指由于经营情况变化造成的相关收益的变动，以及由于资产闲置、技术陈旧等原因造成的损失；与固定资产所有权相关的报酬，是指在固定资产使用寿命内直接使用该资产而获得的收入以及处置该资产所实现的利得等。通常，取得固定资产的所有权是判断与固定资产所有权相关的风险和报酬转移给企业的一个重要标志。凡是所有权已属于企业，无论企业是否收到或持有该固定资产，均可作为企业的固定资产；反之，即使存放在企业，也不能作为企业的固定资产。有时某项固定资产的所有权虽然不属于企业，但是，企业能够控制该项固定资产所包含的经济利益流入企业，在这种情况下，可以认为与固定资产所有权相关的风险和报酬实质上已经转移给企业，也可以作为企业的固定资产加以确认。比如，融资租入固定资产，企业（承租人）虽然不拥有该固定资产的所有权，但企业能够控制该固定资产所包含的经济利益，与固定资产所有权相关的风险和报酬实质上已转移到了企业，因此，符合固定处置确认的第一个条件。

2. 该固定资产的成本能够可靠计量

成本能够可靠计量，是资产确认的一项基本条件。固定资产作为企业资产的重要组成部分要予以确认，其成本也必须能够可靠计量。如果固定资产的成本能够可靠计量，并同时满足其他确认条件，就可以加以确认；否则，企业不应加以确认。

企业在确定固定资产成本时，有时需要根据所获得的最新资料，对固定资产的成本进行合理估计。比如，企业对于已达到预定可使用状态的固定资产，在尚未办理竣工决算前，需要根据工程预算、工程造价或者工程实际发生的成本等资料，按估计价值确定固定资产的成本，待办理竣工决算后，再按照实际成本调整原来的暂估价值。

在实务中，对于固定资产进行确认时，还需要注意以下两个问题：

第一，固定资产各组成部分具有不同使用寿命或以不同方式为企业提供经济利益，适用不同折旧率或折旧方法的，应当分别将各组成部分确认为单项固定资产。

第二，与固定资产有关的后续支出，满足固定资产确认条件的，应当计入固定资产成本；不满足固定资产确认条件的，应当在发生时计入当期损益。

四、固定资产的初始计量

固定资产的初始计量

（一）外购的固定资产

外购固定资产，其成本包括购买价款、相关税费、使固定资产达到预定可使用状态前所发生的可归属于该项资产的运输费、装卸费、安装费和专业人员的服务费等。

1. 购置的不需要经过建造过程即可使用的固定资产

按照实际支付的购买价款、相关税费、使固定资产达到预定可使用状态前所发生的可归属于该项资产的运输费、装卸费、专业人员的服务费等，作为固定资产的成本，计入“固定资产”科目的借方。

若企业为增值税一般纳税人，则企业购进固定资产的进项税额不纳入固定资产成本核算，可以在销项税额中抵扣。

注意：企业以一笔款项购入多项没有单独标价的固定资产。按各固定资产公允价值的比例对总成本进行分配，分别确定各项固定资产的成本。

2. 购入需要安装的固定资产

购入需要安装的固定资产，应在购入不需要安装的固定资产取得成本的基础上加上安装调试成本等，作为购入固定资产的成本，先通过“在建工程”科目归集其成本，待达到预定可使用状态时，再由“在建工程”科目转入“固定资产”科目。

如果安装的固定资产在安装过程中领用生产用原材料，按所领用原材料成本，借记“在建工程”科目，贷记“原材料”；领用企业生产的产成品时，按所领用产成品成本，借记“在建工程”科目，贷记“库存商品”。

为完成有关取得固定资产的核算工作，应设置“固定资产”“在建工程”等科目。

“固定资产”科目属于资产类，核算企业持有固定资产的成本。借方登记增加的固定资产成本，贷方登记转出的固定资产成本，期末余额在借方，反映企业现有的固定资产成本。该科目通常按固定资产项目进行明细核算。

“在建工程”科目属于资产类，核算企业基建、更新改造等正在建设的工程发生的各项支出。借方登记在建工程发生的各项成本，贷方登记达到预定可使用状态的固定资产成本。期末余额在借方，反映企业尚未达到预定可使用状态的在建工程已投入的成本。该科目通常按建设项目进行明细核算。

（二）自行建造的固定资产

自行建造的固定资产，按建造该项资产达到预定可使用状态前所发生的全部支出，作为入账价值。在核算时应先通过“在建工程”科目，待达到预定可使用状态时再转入“固定资产”科目。

1. 自营工程

自营工程是指企业自行组织工程物资采购、组织施工人员施工的建筑工程和安装工程。

购入工程物资时，借记“工程物资”科目，贷记“银行存款”等科目。

领用工程物资时，借记“在建工程”科目，贷记“工程物资”科目。

自营工程发生的其他费用（如分配工程人员工资等），借记“在建工程”科目，贷记“银行存款”“应付职工薪酬”等科目。

自营工程达到预定可使用状态时，按其成本，借记“固定资产”科目，贷记“在建工程”科目。

2. 出包工程

如果企业建造固定资产采用了出包方式，企业支付给建造商的工程价款通过“在建工程”科目核算，工程达到预定可使用状态时，按实际发生的全部支出，由“在建工程”科目转入“固定资产”科目。

做中学

业务1： 单据包括：增值税专用发票的发票联，固定资产移交使用报告单，银行付款凭证。

借：固定资产　　30 700
　　应交税费——应交增值税（进项税额）　　3 951
　　贷：银行存款　　34 651

固定资产成本 = 30 000 + 300 + 400 = 30 700（元）

业务2：

6月1日：

单据包括：增值税专用发票的发票联，银行付款凭证。

借：在建工程　　502 500
　　应交税费——应交增值税（进项税额）　　65 225
　　贷：银行存款　　567 725

6月8日：

单据包括：领料单，出库单，银行付款凭证。

借：在建工程　　35 000

　　贷：原材料　　30 000

　　　　库存商品　　5 000

6月25日：

单据包括：薪酬计算单。

借：在建工程　　4 900

　　贷：应付职工薪酬　　4 900

6月25日：

单据包括：安装工程结算单，固定资产移交使用报告单。

借：固定资产　　542 400

　　贷：在建工程　　542 400

业务3：

7月31日：

单据包括：增值税专用发票的发票联，工程材料收料单，银行付款凭证。

借：工程物资　　500 000

　　应交税费——应交增值税（进项税额）　　65 000

　　贷：银行存款　　565 000

8月1日：

单据包括：工程材料领料单。

借：在建工程——厂房　　500 000

　　贷：工程物资　　500 000

8—9月：

单据包括：薪酬计算单。

借：在建工程——厂房　　200 000

　　贷：应付职工薪酬——工资　　200 000

9月30日：

单据包括：工程结算单，固定资产移交使用报告单。

借：固定资产——厂房　　700 000

　　贷：在建工程——厂房　　700 000

业务4：

2020年8月：

单据包括：增值税专用发票，银行付款凭证。

借：在建工程——办公楼　　3 000 000

　　应交税费——应交增值税（进项税额）　　390 000

　　贷：银行存款　　3 390 000

2021年12月：

单据包括：增值税专用发票，银行付款凭证。

借：在建工程——办公楼　4 000 000

　　应交税费——应交增值税（进项税额）　520 000

　　贷：银行存款　4 520 000

2024 年 7 月：

单据包括：增值税专用发票，银行付款凭证。

借：在建工程——办公楼　3 000 000

　　应交税费——应交增值税（进项税额）　390 000

　　贷：银行存款　3 390 000

2024 年 7 月：

单据包括：工程结算单，固定资产移交使用报告单。

借：固定资产——厂房　10 000 000

　　贷：在建工程——厂房　10 000 000

学后做

凯源公司为增值税一般纳税人，适用增值税税率为 13%。该公司因生产需要，决定自行建造一间材料仓库，2024 年 7 月至 10 月发生如下经济业务：

业务 1：7 月，购入工程用专项物资一批，增值税专用发票上注明价款 200 000 元，增值税税额为 26 000 元，该批专项物资验收入库，款项以银行存款支付。

业务 2：7 月，领用上述专项物资用于仓库建设。

业务 3：7 月，领用本单位生产的水泥一批用于仓库修建，该批水泥成本 20 000 元，计税价格 30 000 元。

业务 4：8 月，领用本单位生产用原材料一批用于仓库修建，该批材料实际成本为 10 000 元，购入时已认证的可抵扣增值税税额为 1 220 元。

业务 5：7 月至 10 月，根据工资费用分配表，应付工程人员工资 200 000 元。

业务 6：7 月至 10 月，用银行存款支付其他费用总计 9 200 元。

业务 7：10 月，该仓库达到预定可使用状态并交付使用，预计可使用 20 年，预计净残值为 20 000 元，采用年限平均法计提折旧。

要求：（1）查找资料，了解上述业务完成的过程以及涉及的部门；

（2）确认上述业务发生或完成时应取得的单据；

（3）编制上述业务的会计分录。

任务2
固定资产的后续核算

认知业务

【第一组】

第一部分：累计折旧计算

业务1：甲公司一幢生产车间厂房原值5 000 000元，预计可使用20年，预计报废时的净残值率为2%，采用年限平均法计算折旧，计算第1年折旧额。

业务2：甲公司车队的一辆运货卡车原值600 000元，预计总行驶里程500 000公里，预计报废时的净残值率为5%，采用工作量法计提折旧。该货车用于为客户送货，本月行驶里程4 000公里，计算该辆货车本月折旧额。

业务3：甲公司办公用电脑原值1 000 000元，预计使用年限5年，预计净残值4 000元。采用双倍余额递减法计提折旧。计算5个折旧年度的年折旧额。

业务4：甲公司一台生产设备成本100 000元，预计使用5年，预计净残值4 000元。采用年数总和法计提折旧。计算5个折旧年度的年折旧额。

第二部分：折旧业务处理

业务5：某月末，甲公司编制累计折旧计提表，计提本月固定资产折旧总计500 000元，其中车间设备计提280 000元，销售部门设备计提50 000元，管理部门设备计提150 000元，出租设备计提20 000元。

【第二组】

达通公司为制造业公司，增值税一般纳税人，适用13%的增值税税率。2024年发生如下固定资产后续业务：

业务1：2月20日，对使用中的生产设备进行日常修理，修理过程中领用材料成本100 000元（该材料购入时增值税进项税额13 000元），分配维修人员工资20 000元。

业务2：3月1日，对一车间生产线进行停工更新改造。该生产线原值1 200 000元，已计提折旧600 000元。3月1日领用材料成本300 000元；3月5日购入核心替换部件验收入库，该替换部件买价80 000元，增值税10 400元，取得增值税专用发票，款已支付；3月15日领取核心替换部件并替换完成，被替换的核心部件的账面价值50 000元并且被替换部件已无使用价值和转让价值；3月31日该设备更新改造完成，交付使用，分配更新改造工人工资20 000元。

业务3：6月30日，公司的三车间生产线所生产的产品残次率大幅度提高，经评估认定是因设备磨损严重导致，因此确定该条生产线存在减值迹象。经测算，该生产线的可收回金额为1 230 000元，账面价值1 400 000元。

业务4：9月5日，公司将闲置的一台修理用设备出售并清理完毕。开出的增值税发票上注明：该设备售价90 000元，增值税11 700元，款已收存银行。该设备成本150 000元，已提折旧 50 000 元，已计提减值 30 000 元。出售中以现金支票支付外请人员清理费用 5 000 元。

业务 5：11 月 25 日，公司研究决定将一台由于性能等原因已不能使用的设备正常报废，该设备原值 500 000 元，已计提折旧 450 000 元，未计提减值准备。12 月 1 日设备正式进入清理，以转账支票支付清理费用 3 500 元及增值税 455 元，取得增值税专用发票；拆除设备获得变卖收入，开出的增值税专用发票中注明出售收入 20 000 元，增值税 2 600 元，款已收存。设备已清理完毕。

【第三组】

仁宁公司 2024 年发生如下固定资产清查的业务：

业务 1：10 月财产清查时发现短缺一台笔记本电脑，原值 10 000 元，已计提折旧 7 000 元。该短缺电脑可获得保险公司赔款 2 000 元。

业务 2：12 月在财产清查过程中，发现一台未入账的台式电脑，重置成本 30 000 元（假定与其计税基础不存在差异）。该盘盈固定资产根据《企业会计准则》规范作为前期差错进行处理。公司适用所得税税率 25%，按净利润的 10% 计提法定盈余公积。

▣ 知识

固定资产的后续核算包括折旧、修理、出租、处置、清查、减值测试等。

为完成固定资产后续的核算工作，应设置“累计折旧”“待处理财产损溢”“以前年度损益调整”“固定资产减值准备”“固定资产清理”“资产处置损益”等科目。

“累计折旧”科目属于资产类，用以核算固定资产提取的折旧。“累计折旧”科目是“固定资产”的备抵调整科目，贷方登记企业计提的固定资产折旧，借方登记处置固定资产转出的累计折旧。

“待处理财产损溢”科目属于资产类，核算企业在清查过程中查明的各种财产物资盘盈（固定资产盘盈除外）、盘亏和毁损的价值。本科目借方登记盘亏的资产价值以及结转的盘盈资产价值，贷放登记盘盈资产价值以及结转的盘亏资产价值。本科目可按盘盈、盘亏的资产种类和项目进行明细核算。企业的财产损溢，应查明原因，在期末结账前处理完毕，处理后本科目应无余额。

“以前年度损益调整”科目属于损益类，核算企业本年度发生的调整以前年度损益的事项以及本年度发现的重要前期差错更正涉及调整以前年度损益的事项。本科目结转后应无余额。

“固定资产减值准备”科目属于资产类，也是“固定资产”的备抵调整科目，核算固定资产的减值准备。贷方登记固定资产发生的减值，借方登记结转的减值准备。期末贷方余额反映企业已计提但尚未转销的固定资产价值准备。

“固定资产清理”科目属于资产类，核算出售、报废、毁损、对外投资、非货币性资产交换、债务重组等原因转出的固定资产价值以及在清理过程中发生的费用等。该科目借方登记待转出的固定资产的账面价值、处置过程中发生的各项费用，贷方登记处置过程中取得的各项收入以及应向保险公司或过失人索赔的款项。

固定资产清理完成后，按下述原则处理：

（1）因固定资产已丧失使用功能或因自然灾害发生毁损等原因而报废清理产生的利得损失应计入营业外收支。属于生产经营期间正常报废清理产生的处理净损失，借记“营业外支出——非流动资产处置损失”科目，贷记“固定资产清理”科目；属于生产经营期间由于自然灾害等非正常原因造成的，借记“营业外支出——非常损失”科目，贷记“固定资产清理”科目；如为净收益，借记“固定资产清理”科目，贷记“营业外收入——非流动资产处置利得”科目。

（2）因出售、转让等原因产生的固定资产处置利得或损失应计入资产处置收益。确认处置净损失，借记“资产处置损益”科目，贷记“固定资产清理”科目；如为净收益，借记“固定资产清理”科目，贷记“资产处置损益”科目。

“资产处置损益”科目属于损益类，贷方登记因出售、转让固定资产产生的净收益，借方登记因出售、转让固定资产产生的净损失，期末结转“本年利润”科目。

一、固定资产的修理和更新改造

固定资产的修理通常指固定资产在使用过程中为维护性能的正常使用而进行的维修；固定资产的更新改造（也称改良）通常是指对现有固定资产的性能等进行改善，以达到提高现有固定资产使用效能的目的。

固定资产的更新改造等后续支出，满足固定资产确认条件的，应当计入固定资产成本。如有被替换的部分，应同时将被替换部分的账面价值从该固定资产原账面价值中扣除。不满足固定资产确认条件的固定资产修理费用等，应当在发生时计入“管理费用”等科目。

在对固定资产发生可资本化的后续支出后，企业应将该固定资产的原值、已计提的累计折旧和减值准备转销，将固定资产的账面价值转入“在建工程”，并停止计提折旧。固定资产发生的可资本化的后续支出，通过“在建工程”科目核算。在固定资产发生的后续支出完工并达到预定可使用状态时，从“在建工程”科目转入“固定资产”科目，并按重新确定的使用寿命、预计净残值和折旧方法计提折旧。

企业生产车间（部门）和行政管理部门等发生的不符合固定资产资本化后续支出条件的修理费用，在发生时应当按照受益对象计入当期损益或计入相关资产的成本。借记“制造费用”“管理费用”等科目，贷记“银行存款”等科目；企业发生的与专设销售机构相关的固定资产修理费用，借记“销售费用”科目，贷记“银行存款”等科目。

在具体实务中，对于固定资产发生的下列各项后续支出，通常的处理方法为：

（1）不符合固定资产资本化后续支出条件的固定资产日常修理费用，在发生时应当按照受益对象计入当期损益或计入相关资产的成本。

（2）固定资产更新改造支出，应当计入固定资产账面价值。

（3）如果不能区分是固定资产修理还是固定资产更新改造，或固定资产修理和固定资产更新改造结合在一起，则企业应当判断，与固定资产有关的后续支出，是否满足固定资产的确认条件。如果该后续支出满足了固定资产的确认条件，后续支出应当计入固定资产账面价值；否则，后续支出应当按受益对象计入当期损益或计入相关资产的成本。

二、固定资产折旧

固定资产计提折旧

(一) 固定资产折旧的范围

企业应当对所有固定资产计提折旧，但是，已提足折旧仍继续使用的固定资产和单独计价入账的土地除外。

折旧，是指在固定资产使用寿命内，按照确定的方法对应计折旧额进行系统分摊。

应计折旧额，是指应当计提折旧的固定资产的成本扣除其预计净残值后的金额。已计提减值准备的固定资产，还应当扣除已计提的固定资产减值准备累计金额。

(二) 影响折旧的因素

影响折旧的因素主要有以下几个方面：

(1) 固定资产原始价值（简称原值），即固定资产取得时确认的成本。计提折旧时，应以月初应计折旧的固定资产账面原值为依据。

(2) 预计净残值，是指假定固定资产预计使用寿命已满并处于使用寿命终了时的预期状态，企业目前从该项资产处置中获得的扣除预计处置费用后的金额。

(3) 固定资产减值准备，是指固定资产已计提的固定资产减值准备的累计金额。

(4) 固定资产的折旧年限，是指企业使用固定资产的预计期间，或者该固定资产所能生产产品或提供劳务的数量。在我国，企业确定固定资产折旧年限时，一般与使用寿命混用，在确认折旧年限时，应当考虑下列因素：该项资产预计生产能力或实物产量；该项资产预计有形损耗，如设备使用中发生磨损、房屋建筑物受到自然侵蚀等；该项资产预计无形损耗，如因新技术的出现而使现有的资产技术水平相对陈旧、市场需求变化使产品过时等；法律或者类似规定对该项资产使用的限制。

总之，企业应当根据固定资产的性质和使用情况，合理确定固定资产的使用寿命和预计净残值。固定资产的使用寿命和预计净残值一经确定，不得随意变更，但是符合《企业会计准则第 4 号——固定资产》第十九条规定的除外。

注意：第一，固定资产按月计提折旧，当月增加的固定资产当月不计提折旧，从下月起计提折旧；当月减少的固定资产当月照提折旧，从下月起不提折旧。

第二，固定资产提足折旧后，不论能否继续使用，均不再计提折旧；提前报废的固定资产，不再补提折旧。

第三，已达到预定可使用状态但尚未办理竣工决算的固定资产，应当按照估计价值确定其成本，并计提折旧；待办理竣工决算后，再按实际成本调整原来的暂估价，但不需调整原已计提的折旧额。

第四，企业至少应当于每年年度终了，对固定资产的使用寿命、预计净残值和折旧方法进行复核。如有改变作为会计估计变更。

(三) 折旧方法

折旧方法可以采用年限平均法、工作量法、双倍余额递减法、年数总和法等。企业应当根据与固定资产有关的经济利益的预期实现方式，合理选择固定资产折旧方法，折旧方法的选择应当遵循可比性原则，如需变更，在会计报表附注中予以说明。

1. 年限平均法

年折旧额 =（固定资产原价 − 预计净残值）/预计使用寿命（年）

年折旧率 =（年折旧额/固定资产原值）×100%

预计净残值率 =（预计净残值/固定资产原值）×100%

月折旧额 = 年折旧额/12

2. 工作量法

单位工作量折旧额 =（原值 − 预计净残值）/总工作量

月折旧额 = 当月工作量 × 单位工作量折旧额

3. 双倍余额递减法

年折旧率 =（2/预计使用年限）×100%

年折旧额 = 固定资产年初账面价值 × 年折旧率

月折旧额 = 年折旧额/12

注意：在固定资产折旧年限到期的最后两年内，将固定资产的账面价值扣除预计净残值后的差额平均摊销。

4. 年数总和法

年折旧率 =（尚可使用年限/预计使用年限的年数总和）×100%

年折旧额 =（固定资产原值 − 预计净残值）× 年折旧率

月折旧额 = 年折旧额/12

三、固定资产清查

企业应定期或者至少于每年年末对固定资产进行清查盘点，以保证固定资产核算的真实性，充分挖掘企业现有固定资产的潜力。在固定资产清查过程中，如果发现盘盈、盘亏的固定资产，应填制固定资产盘盈盘亏报告表。清查固定资产的损溢，应及时查明原因，并按照规定程序报批处理。

企业在财产清查中盘盈的固定资产，作为前期差错处理。企业在财产清查中盘盈的固定资产，在按管理权限报经批准处理前应先通过“以前年度损益调整”科目核算，不再通过“待处理财产损溢”科目核算。盘盈的固定资产，应按重置成本确定其入账价值，借记“固定资产”科目，贷记“以前年度损益调整”科目。

盘亏的固定资产通过“待处理财产损溢”科目核算。盘亏或毁损的固定资产，在扣除过失人或者保险公司等赔款和残料价值之后，计入当期“营业外支出”。

如盘亏或毁损的固定资产在期末结账前尚未经批准的，在对外提供财务会计报告时应按上述规定进行处理，并在会计报表附注中作出说明；如果其后批准处理的金额与已处理的金额不一致，应按其差额调整会计报表相关项目的年初数。

四、固定资产减值

固定资产在资产负债表日的可收回金额低于其账面价值的，企业应将该固定资产的账面价值减记至可收回金额，同时确认为资产减值损失，计提固定资产减值准备。

固定资产减值损失一经确认，在以后会计期间不得转回。编制的会计分录如下：

借：资产减值损失

　　贷：固定资产减值准备

五、固定资产处置

企业在生产经营过程中，可能将未使用或不需用的固定资产对外出售转让，或因磨损、技术进步等原因对固定资产进行报废，或因遭受自然灾害而对毁损的固定资产进行处理。对于上述事项在进行会计核算时，应按规定程序办理有关手续，结转固定资产的账面价值，计算有关的清理收入、清理费用及残料价值等。

固定资产处置包括固定资产的出售、报废、毁损、对外投资、非货币性资产交换、债务重组等。企业出售、报废或者毁损的固定资产通过“固定资产清理”科目核算，具体包括以下几个环节：

（1）固定资产转入清理。企业因出售、报废、毁损、对外投资、非货币性资产交换、债务重组等转出的固定资产，按该项固定资产的账面价值，借记“固定资产清理”科目，按已计提的累计折旧，借记“累计折旧”，按已计提的减值准备，借记“固定资产减值准备”，按其账面原值，贷记“固定资产”科目。

（2）发生的清理费用等。固定资产清理过程中支付的其他费用，借记“固定资产清理”科目，贷记“银行存款”等科目。

（3）收回出售固定资产的价款、残料价值和变价收入等，借记“银行存款”“原材料”等科目，贷记“固定资产清理”科目。

（4）保险赔偿等的处理。应由保险公司或过失人赔偿的损失，借记“其他应收款”等科目，贷记“固定资产清理”科目。

（5）清理净损益的处理。固定资产清理完成后的净损益，属于正常出售、转让所产生的利得或损失，借记或贷记“资产处置损益”科目，贷记或借记“固定资产清理”科目；属于已丧失使用功能正常报废所产生的损失，以及属于自然灾害等非正常原因造成的损失，借记“营业外支出”科目，贷记“固定资产清理”科目。

做中学

【第一组】

第一部分：累计折旧计算

业务1：采用年限平均法计提固定资产折旧，其特点是将固定资产的应计折旧额均衡地分摊到固定资产预计使用寿命内，采用这种方法计算的每期折旧额是相等的（计提减值后须重新计算折旧额）。

①年折旧额 =（5 000 000 − 5 000 000 × 2%）/20 = 245 000（元）

②年折旧率 =（245 000 ÷ 5 000 000）× 100% = 4.9%（或年折旧率 =（1 − 2%）/20 = 4.9%）

③月折旧率 = 4.9%/12 = 0.4083%

④月折旧额 = 245 000/12 = 20 416.67（元）{或 5 000 000 × 0.41% = 20 416.67（元）}

业务2：采用工作量法计提固定资产折旧，单位工作量的折旧额是固定的，每个月根据实际工作量计算应提折旧额。

①单位里程折旧额＝600 000×(1－5%)/500 000＝1.14（元/公里）

②本月折旧额＝4 000×1.14＝4 560（元）

业务3：每年计提的折旧额。

①年折旧率＝2/5×100%＝40%

②第1年应提的折旧额＝1 000 000×40%＝400 000（元）

③第2年应提的折旧额＝(1 000 000－400 000)×40%＝240 000（元）

④第3年应提的折旧额＝(600 000－240 000)×40%＝144 000（元）

⑤第4年、第5年的年折旧额＝[(360 000－144 000)－4 000]/2＝106 000（元）

业务4：计算结果见表4－1：

表4－1

年份	尚可使用年限	原值－净残值	变动折旧率	年折旧额	累计折旧
1	5	996 000	5/15	332 000	332 000
2	4	996 000	4/15	265 600	597 600
3	3	996 000	3/15	199 200	796 800
4	2	996 000	2/15	132 800	929 600
5	1	996 000	1/15	66 400	996 000

第二部分：折旧业务处理

业务5：单据包括：累计折旧计提表。

借：制造费用 280 000
　　销售费用 50 000
　　管理费用 150 000
　　其他业务成本 20 000
　　贷：累计折旧 500 000

【第二组】

业务1：单据包括：领料单，工资费用分配表。

借：制造费用 120 000
　　贷：原材料 100 000
　　　　应付职工薪酬 20 000

业务2：

(1) 3月1日：生产线交付改造，单据包括：固定资产移交改良报告单。

借：在建工程——生产线 600 000
　　累计折旧 600 000
　　贷：固定资产——生产线 1 200 000

（2）3月1日：领用材料，单据包括：领料单。

借：在建工程——生产线　　300 000

　　贷：原材料　　300 000

（3）3月5日：购入核心部件，单据包括：增值税专用发票的发票联，工程物资验收单，银行付款凭证。

借：工程物资　　80 000

　　应交税费——应交增值税（进项税额）　　10 400

　　贷：银行存款　　90 400

（4）3月15日：拆除原核心部件，单据包括：核心部件账面价值计算单，核心部件价值评估报告。

借：营业外支出　　50 000

　　贷：在建工程——生产线　　50 000

（5）3月15日：领取替换部件并替换旧部件，单据包括：工程物资领取单。

借：在建工程——生产线　　80 000

　　贷：工程物资　　80 000

（6）3月31日：计算分配薪酬，单据包括：工资计算表。

借：在建工程——生产线　　20 000

　　贷：应付职工薪酬　　20 000

（7）3月31日：改良完成达到预定可使用状态，单据包括：工程结算单，固定资产移交使用报告单。

借：固定资产——生产线　　995 000

　　贷：在建工程——生产线　　995 000

业务3：单据包括：生产线使用状况评估，固定资产减值计提表。

借：资产减值损失——计提的固定资产减值准备　　170 000

　　贷：固定资产减值准备　　170 000

业务4：

（1）转出销售设备的账面价值，单据包括：固定资产清理计算单。

借：固定资产清理——修理设备　　80 000

　　累计折旧——修理设备　　50 000

　　固定资产减值准备　　30 000

　　贷：固定资产——修理设备　　150 000

（2）收到销售款，单据包括：增值税专用发票的记账联，收款通知。

借：银行存款　　101 700

　　贷：固定资产清理——修理设备　　80 000

　　　　应交税费——应交增值税（销项税额）　　11 700

（3）支付清理费用，单据包括：付款凭证。

借：固定资产清理——修理设备　　5 000

　　贷：银行存款　　5 000

（4）结转出售净损益，单据包括：固定资产出售损益计算单。

借：固定资产清理——修理设备　5 000

　贷：资产处置损益——修理设备出售损益　5 000

业务5：

（1）12月1日：单据包括：报废固定资产清理单。

借：固定资产清理　50 000

　累计折旧　450 000

　贷：固定资产　500 000

（2）12月1日：单据包括：增值税专用发票的记账联，银行收款通知。

借：银行存款　22 600

　贷：固定资产清理　20 000

　　应交税费——应交增值税（销项税额）　2 600

（3）12月1日：单据包括：增值税专用发票的发票联，银行付款凭证。

借：固定资产清理　3 500

　应交税费——应交增值税（进项税额）　455

　贷：银行存款　3 955

（4）12月1日：单据包括：固定资产报废损益计算表。

借：营业外支出——非流动资报废　33 500

　贷：固定资产清理　33 500

【第三组】

业务1：

（1）调整账实相符，单据包括：固定资产盘点报告单。

借：待处理财产损溢——笔记本电脑盘亏　3 000

　累计折旧——笔记本电脑　7 000

　贷：固定资产——笔记本电脑　10 000

（2）报经批准转销，单据包括：批准处理的文件。

借：营业外支出——固定资产盘亏损失　1 000

　其他应收款——保险公司　2 000

　贷：待处理财产损溢——笔记本电脑盘亏　3 000

业务2：

（1）单据包括：固定资产盘点报告单。

借：固定资产——台式电脑　30 000

　贷：以前年度损益调整——台式电脑盘盈　30 000

（2）单据包括：企业所得税计算表。

借：以前年度损益调整——台式电脑盘盈　7 500

　贷：应交税费——应交企业所得税　7 500

（3）单据包括：处理盘盈台式电脑的文件。

借：以前年度损益调整——台式电脑盘盈　22 500

　　贷：盈余公积——法定盈余公积　2 250

　　　　利润分配——未分配利润　20 250

学后做

东方公司是增值税一般纳税人，适用增值税税率13%。2024年，东方公司发生与固定资产相关的如下经济业务：

业务1：1月，购入一台不需要安装的生产用设备，取得增值税专用发票，注明设备买价200 000元，已认证的增值税进项税额26 000元，款项已用银行存款支付。设备直接交付车间使用。该设备预计可使用5年，预计净残值10 000元，采用双倍余额递减法计提折旧。

业务2：2月，计提该设备折旧。

业务3：7月，公司停止对该设备的使用，对其进行改良。

业务4：7月，在对该设备进行改良的过程中，替换了一个核心部件。新部件价值20 000元，被替换的旧部件账面价值8 000元，假设该旧部件已不具有使用价值和转让价值。

业务5：8月，该设备改良完成，达到预定可使用状态，交付车间使用。预计可使用年限5年，预计净残值22 000元，采用年限平均法计提折旧。

业务6：9月，计提该设备折旧。

业务7：11月，以银行存款支付设备修理费1 000元。

业务8：12月，公司将该设备出售，开出增值税专用发票，发票中标明设备售价150 000元，增值税额19 500元，款已收存银行。转让过程中以银行存款支付清理费用1 000元。

要求：（1）查找资料，了解上述业务完成的过程以及涉及的部门；

（2）确认上述业务发生或完成时应取得的单据；

（3）编制上述业务的会计分录。

【学后做参考答案】

【任务1】

涉及的原始凭证：增值税专用发票，领料单，工资费用分配表，工程结算单，仓库验收单。

业务1：借：工程物资　200 000

　　应交税费——应交增值税（进项税额）　26 000

　　贷：银行存款　226 000

业务2：借：在建工程——仓库　200 000
　　贷：工程物资　200 000
业务3：借：在建工程——仓库　20 000
　　贷：库存商品　20 000
业务4：借：在建工程——仓库　10 000
　　贷：原材料　10 000
业务5：借：在建工程——仓库　200 000
　　贷：应付职工薪酬　200 000
业务6：借：在建工程——仓库　9 200
　　贷：银行存款　9 200
业务7：借：固定资产——仓库　439 200
　　贷：在建工程——仓库　439 200

【任务2】

涉及的原始凭证：增值税专用发票，固定资产交付使用单，转账支票存根，固定资产折旧计提表，固定资产更新改造单，领料单，工程结算单，银行收款通知，固定资产损益计算表。

业务1：借：固定资产——生产用设备　200 000
　　应交税费——应交增值税（进项税额）　26 000
　　贷：银行存款　226 000
业务2：借：制造费用　6 666.7
　　贷：累计折旧　6 666.7（2月至7月相同）
业务3：借：在建工程——设备改造　160 000
　　累计折旧——生产用设备　40 000
　　贷：固定资产——生产用设备　200 000
业务4：借：在建工程——设备改造　20 000
　　贷：工程物资　20 000
　借：营业外支出　8 000
　　贷：在建工程——设备改造　8 000
业务5：借：固定资产——生产用设备　172 000
　　贷：在建工程——设备改造　172 000
业务6：借：制造费用　2 500
　　贷：累计折旧——生产用设备　2 500（9月至12月相同）
业务7：借：管理费用——维修费　1 000
　　贷：银行存款　1 000
业务8：借：固定资产清理　162 000
　　累计折旧——生产用设备　10 000
　　贷：固定资产——生产用设备　172 000
　借：银行存款　150 000
　　贷：固定资产清理　150 000
　　　应交税费——应交增值税（销项税额）　19 500

借：固定资产清理　　1 000

　　贷：银行存款　　1 000

借：资产处置损益　　13 000

　　贷：固定资产清理　　13 000

固定资产核算习题

5 项目五 投资性房地产的核算

学习目标

■ 建立合理规划的理念，充分发挥资产效能；

■ 能正确判断投资性房地产的范畴；

■ 清楚投资性房地产的确认原则，熟练掌握投资性房地产的取得及后续核算的方法；

■ 能正确编制和审核投资性房地产业务的会计凭证；

■ 能完成投资性房地产总账和明细账的建立及投资性房地产账簿的登记；

■ 能提供管理所需的会计信息，会基本的会计数据分析。

关键术语

■ 投资性房地产

■ 模式

有关参考资料

■《企业会计准则第3号——投资性房地产》

■《初级会计实务》——初级会计资格考试用书

认知业务

第一组 红方公司为增值税一般纳税人，对投资性房地产采用成本模式计量。2024年发生如下经济业务（单位：万元）：

业务1： 公司将2023年已签订合同购买的1#办公楼于2023年12月20日办理完毕过户手续，所有交易款项已通过银行支付。该办公楼预计可使用40年。同日将该办公楼出租给甲公司，合同约定每年12月20日收取当年的租金，每年租金不含税租金300万元。该办公楼买价12 000万元，税额1 560万元，已取得增值税专用发票。出租办公楼采用成本模式计量，折旧采用年限平均法。

思考：如果该栋写字楼是自行建造或自用的写字楼，业务该如何处理？

业务2：2024年5月15日，公司将2019年出租的厂房出售，开出增值税专用发票，发票中注明售价6 000万元，税额540万元，款已收存银行，厂房过户手续已办妥。该厂房原值8 000万元，已提折旧4 000万元，未计提减值准备。

业务3：2024年12月20收到当年租金，开出增值税专用发票，税率6%。款项已收到。

业务4：2024年12月31日计提1#办公楼折旧。

业务5：2024年12月31日，因客观情况的影响，房地产存在明显的价值下滑现象，因此对1#办公楼进行了资产评估，评估价值11 000万元。

第二组 江氏公司为增值税一般纳税人，对投资性房地产采用公允价值模式计量。2024年发生如下经济业务：

业务1：2024年7月，与乙公司签订租赁协议，约定将本公司开发的一栋精装修的写字楼于开发完成的同时开始租赁给乙公司使用，租赁期10年。2024年8月1日，该写字楼开发完成并开始起租，写字楼的造价和公允价值均为1 000万元。

业务2：2024年10月10日，公司将出租的一栋营业用房收回并出售给丁公司，不含税价款13 000万元，公司已开出增值税专用发票，税率9%，丁公司已付清款项，营业用房已完成过户。该营业用房出租期间采用公允价值模式计量，成本11 000万元，公允价值变动为借方余额1 000万元。

业务3：2024年12月31日，出租给丙公司的写字楼公允价值1 300万元。

▣ 知识

投资性房地产是指为赚取租金或资本增值、或者两者兼有而持有的房地产，主要包括：已出租的建筑物、已出租的土地使用权、持有并准备增值后转让的土地使用权。

投资性房地产应当能够单独计量和出售。出租建筑物、出租土地使用权，属于出让资产使用权的行为，租金就是出让资产使用权取得的使用费收入。持有并准备增值后转让的土地使用权，其目的是为了增值后转让以赚取增值收益。

一、投资性房地产的确认

（一）已出租的土地使用权

是指企业通过出让或转让方式取得，并以经营租赁方式出租的土地使用权。企业计划出租但尚未出租的土地使用权，不属于此类。对于以经营租赁方式租入土地使用权再转租给其他单位的，不能确认为投资性房地产。

（二）持有并准备增值后转让的土地使用权

是指企业取得的、准备增值后转让的土地使用权。这类土地使用权很可能给企业带来资本增值收益，符合投资性房地产的定义。按照我国有关规定认定的闲置土地，不属于持有并准备增值后转让的土地使用权，也就不属于投资性房地产。

（三）已出租的建筑物

是指企业拥有产权的、以经营租赁方式出租的建筑物，包括自行建造或开发活动完成后用于出租的建筑物，一般应自租赁协议规定的租赁期开始日起，经营租出的建筑物才属于已出租的建筑物。通常情况下，空置建筑物，如董事会或类似机构作出书面决议，明确表明将其用于经营出租且持有意图短期内不再发生变化的，即使尚未签订租赁协议，也应视为投资性房地产。这里的空置建筑物，是指企业新购入、自行建造或开发完成但尚未使用的建筑物，以及不再用于日常生产经营活动且经整理后达到可经营出租状态的建筑物。

二、不属于投资性房地产的范围

下列房地产不属于投资性房地产：

（一）自用房地产

即为生产商品、提供劳务或者经营管理而持有的房地产。包括自用建筑物（固定资产）和自用土地使用权（无形资产）。

（二）作为存货的房地产

通常指房地产开发企业在正常经营过程中销售的或为销售而正在开发的商品房和土地。这部分房地产属于房地产开发企业的存货，而非投资性房地产。在实务中，存在某项房地产部分自用或作为存货出售、部分用于赚取租金或资本增值的情形。如某项投资性房地产不同用途的部分能够单独计量和出售的，应当分别确认固定资产（或无形资产、存货）和投资性房地产。

三、投资性房地产的核算

为了反映投资性房地产的取得、后续计量和处置等情况，企业应当设置“投资性房地产”“投资性房地产累计折旧（摊销）”“公允价值变动损益”“其他业务收入”“其他业务成本”等科目进行核算。投资性房地产作为企业主营业务的，应当设置“主营业务收入”和“主营业务成本”科目核算相关的损益。

“投资性房地产”科目属于资产类，核算企业采用成本模式计量的投资性房地产的成本或采用公允价值模式计量投资性房地产的公允价值。“投资性房地产”科目的借方登记企业投资性房地产的取得成本、资产负债表日其公允价值高于账面余额的差额等；贷方登记资产负债表日其公允价值低于账面余额的差额、处置投资性房地产时结转的成本和公允价值变动等。企业可按投资性房地产类别和项目进行明细核算。

采用公允价值计量模式的投资性房地产，还应当分别设置“成本”和“公允价值变动”明细科目进行核算。采用成本模式计量的投资性房地产的累计折旧或累计摊销，可以单独设置“投资性房地产累计折旧”或“投资性房地产累计摊销”科目，比照“累计折旧”“累计摊销”等科目进行账务处理。

企业采用成本模式计量的投资性房地产发生减值的，还应当设置“投资性房地产减值准备”科目，比照“固定资产减值准备”科目进行账务处理。

“其他业务收入”和“其他业务成本”科目分别核算企业投资性房地产取得租金收入、处置投资性房地产实现的收入和投资性房地产计提的折旧或进行摊销、处置投资性房地产结转的成本。

（一）投资性房地产的初始计量

企业取得的投资性房地产应当按照其取得时的成本进行计量。

1. 外购的投资性房地产

外购投资性房地产的成本，包括购买价款、相关税费和可直接归属于该资产的其他支出。外购取得投资性房地产时，按照取得时的实际成本进行计量，借记“投资性房地产”科目（后续计量采用成本模式下）或“投资性房地产——成本”科目（后续计量采用公允价值模式下），贷记“银行存款”等科目。

2. 自行建造的投资性房地产

企业自行建造投资性房地产的成本，由建造该项房地产达到预定可使用状态前发生的必要支出构成，包括土地开发费、建安成本、应予以资本化的借款费用、支付的其他费用和分摊的间接费用等。建造过程中发生的非正常性损失直接计入当期损益，不计入建造成本。建造完工达到预定可使用状态时，应当按照确定的成本，借记“投资性房地产”科目（后续计量采用成本模式下）或“投资性房地产——成本”科目（后续计量采用公允价值模式下），贷记“在建工程”等科目。

3. 内部转换形成的投资性房地产

企业将作为存货的房地产转换为投资性房地产的，应当按照该项存货在转换日的账面余额或公允价值，借记“投资性房地产”科目（后续计量采用成本模式下）或“投资性房地产——成本”科目（后续计量采用公允价值模式下），按照其账面余额，贷记“开发产品”科目，按照其差额，贷记“其他综合收益”科目（贷方差额情况下）或借记“公允价值变动损益”科目（借方余额情况下）。已计提存货跌价准备的，还应当同时结转存货跌价准备。

企业将自用的建筑物等转换为投资性房地产的，应当按照其在转换日的原价、累计折旧等，分别转入“投资性房地产”“投资性房地产累计折旧”“投资性房地产减值准备”等科目；或者按其在转换日的公允价值，借记“投资性房地产——成本”科目，按照已计提的累计折旧等，借记“累计折旧”等科目，按其账面余额，贷记“固定资产”等科目，按其差额，贷记“其他综合收益”科目（贷方余额情况下）或借记“公允价值变动损益”科目（借方余额情况下）。已计提固定资产减值准备的，还应同时结转固定资产减值准备。

（二）投资性房地产的后续计量

投资性房地产的后续计量可以选择成本模式或公允价值两种模式，但同一企业只能采用一种模式对其所有投资性房地产进行后续计量，不得同时采用两种计量模式，即不得对一部分投资性房地产采用成本模式进行后续计量，对另一部分投资性房地产采用公允价值模式进行后续计量。

1. 采用成本模式进行后续计量的投资性房地产，应当按照固定资产或无形资产的有关规定，对投资性房地产进行后续计量、计提折旧或进行摊销，取得的租金收入，确认为其他业务收入；投资性房地产存在减值迹象的，还应当按照资产减值的有关规定进行处理，经减值测试后确定发生减值的，应当计提减值准备，已经计提减值准备的投资性房地产，其减值损失在以后的会计期间不得转回。

2. 企业有确凿证据表明其投资性房地产的公允价值能够持续可靠取得的，可以对投资性房地产采用公允价值模式进行后续计量。采用公允价值模式计量的，应当同时满足下列条件：

（1）投资性房地产所在地有活跃的房地产交易市场；

（2）企业能够从房地产交易市场上取得同类或类似房地产的市场价格及其他相关信息，从而对投资性房地产的公允价值作出合理的估计。

采用公允价值模式进行后续计量的投资性房地产，不计提折旧或摊销，应当以资产负债表日的公允价值计量。资产负债表日，投资性房地产的公允价值高于其账面余额的差额，借记“投资性房地产——公允价值变动”科目，贷记“公允价值变动损益”科目；公允价值低于其账面余额的差额做相反的会计分录。

取得的租金收入，借记“银行存款”等科目，贷记“其他业务收入”等科目。

3. 投资性房地产后续计量模式的变更。为保证会计信息的可比性，企业对投资性房地产的计量模式一经确定，不得随意变更。只有在房地产市场比较成熟、能够满足采用公允价值模式条件情况下，才允许企业对投资性房地产从成本模式变更为公允价值模式计量。成本模式转为公允价值模式的，应当作为会计政策变更处理，将计量模式变更时公允价值与账面价值的差额，调整期初留存收益。已采用公允价值模式计量的投资性房地产，不得从公允价值模式转为成本模式。

四、投资性房地产的处置

企业处置采用公允价值模式计量的投资性房地产，应当按照实际收到的金额，借记“银行存款”等科目，贷记“其他业务收入”科目；按照该项投资性房地产的账面价值，借记“其他业务成本”科目，按照该项投资性房地产的累计折旧或累计摊销，借记“投资性房地产累计折旧”或“投资性房地产累计摊销”科目，按照该项投资性房地产的账面余额，贷记“投资性房地产”科目；已计提减值准备的，还应同时结转减值准备，借记“投资性房地产减值准备”科目。

企业处置采用公允价值模式计量的投资性房地产，应当按照实际收到的金额，借记“银行存款”等科目，贷记“其他业务收入”科目；按照该项投资性房地产的账面余额，借记“其他业务成本”科目，按照其成本，贷记“投资性房地产——成本”科目，按照其累计公允价值变动，贷记或借记“投资性房地产——公允价值变动”科目；同时，按照原计入该项投资性房地产的公允价值变动，借记或贷记“公允价值变动损益”科目，贷记或借记“其他业务成本”科目。如果存在原转换日计入其他综合收益的金额，也一并结转。按照该项投资性房地产在转换日计入其他综合收益的金额，借记“其他综合收益”科目，贷记“其他业务成本”科目。

做中学

第一组

业务1：单据包括：增值税专用发票，银行付款凭证，公司出租办公楼说明文件。

借：投资性房地产——成本——1#办公楼 12 000
　　应交税费——应交增值税（进项税额） 1 560
　　贷：银行存款 13 560

业务2：(1) 确认收入。单据包括：增值税专用发票，厂房过户凭证，银行收款通知。

借：银行存款 6 540
　　贷：其他业务收入——租金 6 000
　　　　应交税费——应交增值税（销项税额） 540

(2) 结转销售成本。单据包括：处置厂房成本计算单。

借：其他业务成本 4 000
　　投资性房地产累计折旧——1#办公楼 4 000
　　贷：投资性房地产——1#办公楼 8 000

业务3：单据包括：增值税专用发票，银行收款通知。

借：银行存款 318
　　贷：其他业务收入 300
　　　　应交税费——应交增值税（销项税额） 18

业务4：单据包括：折旧计提表。

借：其他业务成本 300
　　贷：投资性房地产累计折旧——1#办公楼 300

业务5：

单据包括：资产评估报告，办公楼账面价值计算表，减值计算表。

借：资产减值损失 700
　　贷：投资性房地产减值——1#办公楼 700

第二组

业务1：单据包括：写字楼竣工结算单，写字楼工程验收单，公司出租办公楼说明文件。

借：投资性房地产——成本——写字楼 1 000
　　贷：开发产品 1 000

业务2：(1) 确认出售收入。单据包括：增值税专用发票，银行收款通知，写字楼过户凭证。

借：银行存款 14 170
　　贷：其他业务收入 13 000
　　　　应交税费——应交增值税（销项税额） 1 170

（2）结转处置成本。单据包括：写字楼成本计算单。

借：其他业务成本　　12 000

　　贷：投资性房地产——成本——营业房　　11 000

　　　　　　　　——公允价值变动——营业房　　1 000

业务 3：单据包括：价格评估报告，公允价值变动计算表。

借：投资性房地产——公允价值变动——写字楼　　300

　　贷：公允价值变动损益　　300

学后做

A 公司对投资性房地产采用公允价值计量模式核算，不考虑增值税等其他条件，2023 年至 2024 年发生的有关投资性房地产的业务如下：

业务 1：2022 年 12 月，A 公司与 B 公司签订租赁协议，约定将本公司开发的一栋写字楼于开发完成的同时开始租赁给 B 公司使用，租期 2 年，每年 12 月 25 日收取当年租金 400 万元。2023 年 1 月 1 日，该写字楼开发完成并开始起租，写字楼的造价为 6 000 万元。

业务 2：2023 年 12 月 15 日，如期收到租金并存入银行。

业务 3：2023 年 12 月 31 日，该写字楼的公允价值为 6 600 万元。

业务 4：2024 年 12 月 31 日，该写字楼的公允价值为 6 300 万元。

要求：（1）查找资料，了解上述业务完成的过程以及涉及的部门；

（2）确认上述业务发生或完成时应取得的单据；

（3）编制与该项投资性房地产有关的分录。（单位：万元）

【学后做参考答案】

涉及的单据包括：工程结算单，工程验收单，公司出租办公楼说明文件，银行收款通知，公允价值变动计算单等。

业务 1：2023 年 1 月 1 日

借：投资性房地产——成本　　6 000

　　贷：开发产品　　6 000

业务 2：2023 年 12 月 25 日

借：银行存款　　400

　　贷：其他业务收入　　400

业务 3：2023 年 12 月 31 日

借：投资性房地产——公允价值变动　　600

　　贷：公允价值变动损益　　600

业务 4：2024 年 12 月 31 日

借：公允价值变动损益　　300

　　贷：投资性房地产——公允价值变动　　300

投资性房地产核算习题

6 项目六 无形资产与其他资产的核算

学习目标

■ 培养自主创新的意识；
■ 能正确掌握无形资产的特征；
■ 能充分了解无形资产和其他资产核算的内容；
■ 能正确编制和审核无形资产和其他资产业务会计凭证；
■ 能完成无形资产和其他资产总账、明细账的建立；
■ 能完成无形资产和其他资产账簿的登记；
■ 能正确分析无形资产和其他资产账务处理结果提供的会计信息。

关键术语

■ 无形资产
■ 其他资产

有关参考资料

■《企业会计准则第 6 号——无形资产》
■《初级会计实务》——初级会计资格考试用书

任务1
无形资产的核算

认知业务

长江工业制造公司2023年1月至2024年12月无形资产业务如下：

业务1：2023年9月6日，公司购入一项非专利技术，取得增值税专用发票，买价900 000元，增值税税额54 000元，价税合计954 000元，款项以银行存款支付。

业务2：公司自行研究、开发一项技术，截至2023年12月31日，发生研究支出合计2 000 000元，经测试该项研发活动完成了研究阶段，从2024年1月1日开始进入开发阶段。2024年发生开发支出300 000元，假定符合《企业会计准则第6号——无形资产》规定的开发支出资本化的条件。2024年6月30日，该项研发活动结束，最终开发出一项非专利技术。假定不考虑相关税费。

业务3：2024年7月31日，公司按月摊销无形资产。该项无形资产属于一项特许权，成本为4 800 000元，合同规定受益年限为10年，净残值为零。

业务4：2024年7月31日，公司按月摊销无形资产，该项无形资产属于一项非专利技术，公司已经将此自行研发完成的非专利技术出租给丁公司，该非专利技术成本为3 600 000元，净残值为零。双方约定的租赁期限为10年，公司每月应摊销30 000元。

业务5：2024年8月20日，新丰公司将其购买的一项专利权转让给乙公司，该专利权的成本为600 000元，已摊销220 000元，开出增值税专用发票一张，不含增值税的转让价款为500 000元，增值税税率为6%，增值税税额为30 000元，款项已经存入银行。

业务6：2024年9月30日，公司某项专利技术，其账面余额为6 000 000元，摊销期限为10年，采用直线法进行摊销，已摊销了5年，假定该项专利权的残值为0，计提的减值准备为1 600 000元，今年用其生产的产品没有市场，应予转销。

业务7：2024年12月31日，市场上某项技术生产的产品销售势头较好，已对公司的产品的销售产生重大不利影响。公司外购的类似专利技术的账面价值为800 000元，剩余摊销年限为4年，经减值测试，该专利技术的可收回金额为750 000元。

知识

一、无形资产概念和特征

无形资产概述

（一）无形资产的概念

无形资产是指企业拥有或控制的没有实物形态的可辨认非货币性资产。

（二）无形资产的特征

相对于其他资产，无形资产具有以下特征：

1. 无形资产不具有实物形态

无形资产通常表现为某种权利、某项技术或是某种获取超额利润的综合能力，它们不具有实物形态，比如，土地使用权、非专利技术等。

某些无形资产的存在有赖于实物载体。比如，计算机软件需要存储在磁盘中。但这并不改变无形资产本身不具实物形态的特性。

在确定一项包含无形和有形要素的资产是属于固定资产，还是属于无形资产时，需要通过判断来加以确定，通常以哪个要素更重要作为判断的依据。

2. 无形资产具有可辨认性

符合以下条件之一的，则认为其具有可辨认性：

（1）能够从企业中分离或者划分出来，并能单独用于出售或转让等，而不需要同时处置在同一获利活动中的其他资产，表明无形资产可以辨认。

（2）产生于合同性权利或其他法定权利，无论这些权利是否可以从企业或其他权利和义务中转移或者分离。如一方通过与另一方签订特许权合同而获得的特许使用权，通过法律程序申请获得的商标权、专利权等。

3. 无形资产属于非货币性资产

非货币性资产是指企业持有的货币资金和将以固定或可确定的金额收取的资产以外的其他资产。无形资产由于没有发达的交易市场，一般不容易转化成现金，在持有过程中为企业带来未来经济利益的情况不确定，不属于以固定或可确定的金额收取的资产，属于非货币性资产。

二、无形资产主要包括的内容

1. 专利权

是指国家专利主管机关依法授予发明创造专利申请人，对其发明创造在法定期限内所享有的专有权利，包括发明专利权、实用新型专利权和外观设计专利权。

2. 非专利技术

也称专有技术。是指不为外界所知、在生产经营活动中已采用了的、不享有法律保护的、可以带来经济效益的各种技术和诀窍。非专利技术一般包括工业专有技术、商业贸易专有技术、管理专有技术等。

3. 商标权

商标是用来辨认特定的商品或劳务的标记。商标权指专门在某类指定的商品或产品上使用特定的名称或图案的权利。

4. 著作权

又称版权，指作者对其创作的文学、科学和艺术作品依法享有的某些特殊权利。著作权包括作品署名权、发表权、修改权和保护作品完整权，还包括复制权、发行权、出租权、展览权、表演权、放映权、广播权、信息网络传播权、摄制权、改编权、翻译权、汇编权以及应当由著作权人享有的其他权利。

5. 特许权

又称经营特许权、专营权，指企业在某一地区经营或销售某种特定商品的权利或是一家企业接受另一家企业使用其商标、商号、技术秘密等的权利。通常有两种形式，一种是由政府机构授权，准许企业使用或在一定地区享有经营某种业务的特权，如水、电、邮电通信等专营权、烟草专卖权等等；另一种指企业间依照签订的合同，有限期或无限期使用另一家企业的某些权利，如连锁店分店使用总店的名称等。

6. 土地使用权

指国家准许某企业在一定期间内对国有土地享有开发、利用、经营的权利。根据我国《土地管理法》的规定，我国土地实行公有制，任何单位和个人不得侵占、买卖或者以其他形式非法转让。企业取得土地使用权的方式主要包括外购取得、投资者投入等方式。

三、无形资产的确认

无形资产需同时满足以下条件时才能予以确认：

1. 与该无形资产有关的经济利益很可能流入企业

如果该无形资产的相关经济利益很可能流入企业，并同时满足无形资产确认的其他条件，那么，企业应将其确认为无形资产。例如，企业外购一项专利权，从而拥有法定所有权，使得企业的相关权利受到法律的保护，此时，表明企业能够控制该项无形资产所产生的经济利益。

2. 该无形资产的成本能够可靠地计量

成本能够可靠计量，是资产确认的一项基本条件。对于无形资产而言，这个条件显得十分重要。比如，一些高科技领域的高科技人才，假定其与企业签订了服务合同，且合同规定其在一定期间内不能为其他企业提供服务。在这种情况下，虽然这些高科技人才的知识在规定的期限内预期能够为企业创造经济利益，但由于这些高科技人才的知识难以准确或合理辨认，加之为形成这些知识所发生的支出难以计量，因此不能作为企业的无形资产加以确认。

四、无形资产的计量

（一）初始计量

在确定无形资产入账金额时，企业应当根据无形资产取得方式作为计量的基础：

1. 外购的无形资产

其成本包括购买价款、相关税费以及直接归属于使该项资产达到预定用途前所发生的其他支出。外购无形资产会计处理应为借记“无形资产”“应交税费——应交增值税（进项税额）”贷记“银行存款”等。

2. 企业自行研究开发的无形资产

其成本包括自满足资本化条件的时点起至无形资产达到预定用途前所发生的可直接归属于该无形资产的创造、生产并使该资产能够以管理层预定的方式运作的必要支出总和。

企业内部研究开发项目所发生的支出应区分研究阶段支出和开发阶段支出。企业自行开发无形资产发生的研发支出，不满足资本化条件的，借记“研发支出——费用化支出”科目，满足资本化条件的，借记“研发支出——资本化支出”科目，贷记“原材料”“银行存款”“应付无形资产和其他资产”等科目。研究阶段支出期（月）末由“研发支出——费用化支出”转入“管理费用”；开发阶段支出符合资本化条件的，先计入“研发支出——资本化支出”科目，达到预定用途形成无形资产时转入“无形资产”；不符合资本化条件的，应当由“研发支出——费用化支出”转入“管理费用”。

（二）后续计量

1. 无形资产摊销

在确定无形资产摊销金额时，企业应当于取得无形资产时分析判断其使用寿命。使用寿命有限的无形资产应进行摊销，使用寿命不确定的无形资产不应摊销而应在期末进行减值测试。使用寿命有限的无形资产，其残值一般为零。企业应当按月对无形资产进行摊销。

对于使用寿命有限的无形资产应当自可供使用（即其达到预定用途）当月开始摊销，处置当月不再摊销。

无形资产摊销方法包括直线法、生产总量法等。企业选择的无形资产的摊销方法，应当反映与该项无形资产有关的经济利益的预期实现方式。无法可靠确定预期实现方式的，应当采用直线法摊销。无形资产摊销方法不同会导致摊销金额不同。

自用的无形资产摊销时借记“管理费用”，出租无形资产摊销借记“其他业务成本”；贷记“累计摊销”。无形资产的摊销一般应计入当期损益，但如果某项无形资产是专门用于生产某种产品的，其所包含的经济利益是通过转入到所生产的产品中体现的，无形资产的摊销费用应构成产品成本的一部分。

2. 无形资产减值

在确定无形资产的减值金额时，首先应判断无形资产在资产负债表日是否存在减值的迹象。存在可能发生减值的迹象时，其可收回金额低于账面价值的，企业应当将该无形资产的账面价值减记至可收回金额，减记的金额确认为减值损失，计入当期损益，借记“资产减值损失”，同时计提相应的资产减值准备，贷记“无形资产减值准备”。无形资产价值损失一经确认，在以后期间不得转回。

3. 无形资产的处置

出售无形资产时，应按实际收到的价款，借记“银行存款”等科目；按已摊销的累计摊销额，借记“累计摊销”科目；原已计提减值准备的，借记“无形资产减值准备”科目；按应支付的相关税费，贷记“应交税费”等科目；按其账面余额，贷记“无形资产”科目，按其差额，贷记或借记“资产处置损益”科目。

如果无形资产预期不能为企业带来未来经济利益，不再符合无形资产的定义，应将其转销。如：无形资产已被其他新技术所替代，不能为企业带来经济利益；或者无形资产不再受到法律保护，且不能给企业带来经济利益等。此时，应按已摊销的累计摊销额，借记“累计摊销”科目；原已计提减值准备的，借记“无形资产减值准备”科目；按其账面余额，贷记“无形资产”科目；按其差额，借记“营业外支出”科目。

做中学

业务1：单据包括增值税专用发票的发票联、抵扣联、无形资产交接单和银行支付凭证。

借：无形资产　　900 000
　　应交税费——应交增值税（进项税额）　　54 000
　　贷：银行存款　　954 000

业务2：单据包括自行研发项目研发费用记录单、费用报销单、公司决议、银行支付凭证等。

（1）2023年发生的研发支出：
借：研发支出——费用化支出　　2 000 000
　　贷：银行存款等　　2 000 000

（2）2023年12月31日，发生的研发支出全部属于研究阶段的支出：
借：管理费用　　2 000 000
　　贷：研发支出——费用化支出　　2 000 000

（3）2024年发生开发支出并满足资本化确认条件：
借：研发支出——资本化支出　　300 000
　　贷：银行存款等　　300 000

（4）2024年6月30日，该技术研发完成并形成无形资产：
借：无形资产　　300 000
　　贷：研发支出——资本化支出　　300 000

业务3：单据包括无形资产摊销计提单。

公司每月应摊销40 000(4 800 000÷10÷12)元。
借：管理费用　　40 000
　　贷：累计摊销　　40 000

业务4：单据包括无形资产摊销计提单。

借：其他业务成本　　30 000
　　贷：累计摊销　　30 000

业务5：单据包括增值税专用发票的记账联和银行进账单回单等。

借：银行存款　　530 000
　　累计摊销　　220 000
　　贷：无形资产　　600 000
　　　　应交税费——应交增值税（销项税额）　　30 000
　　　　资产处置损益　　120 000

业务6：单据包括公司决议、无形资产报废单等。

借：累计摊销　　3 000 000
　　无形资产减值准备　　1 600 000
　　营业外支出　　1 400 000
　　贷：无形资产——专利权　　6 000 000

业务7：单据包括无形资产减值测试表。

借：资产减值损失——计提的无形资产减值准备　　　50 000

　　贷：无形资产减值准备　　　　　　　　　　　　50 000

学后做

长江公司2016年1月设立，主营机电产品的制造、销售。2024年7月至2025年1月有关无形资产的业务如下：

业务1：2024年7月1日，长江公司从甲公司购入一项非专利技术，买价120 000元，取得增值税专用发票，增值税税额7 200元，预计可使用年限为5年，预计净残值为0。所有款项企业均通过网银转账支付。

业务2：2024年7月至12月，按照直线法摊销该项专利技术。

业务3：2024年12月31日，该项专利技术同类市场销售价格为95 000元，经测试，该项无形资产发生减值。

业务4：2025年1月出售该项无形资产，不含税售价100 000元，增值税税率6%，增值税税额6 000元，款项收存银行。

要求：（1）查找资料，了解上述业务完成的过程以及涉及的部门；

（2）确认上述业务发生或完成时应取得的单据；

（3）编制上述业务的会计分录。

任务2 其他资产的核算

认知业务

长江工业制造公司2024年5月至2024年12月长期待摊费用业务如下：

业务1：5月，公司对其以租赁方式新租入的办公楼进行装修，发生以下有关支出：领用生产用材料500 000元；辅助生产车间为该装修工程提供的劳务支出为265 000元；有关人员工资和其他资产等435 000元。

业务2：12月1日，该办公楼装修完工，达到预定可使用状态并交付使用，并按租赁期10年按直线法进行摊销。

知识

一、其他资产的内容

其他资产是指除货币资金、交易性金融资产、应收及预付款项、存货、长期股权投资、固定资产、无形资产等以外的资产，如长期待摊费用等。长期待摊费用是指企业已经发生但由本期和以后各期负担的分摊期限在1年以上的各项费用，如以租赁方式租入的固定资产发生的改良支出等。本书将以租赁方式租入的固定资产发生的改良支出为例介绍长期待摊费用的核算。

二、长期待摊费用的核算

为核算以租赁方式租入的固定资产发生的改良支出需要设置会计科目为长期待摊费用。“长期待摊费用”科目属于资产类，核算企业以租赁方式租入的固定资产发生的改良支出，借方登记发生的改良支出，贷方登记摊销的改良支出，期末借方余额，反映企业尚未摊销完毕的改良支出。应按租赁固定资产具体改良项目设置长期待摊费用明细账，进行明细核算。

做中学

业务1：单据包括领料单、辅助生产车间劳务记录表、工资计算表等。

（1）装修领用原材料时

借：长期待摊费用——租赁固定资产装修　　500 000

　　贷：原材料　　500 000

（2）辅助生产车间为装修工程提供劳务时

借：长期待摊费用——租赁固定资产装修　　265 000

　　贷：生产成本——辅助生产成本　　265 000

（3）确认有关人员工资时

借：长期待摊费用——租赁固定资产装修　　435 000

　　贷：应付职工薪酬等　　435 000

业务2：单据包括长期待摊费用摊销计算表。

每月摊销装修支出时

借：管理费用　　10 000

　　贷：长期待摊费用——租赁固定资产装修　　10 000

学后做

黄河公司2015年1月设立，主营电饭煲和饮水机的制造、销售。

2024年6月1日，公司对其以租赁方式新租入的办公楼进行装修，发生以下有关支出：

业务1：6月10日，领用生产用材料351 000元；

业务2：6月30日，辅助生产车间为该装修工程提供的劳务支出为150 000元；

业务3：8月31日，有关人员工资等资产96 000元；

业务4：9月1日，该办公楼装修完工，达到预定可使用状态并交付使用，并按租赁期10年按直线法进行摊销。

要求：（1）查找资料，了解上述业务完成的过程以及涉及的部门；

（2）确认上述业务发生或完成时应取得的单据；

（3）编制上述业务的会计分录。

【学后做参考答案】

【任务1】

本组业务涉及的原始凭证：增值税专用发票的发票联和抵扣联、无形资产接收单、网银支付凭证、无形资产摊销计提表、无形资产减值测试表、增值税专用发票的发票联、银行进账单回单等。

业务1：2024年7月1日。

借：无形资产	120 000	
应交税费——应交增值税（进项税额）	7 200	
贷：银行存款		127 200

业务2：2024年7月至12月，每月月末。

借：管理费用	2 000	
贷：累计摊销		2 000

业务3：2024年12月31日。

借：资产减值损失	13 000	
贷：无形资产减值准备		13 000

业务4：2025年1月。

借：银行存款	106 000	
无形资产减值准备	13 000	
累计摊销	12 000	
贷：无形资产		120 000
应交税费——应交增值税（销项税额）		6 000
资产处置损益		5 000

【任务2】

本组业务涉及的原始凭证：领料单、辅助生产车间劳务记录表、工资计算表和长期待摊费用摊销计算表等。

业务1：装修领用原材料时。

借：长期待摊费用——租赁固定资产装修　　351 000

　　贷：原材料　　351 000

业务2：辅助生产车间为装修工程提供劳务时。

借：长期待摊费用——租赁固定资产装修　　150 000

　　贷：生产成本——辅助生产成本　　150 000

业务3：确认有关人员工资时。

借：长期待摊费用——租赁固定资产装修　　96 000

　　贷：应付职工薪酬　　96 000

业务4：每月摊销装修支出时。

借：管理费用　　4 975

　　贷：长期待摊费用——租赁固定资产装修　　4 975

无形资产核算习题

7 项目七 交易性金融资产的核算

学习目标

■ 培养坚持准则、勇于探索的品质；热爱劳动；
■ 能充分理解交易性金融资产的概念；
■ 能正确识别和区分各项金融资产；
■ 能正确编制和审核交易性金融资产业务会计凭证；
■ 能完成交易性金融资产及相关科目总账、明细账的建立；
■ 能完成交易性金融资产及相关科目账簿的登记；
■ 能正确提供和分析交易性金融资产账务处理结果反映的会计信息。

关键术语

■ 金融资产
■ 交易性金融资产
■ 公允价值变动

有关参考资料

■《企业会计准则第22号——金融工具确认和计量》
■《初级会计实务》——初级会计资格考试用书

认知业务

交易性金融资产的核算

吉峰农机公司为增值税一般纳税人，2024年1月初有关账户期初余额为：

交易性金融资产——成本——康佳股份8 000
——公允价值变动——康佳股份400（借方）

2024 年 1 月至 2024 年 6 月发生如下对外投资的业务：

业务 1：1 月 4 日，从证券市场购入 A 股份公司股票 1 000 股，每股买价 12 元（含已宣告但尚未发放的现金股利每股 0.2 元）。另付交易费用，取得的增值税专用发票注明的交易费用 200 元，增值税税额 12 元。公司将该股票划分为交易性金融资产。

业务 2：1 月 21 日，从证券市场购入 B 股份公司 2020 年 2 月 20 日发行的三年期一次还本付息债券，面值 50 000 元，票面利率 5%。买价 50 800 元。另付交易费用，取得的增值税专用发票注明的交易费用 600 元，增值税税额 36 元。公司将该债券划分为交易性金融资产。

业务 3：1 月 31 日，A 公司股票市价每股 12.5 元，B 股份公司债券市价 50 500 元。

业务 4：2 月 20 日，A 公司宣告发放 2022 年下半年现金股利，每股 0.5 元，实际派发日为 2024 年 3 月 2 日。

业务 5：3 月 20 日，公司将持有的 2 000 股康佳股份公司股票的一半以 4 600 元的价格售出。另支付交易费用取得的增值税专用发票注明：交易费用 100 元，增值税税额 6 元。

业务 6：3 月 31 日，核算吉峰农机公司转让的 1 000 股康佳股票应交的增值税。

知识

一、金融资产概述

金融资产是指企业在交易中取得的库存现金、应收账款、应收票据、贷款、其他应收款、应收股利、应收利息、债券投资、股权投资、基金投资、衍生金融资产等。

企业应当结合自身业务的特点和风险管理的要求，根据管理金融资产的业务模式和金融资产的合同现金流量特征，将取得的金融资产在初始确认时分为三类：

1. 以摊余成本计量的金融资产

企业应当将同时符合下列条件的金融资产分类为以摊余成本计量的金融资产：

（1）管理该金融资产的业务模式是以收取合同现金流量为目标。

（2）该金融资产的合同条款规定，在特定日期产生的现金流量，仅为对本金和以未偿付本金金额为基础的利息的支付。如债权投资的合同现金流量包括投资期间各期应收的利息和到期日收回的本金等；其他属于以摊余成本计量的金融资产性质的金融资产还有“贷款”“应收账款”等。

2. 以公允价值计量且其变动计入其他综合收益的金融资产

企业应当将同时符合下列条件的金融资产分类为以公允价值计量且其变动计入其他综合收益的金融资产：

（1）管理该金融资产的业务模式，既以收取合同现金流量为目标又以出售该金融资产为目标。

（2）该金融资产的合同条款规定，在特定日期产生的现金流量，仅为对本金和以未偿付本金金额为基础的利息的支付，如其他债权投资。

3. 以公允价值计量且其变动计入当期损益的金融资产

企业应当将除上述分类为以摊余成本计量的金融资产和以公允价值计量且其变动计入其他综合收益的金融资产之外的金融资产，分类为以公允价值计量且其变动计入当期损益的金融资产。

二、交易性金融资产的概念

交易性金融资产，是指以公允价值计量且其变动计入当期损益的金融资产。它是企业为了近期内出售而持有的金融资产，如企业以赚取差价为目的从二级市场购入的股票、债券、基金等；或者是在初始确认时属于集中管理的可辨认金融工具组合的一部分，且有客观证据表明近期实际存在短期获利模式的金融资产等，如企业管理的以公允价值进行业绩考核的某项投资组合。

从企业管理金融资产的业务模式（即企业如何管理其金融资产以产生现金流量）看，企业关键管理人员决定对交易性金融资产进行管理的业务目标是以“交易”为目的，而非为收取合同现金流量（即与基本借贷安排相一致，如本金加利息）而持有，也不是为既以收取合同现金流量为目标又以出售该金融资产为目标而持有，仅仅是通过“交易性”活动，即频繁地购买和出售，从市场价格的短期波动中，赚取买卖差价，使企业闲置的资金能获得较高的投资回报。

三、交易性金融资产的确认

满足下列条件之一的金融资产，应当划分为交易性金融资产：

（1）取得该金融资产的目的，主要是为了近期内出售。

（2）属于进行集中管理的可辨认金融工具组合的一部分，且有客观证据表明企业近期采用短期获利方式对该组合进行管理。

（3）属于衍生工具。但被指定为有效套期工具的衍生工具、属于财务担保合同的衍生工具、与在活跃市场中没有报价且公允价值不能可靠计量的权益工具投资挂钩并须通过交付该权益工具结算的衍生工具除外。

四、交易性金融资产的确认和计量

交易性金融资产的确认和计量主要包括：取得交易性金融资产，持有交易性金融资产期间取得现金股利或利息，交易性金融资产的期末计价以及交易性金融资产处置。

为完成有关交易性金融资产业务的核算工作，应设置“交易性金融资产”科目，该科目属于资产类，核算企业为交易目的而持有的债券投资、股票投资、基金投资等交易性金融资产的公允价值。本科目按交易性金融资产的类别和品种，分别设置“成本”“公允价值变动”两个明细账。“成本”明细账核算交易性金融资产取得时的成本，“公允价值变动”明细账核算资产负债表日，交易性金融资产的变动额。

企业还应当设置“公允价值变动损益”科目，该科目属于损益类，核算企业交易性金融资产因公允价值变动而产生的应计入当期损益的利得或损失。本科目按交易性金融资产、交易性金融负债、投资性房地产等进行明细核算。

1. 企业取得交易性金融资产，应当按照取得时的公允价值作为初始确认金额，支付的价款中包含已宣告但尚未发放的现金股利或已到付息期但尚未领取的债权利息，应当单独确认为应收项目。

相关交易费用在发生时计入当期损益，冲减投资收益，发生交易费用取得增值税专用发票的，进项税额经认证后可从当期销项税额中抵扣。交易费用是指可直接归属购买、发行或处置金融工具的增量费用，包括支付给代理机构、咨询公司、券商、证券交易所、政府有关部门等的手续费、佣金、相关税费以及其他必要支出，不包括债权溢价、折价、融资费用、内部管理成本和持有成本等与交易不直接相关的费用。

企业取得交易性金融资产，按其公允价值，借记“交易性金融资产（成本）”，按发生的交易费用，借记“投资收益”科目，按已到付息期但尚未领取的利息或已宣告但尚未发放的现金股利，借记“应收利息”或“应收股利”科目，按实际支付的金额，贷记“银行存款”等科目。

2. 企业在持有以交易性金融资产期间取得的利息或现金股利，应当确认为应收项目，并确认投资收益。

需要强调的是，企业只有在同时满足三个条件时，才能确认交易性金融资产所取得的股利或利息收入并计入当期损益：一是企业收取股利或利息的权利已经确定（例如被投资单位已经宣告发放）；二是与股利或利息相关的经济利益很可能流入企业；三是股利或利息的金额能够可靠计量。

交易性金融资产持有期间被投资单位宣告发放的现金股利，或在资产负债表日按分期付息、一次还本债券投资的票面利率计算的利息，借记“应收股利”或“应收利息”科目，贷记“投资收益”科目。

3. 资产负债表日，企业应将交易性金融资产的公允价值变动计入当期损益。

资产负债表日，交易性金融资产的公允价值高于其账面余额的差额，借记“交易性金融资产（公允价值变动）”，贷记“公允价值变动损益”科目；公允价值低于其账面余额的差额做相反的会计分录。

思考：因公允价值变动而产生的利得或损失，为何不计入“投资收益”账户，而计入“公允价值变动损益”账户？

分析：因公允价值变动而产生的利得或损失，是一项未实现的投资损益，而“投资收益”账户核算的是已实现的投资损益，只有当该项交易性金融资产出售时，未实现的投资损益，才转化为已实现的投资损益。因此，因公允价值变动而产生的利得或损失，应计入“公允价值变动损益”账户。

4. 处置该金融资产时，其公允价值和初始入账金额之间的差额应确认为投资收益。

出售交易性金融资产，应按实际收到的金额，借记“银行存款”等科目，按该金融资产的账面余额，贷记“交易性金融资产”科目，按其差额，贷记或借记“投资收益”科目。

5. 金融商品转让按照卖出价扣除买入价（不需要扣除已宣告发放尚未发放的现金股利和已到付息期未领取的利息）后的余额作为销售额计算增值税，即转让金融商品按盈亏相抵后的余额为销售额。若相抵后出现负差，则结转下一纳税期与下期转让金融商品销售额互抵，但年末时仍出现负差的，不得转入下一会计年度。

转让金融资产当月月末，如产生转让收益，则按应纳税额，借记“投资收益”等科目，贷记“应交税费——转让金融商品应交增值税”科目；如产生转让损失，则按可结转下月抵扣税额，借记“应交税费——转让金融商品应交增值税”等科目，贷记“投资收益”科目。

年末，如果“应交税费——转让金融商品应交增值税”科目有借方余额，说明本年度的金融商品转让损失无法弥补，且本年度的金融资产转让损失不可转入下年度继续抵减转让金融商品的收益，应将“应交税费——转让金融商品应交增值税”科目的借方余额转出。因此，应借记“投资收益”等科目，贷记“应交税费——转让金融商品应交增值税”科目。

做中学

业务1：单据包括：证券买卖交割单、增值税专用发票。

该项交易性金融资产初始确认的金额应为：1 000×12－1 000×0.2＝11 800（元）

借：交易性金融资产——成本——A公司　　11 800
　　应收股利——A公司　　200
　　投资收益　　200
　　应交税费——应交增值税（进项税额）　　12
　　贷：其他货币资金——存出投资款　　12 212

取得现金股利时，

借：其他货币资金——存出投资款　　200
　　贷：应收股利——A公司　　200

业务2：单据包括：证券买卖交割单、增值税专用发票。

该项交易性金融资产初始确认的金额应为：50 800元

借：交易性金融资产——成本——B公司　　50 800
　　投资收益　　600
　　应交税费——应交增值税（进项税额）　　36
　　贷：其他货币资金——存出投资款　　51 436

业务3：单据包括：公允价值变动计算表。

借：交易性金融资产——公允价值变动——A公司　　700
　　贷：交易性金融资产——公允价值变动——B公司　　300
　　　　公允价值变动损益——交易性金融资产　　400

业务4：单据包括证券买卖交割单。

2024年2月20日：

借：应收股利　　500
　　贷：投资收益　　500

2024年3月2日：

借：其他货币资金——存出投资款　　500
　　贷：应收股利——A公司　　500

业务5：单据包括证券买卖交割单、增值税专用发票。

借：其他货币资金——存出投资款　　4 494
　　应交税费——应交增值税（进项税额）　　6
　　贷：交易性金融资产——成本　　4 000
　　　　　　　　　　——公允价值变动　　200
　　　　投资收益　　300

业务6：单据包括增值税计算表。

借：投资收益　　33.96[(4 600 - 4 000)/1.06 × 0.06]
　　贷：应交税费——转让金融商品应交增值税　　33.96

学后做

宏达公司2016年1月设立，主营机电产品的制造、销售。公司的交易性金融资产按公允价值计量，每年6月30日和12月31日核算公允价值变动损益。2023年4月至2024年2月有关交易性金融资产的业务如下：

业务1：2023年4月8日，宏达公司从证券市场购入三佳公司股票2 000股，买价：每股4元，另付交易费用50元。三佳公司已于2023年4月5日宣告发放现金股利，每股为0.2元。公司将该股票划分为交易性金融资产。

业务2：2023年4月20日，收到三佳公司派发的现金股利。

业务3：2023年6月30日，三佳公司股票市价：每股6元。
　　　　2023年12月31日，三佳公司股票市价：每股4.8元。

业务4：2024年2月10日，宏达公司将持有的三佳公司股票500股售出，卖价：每股6.2元，另付交易费用20元。

要求：（1）查找资料，了解上述业务完成的过程以及涉及的部门；
　　　（2）确认上述业务发生或完成时应取得的单据；
　　　（3）编制上述业务的会计分录。

【学后做参考答案】

单据包括：证券买卖交割单，公允价值变动计算表。

业务1：

借：交易性金融资产——成本　　7 600
　　投资收益　　50
　　应收股利　　400
　　贷：银行存款　　8 050

业务2：

借：银行存款　　400
　　贷：应收股利　　400

业务3：

2023年6月30日：

借：交易性金融资产——公允价值变动 4 400

　　贷：公允价值变动损益 4 000

2023年12月31日：

借：公允价值变动损益 2 400

　　贷：交易性金融资产——公允价值变动 2 400

业务4：

借：银行存款 3 080

　　贷：交易性金融资产——成本 1 900

　　　　　　　　　　　——公允价值变动 500

　　　　投资收益 680

借：投资收益 62.26

　　贷：应交税费——转让金融商品应交增值税 62.26

交易性金融资产核算习题

8 项目八 债权投资的核算

学习目标

■培养风险意识和基本的金融素养；
■能充分理解债权投资的概念；
■能正确识别和区分各项金融资产；
■能正确编制和审核债权投资业务会计凭证；
■能独立完成债权投资的业务核算；
■能正确提供和分析债权投资业务产生的会计信息。

关键术语

■债权投资

有关参考资料

■《企业会计准则第 22 号——金融工具确认和计量》
■《初级会计实务》——初级会计资格考试用书

认知业务

甲公司对债券的投资均以收取合同现金流量为目标，均分类为以摊余成本计量的金融资产。2021 年至 2024 年发生部分业务如下：

业务 1：2021 年 1 月 1 日，甲公司以银行存款支付价款 2 500 000 元（含交易费用）从上海证券交易所购入 H 公司同日发行的 3 年期公司债券 12 500 份，债券票面价值总额 2 500 000 元，票面年利率 4.72%，于每年年末支付本年度债券利息（即每年利息为 118 000 元），本金在债券到期时一次性偿还。当年实际利率为 4.72%。

业务 2：2021 年 12 月 31 日，甲公司按期收到 H 公司支付的第 1 年债券利息 118 000 元。

业务 3：2022 年 12 月 31 日，甲公司按期收到 H 公司支付的第 2 年债券利息 118 000 元。

业务4：2023年12月31日，甲公司按期收到H公司支付的第3年债券利息118 000元。

业务5：2024年1月1日，甲公司以银行存款支付价款900 000元从证券交易所购入D公司债券，该债券面值1 000 000元，期限5年，票面利率4%，每年1月支付利息。购买时另支付交易费用50 000元。当年实际利率5.16%。

业务6：2024年1月15日，甲公司将到期的H公司债券12 500份本金2 500 000元收回，款项存入银行。

业务7：2024年12月31日，因政策原因D公司经营状况严重下滑，甲公司对持有的D公司债权进行减值测试，测试结果显示持有的D公司债券可收回金额为762 800元。

知识

一、债权投资基本介绍

债权投资是指以摊余成本计量的金融资产。因此，一是企业管理该金融资产的业务模式是以收取合同现金流量为目标；二是金融资产的合同条款中规定，在特定日期产生的现金流量，仅为对本金和以未偿付本金金额为基础的利息的支付。

二、债权投资的确认和计量

为了完成债权投资相关业务的核算，应设置“债权投资”科目，该科目属于资产类科目，核算企业债权投资的摊余成本。“债权投资”科目的借方登记债权投资的取得成本、一次还本付息债券投资在资产负债表日按照票面利率计算确定的应收未收利息等；贷方登记企业出售债权投资时结转的成本。企业可以按照债权投资的类别和品种，分别设置“成本”“利息调整”“应计利息”等明细科目进行核算。

企业还应当设置“债权投资减值准备”科目核算公司债权投资发生减值时计提的减值准备。该科目属于资产类，通常按债权投资类别和品种进行明细核算。

（一）债权投资的取得

企业取得债权投资应当按照公允价值计量，取得债权投资所发生的交易费用计入债权投资的初始确认金额。

企业取得债权投资支付的价款中包含已到付息期但尚未领取的债券利息，应当单独确认为应收项目，不构成债权投资的初始确认金额。

企业取得的债权投资，应当按照该投资的面值，借记“债权投资——成本”科目，按照支付的价款中包含的已到付息期但尚未领取的利息，借记“应收利息”科目，按照实际支付的金额，贷记“银行存款”等科目，按照其差额，借记或贷记“债权投资——利息调整”科目。

（二）债权投资的持有

企业在持有债权投资的会计期间，所涉及的会计处理主要有两个方面：一是在资产负债表日确认债券利息收入；二是在资产负债表日核算发生的减值损失。

1. 债权投资的债券利息收入

企业在债权投资的会计期间，应当按照摊余成本对债权投资进行计量。在资产负债表日，按照债权投资摊余成本和实际利率计算确定的债券利息收入，应当作为投资收益进行会计处理。

摊余成本，是指金融资产的初始确认金额经下列调整后的结果：

(1) 扣除已偿还的本金；

(2) 加上或减去采用实际利率法将该初始确认金额与到期日金额之间的差额进行摊销形成的累计摊销额；

(3) 扣除已发生的减值损失。

摊余成本是用实际利率作计算利息的基础，投资的成本减去利息后的金额。债权投资的摊余成本实际上相当于该金融资产的账面价值。

需要说明的是，如果有客观证据表明该金融资产的实际利率计算的各期利息收入与名义利率计算的相差很小，也可以采用名义利率替代实际利率使用。

债权投资为分期付息、一次还本债券投资的，企业应当在资产负债表日按照债权投资的面值和票面利率计算确定的应收未收利息，借记“应收利息”科目，按照债权投资的摊余成本和实际利率计算确定的利息收入，贷记“投资收益”科目，按照其差额，借记或贷记“债权投资——利息调整”科目。

债权投资为到期一次还本付息债券投资的，企业应当在资产负债表日按照债权投资的面值和票面利率计算确定的应收未收利息，借记“债权投资——应计利息”科目，按照债权投资的摊余成本和实际利率计算确定的利息收入，贷记“投资收益”科目，按照其差额，借记或贷记“债权投资——利息调整”科目。

2. 债权投资的减值

资产负债表日，账面价值高于可收回金额（未来现金流量匹配实际利率折现）的，应当将账面价值减记至可收回金额，将减记的金额作为“信用减值损失”，同时计提“债权投资减值准备”。

已计提减值准备的债权投资的账面价值以后又得以恢复的，应当在原已计提的减值准备金额范围内，按照已恢复的金额转回。

（三）债权投资的出售

企业出售债权投资时，应当将取得的价款与账面价值之间的差额作为投资损益进行会计处理。如果对债权投资计提了减值准备，还应当同时结转减值准备。

企业出售债权投资，应当按照实际收到的金额，借记“银行存款”等科目，按照该债权投资的账面余额，贷记“债权投资——成本、利息调整、应计利息”科目，按照其差额，贷记或借记“投资收益”科目。已计提减值准备的，还应同时结转减值准备。

做中学

业务1：单据包括证券买卖交割单。

借：债权投资——成本——H公司	2 500 000	
贷：银行存款		2 500 000

业务2：单据包括利息计算表，银行收款通知。

借：应收利息——H公司	118 000	
贷：投资收益		118 000

同时：

借：银行存款	118 000	
贷：应收利息——H公司		118 000

业务3：单据包括利息计算表、银行收款通知。

借：应收利息——H公司	118 000	
贷：投资收益		118 000

同时：

借：银行存款	118 000	
贷：应收利息——H公司		118 000

业务4：单据包括利息计算表、银行收款通知。

借：应收利息——H公司	118 000	
贷：投资收益		118 000

同时：

借：银行存款	118 000	
贷：应收利息——H公司		118 000

业务5：单据包括证券买卖交割单。

借：债权投资——成本——D公司	1 000 000	
贷：银行存款		950 000
债权投资——利息调整——D公司		50 000

业务6：单据包括证券交易对账单、银行收款通知。

借：银行存款	2 500 000	
贷：债权投资——成本——H公司		2 500 000

业务7：单据包括债权投资计算表，债权减值计提表。

借：应收利息——D公司	40 000	
债权投资——利息调整——D公司	9 020	
贷：投资收益		49 020

（1）应收利息 = 1 000 000 × 4% = 40 000（元）

（2）实际收益 = 950 000 × 5.16% = 49 020（元）

（3）本期折价摊销额 = 49 020 − 40 000 = 9 020（元）

借：信用减值损失	196 220	
贷：债权投资减值准备——D公司		196 220

债权投资减值准备计提金额 = 950 000 + 9 202 − 762 800 = 196 220（元）

学后做

龙山股份有限责任公司（以下简称龙山公司）为上市公司，龙山公司持有的债券投资划分为以摊余成本计量的金融资产，于每年年末计提债券利息，并采用实际利率法摊销债券溢折价。2019 年至 2024 年发生的有关债券投资业务如下：

业务1：2019 年 12 月 31 日，以 219 092 000 元的价格购入乙公司于 2019 年 1 月 1 日发行的 5 年期一次还本、分期付息债券，债券面值总额为 200 000 000 元，付息日为每年 1 月 1 日，票面年利率为 6%，实际年利率为 5%。未发生其他相关税费。

业务2：2020 年 1 月 1 日，收到乙公司发放的债券利息，存入银行。

业务3：2020 年 12 月 31 日，计提债券利息并摊销债券溢价。

业务4：2021 年 1 月 1 日，收到乙公司发放的债券利息，存入银行。

业务5：2021 年 12 月 31 日，计提债券利息，并摊销债券溢价。

业务6：2022 年 1 月 1 日，收到乙公司发放的债券利息，存入银行。

业务7：2022 年 12 月 31 日，计提债券利息，并摊销债券溢价。

业务8：2023 年 1 月 1 日，收到乙公司发放的债券利息，存入银行。

业务9：2023 年 12 月 31 日，计提债券利息，并摊销债券溢价。

业务10：2024 年 1 月 1 日，该债券到期，收到乙公司发放的债券本金和利息，存入银行。

假定各年实际利率均为 5%，不考虑其他因素。

要求：（1）计算该债券年票面利息。

（2）计算各年的投资收益和溢价摊销额。

（3）逐笔编制上述各项业务的会计分录。

本章拓展知识

一、债券发行价

按照债券的实际发行价格和票面价格的异同，债券的发行可分平价发行、溢价发行和折价发行。

（1）平价发行：平价发行，指债券的发行价格和票面额相等，因而发行收入的数额和将来还本数额也相等。前提是债券发行利率和市场利率相同，这在西方国家比较少见。

（2）溢价发行：溢价发行，指债券的发行价格高于票面额，以后偿还本金时仍按票面额偿还。只有在债券票面利率高于市场利率的条件下才能采用这种方式发行。

（3）折价发行：折价发行，指债券发行价格低于债券票面额，而偿还时却要按票面额偿还本金。折价发行是因为规定的票面利率低于市场利率。

二、债券发行条件

债券发行的条件指债券发行者发行债券筹集资金时所必须考虑的有关因素，具体包括发行额、面值、期限、偿还方式、票面利率、付息方式、发行价格、发行费用、有无担保等，由于公司债券通常是以发行条件进行分类的，所以，确定发行条件的同时也就确定了所发行债券的种类。

债券的发行者在发行前必须按照规定向债券管理部门提出申报书；政府债券的发行则须经过国家预算审查批准机关（如国会）的批准。发行者在申报书中所申明的各项条款和规定，就是债券的发行条件其主要内容有：拟发行债券数量、发行价格、偿还期限、票面利率、利息支付方式、有无担保等。债券的发行条件决定着债券的收益性、流动性和安全性，直接影响着发行者筹资成本的高低和投资者投资收益的多寡。对投资者来说，最为重要的发行条件是债券的票面利率、偿还期限和发行价格因为它们决定着债券的投资价值，所以被称为债券发行的三大基本条件而对发行者来说，除上述条件外，债券的发行数量也是比较重要的，因为它直接影响筹资规模。如果发行数量过多，就会造成销售困难，甚至影响发行者的信誉以及日后债券的转让价格。

三、实际利率法

（一）概念

实际利率法中的实际利率，是指使某项资产或负债的未来现金流量现值等于当前公允价值的折现率。是指按照金融资产或金融负债（含一组金融资产或金融负债）的实际利率计算其摊余成本及各期利息收入或利息费用的方法。

（二）计算方法

实际利率法是采用实际利率来摊销溢折价，其实溢折价的摊销额是倒挤出来的。计算方法如下：

（1）按照实际利率计算的利息费用＝期初债券的购买价款×实际利率

（2）按照面值计算的利息＝面值×票面利率

（3）在溢价发行的情况下，当期溢价的摊销额＝按照实际利率计算的利息－按照面值计算的利息费用

（4）在折价发行的情况下，当期折价的摊销额＝按照面值计算的利息费用－按照实际利率计算的利息

注意：期初债券的账面价值＝面值＋尚未摊销的溢价或－未摊销的折价。如果是到期一次还本付息的债券，计提的利息会增加债券的账面价值，在计算的时候是要减去的。

（三）特点

（1）每期实际利息收入随长期债权投资账面价值变动而变动；每期溢价摊销数逐期增加。这是因为，在溢价购入债券的情况下，由于债券的账面价值随着债券溢价的分摊而减少，因此所计算的应计利息收入随之逐期减少，每期按票面利率计算的利息大于债券投资的每期应计利息收入，其差额即为每期债券溢价摊销数，所以每期溢价摊销数随之逐期增加。

（2）在折价购入债券的情况下，由于债券的账面价值随着债券折价的分摊而增加，因此所计算的应计利息收入随之逐期增加，债券投资的每期应计利息收入大于每期按票面利率计算的利息，其差额即为每期债券折价摊销数，所以每期折价摊销数随之逐期增加。

四、其他债权投资

其他债权投资。既以收取合同现金流量为目标又以某个特定日期出售该金融资产为目标管理的金融资产投资，其性质属于以公允价值计量且其变动计入其他综合收益的金融资产。

其他债权投资应当按取得该金融资产的公允价值和相关交易费用之和作为初始确认金额。支付的价款中包含的已到付息期但尚未领取的债权利息，应当单独确认为应收项目。

其他债权投资持有期间的利息收入，应当按照摊余成本对其他债权投资进行计量。在资产负债表日，按照其他债权投资摊余成本和实际利率计算确定的债券利息收入，应当作为投资收益进行会计处理，按照面值与票面利率计算确定的应收利息与利息收入之间的差额调整其他债权投资——利息调整。

资产负债表日，其他债权投资应以公允价值计量，且其变动计入其他综合收益。

处置其他债权投资时，应当将取得的价款与该金融资产账面价值之间的差额，计入投资收益，同时将原计入其他综合收益部分的累计额对应处置部分的金额转出，转入投资收益。

五、其他权益工具投资

其他权益工具投资。按照金融工具会计准则规定，以公允价值计量且其变动计入其他综合收益的金融资产包括权益投资和债权投资。其中，权益投资中除投资于普通股以外的各种权益金融工具投资分类为其他权益工具投资，如对优先股的投资等。

其他权益工具投资应当按取得该金融资产的公允价值和相关交易费用之和作为初始确认金额。支付的价款中包含的宣告但尚未发放的现金股利，应当单独确认为应收项目。

其他权益工具投资持有期间取得的现金股利，应当计入投资收益。

资产负债表日，其他权益工具投资应以公允价值计量，且其变动计入其他综合收益。

处置其他权益工具投资时，应当将取得的价款与该金融资产账面价值之间的差额，计入投资收益，同时将原计入其他综合收益部分的累计额对应处置部分的金额转出，转入留存收益。

【学后做参考答案】

涉及原始单据：证券买卖交割单，债券利息计算表。

业务1：

借：债权投资——成本　200 000 000

　　应收利息　12 000 000

　　债权投资——利息调整　7 092 000

　　贷：银行存款　219 092 000

表8－1　**利息计算表**

期间	期初摊余成本	应收利息	投资收益	利息调整	期末摊余成本
第1年	207 092 000.00	12 000 000.00	10 354 600.00	1 645 400.00	205 446 600.00
第2年	205 446 600.00	12 000 000.00	10 272 330.00	1 727 670.00	203 718 930.00
第3年	203 718 930.00	12 000 000.00	10 185 946.50	1 814 053.50	201 904 876.50
第4年	201 904 876.50	12 000 000.00	10 095 123.50	1 904 876.50	200 000 000.00

业务2：

借：银行存款　12 000 000

　　贷：应收利息　12 000 000

业务3：

借：应收利息　12 000 000

　　贷：投资收益　10 354 600

　　　　债权投资——利息调整　1 645 400

业务4：

借：银行存款　12 000 000

　　贷：应收利息　12 000 000

业务5：

借：应收利息　12 000 000

　　贷：投资收益　10 272 330

　　　　债权投资——利息调整　1 727 670

业务6：

借：银行存款　12 000 000

　　贷：应收利息　12 000 000

业务7：

借：应收利息　12 000 000

　　贷：投资收益　10 185 946.50

　　　　债权投资——利息调整　1 814 053.50

业务8：

借：银行存款　12 000 000

　　贷：应收利息　12 000 000

业务9：

借：应收利息　12 000 000

　　贷：投资收益　10 095 123.50

　　　　债权投资——利息调整　1 904 876.50

业务10：

借：银行存款　212 000 000

　　贷：应收利息　12 000 000

　　　　债权投资——成本　200 000 000

债权投资核算习题

9 项目九 长期股权投资的核算

学习目标

■ 理性投资、能理解风险和报酬同在；
■ 能充分理解长期股权投资的概念；
■ 能正确识别和区分长期股权投资成本法和权益法；
■ 能正确编制和审核长期股权投资业务会计凭证；
■ 能完成长期股权投资及相关科目总账、明细账的建立；
■ 能完成长期股权投资及相关科目账簿的登记；
■ 能充分了解长期股权投资账务处理结果提供的会计信息；
■ 具有远期规划思维。

关键术语

■ 长期股权投资
■ 成本法
■ 权益法

有关参考资料

■《企业会计准则第2号——长期股权投资》
■《初级会计实务》——初级会计资格考试用书

认知业务

吉峰农机公司2024年初有关长期股权投资账户的余额如下：

长期股权投资——成本——虹彩股份有限公司 30 500 000
——成本——威海股份有限公司 140 000
——成本——通佳公司 3 600 000
——损益调整——通佳公司 24 000（借方）

（1）吉峰农机公司持有虹彩股份有限公司股份5 000 000股，持股比例30%，对虹彩股份有限公司的生产经营具有重大影响。

（2）吉峰农机公司持有通佳公司普通股股份比例为30%，对通佳公司的生产经营具有重大影响。

（3）吉峰农机公司持有威海股份有限公司比例为60%，对威海股份有限公司能够实施控制。

2024年发生下列部分经济业务：

业务1：1月10日，购买长江股份有限公司发行的股票50 000股准备长期持有，从而拥有长江股份有限公司65%的股份，对长江股份有限公司实施控制。每股买入价6元，另外，购买该股票时发生有关税费5 000元，款项已由银行存款支付。

业务2：2月5日，2022年虹彩股份有限公司利润表年报显示实现净利润10 000 000元；资产负债表年报显示其他权益工具投资的公允价值增加了4 000 000元。吉峰农机公司按照持股比例确认投资收益和资本公积。

业务3：3月15日，虹彩股份有限公司宣告发放现金股利，每10股派发3元。

业务4：4月15日，吉峰农机公司收到虹彩股份有限公司分派的现金股利存入银行。

业务5：5月15日，以银行存款购买远征股份有限公司的股票100 000股作为长期投资，对远征股份有限公司实施控制，每股买入价10元，每股价格中包含有0.2元的已宣告分派的现金股利。另以银行存款支付相关税费7 000元。

业务6：6月20日，收到远征股份有限公司发放的现金股利存入银行。

业务7：7月10日，将其作为长期投资持有的威海股份有限公司15 000股股票，以每股10元的价格卖出，支付相关税费1 000元，取得价款149 000元，款项已由银行收妥。该长期股权投资账面价值为140 000元，假定没有计提减值准备。

业务8：8月2日，公司以支付现金资产方式取得丰田股份有限公司普通股200 000股，拥有丰田公司30%的有表决权资本，对丰田股份有限公司经营管理具有重大影响。每股买价4元，另支付相关税费8 000元。购入时丰田股份有限公司可辨认净资产公允价值为3 000 000元（账面价值与公允价值相等）。

业务9：10月20日，吉峰农机公司将所持虹彩股份有限公司的股票全部出售，每股卖价10元，款项已收存银行。

业务10：2024年11月，通佳公司因自然灾害导致资产巨额损失，出现财务危机，股票价格出现非暂时性的严重下跌。12月31日吉峰农机公司对持有通佳公司股份进行减值测试，确定所持有股份的可收回金额为2 000 000元。

知识

一、长期股权投资的概念

长期股权投资是指企业持有的对其子公司、合营企业及联营企业的权益性投资以及企业持有的对被投资单位不具有控制、共同控制或重大影响，并且在活跃市场中没有报价、公允价值不能可靠计量的权益性投资。

二、长期股权投资的三种类型

一是投资企业能够对被投资单位实施控制的权益性投资，即对子公司投资。

控制，是指有权决定一个企业的财务和经营政策，并能据以从该企业的经营活动中获取利益。

二是投资企业与其他合营方一同对被投资单位实施共同控制的权益性投资，即对合营企业投资。

共同控制，合营各方在对合营企业的重要财务和生产经营政策制定过程中，必须由合营各方均同意才能通过。

三是投资企业对被投资单位具有重大影响的权益性投资，即对联营企业投资。

重大影响，是指对一个企业的财务和经营政策有参与决策的权力，但并不能够控制或者与其他方一起共同控制这些政策的制定。实务中，重大影响通常体现为在被投资单位的董事会或类似权力机构中派有代表，通过在被投资单位生产经营决策制定过程中的发言权实施重大影响。

表9-1　长期股权投资不同类型

类型	一般判断标准	企业关系	后续计量方法
控制	持股比例在50%以上	母子公司关系	成本法
共同控制	以合同、章程为基础	合营企业关系	权益法
重大影响	持股比例在20%（含）至50%（含）	联营企业关系	权益法

思考：

（1）A公司持有B公司40%的有表决权资本，根据持股比例是否即能判断A公司和B公司是一种联营企业关系？

（2）×公司持有T公司2%的有表决权资本，T公司股票在活跃市场有报价且公允价值能够可靠确定，×公司对T公司的投资应划分为何种资产？

解析：

（1）仅凭持股比例无法正确判断A公司和B公司的企业关系是否属于联营企业关系。若合同中约定A公司因持股40%而对B公司的生产经营活动和财务政策有重大影响，应判断为联营企业关系；若合同中约定，A公司对B公司的生产经营活动和财务政策有决策权（控制权），则A公司与B公司是一种母子公司关系；若合同中约定，A公司对B公司的生产经营活动和财务政策有共同决策权（控制权），则双方的关系为合营企业关系。

（2）根据持有的目的、时间和风险管理要求，×公司对T公司的投资可划分为交易性金融资产或其他权益工具投资。若为交易目的而持有，且持有时间较短（一般不超过1年），应划分为交易性金融资产，否则应划分为其他权益工具投资。

三、长期股权投资的科目设置

为完成有关长期股权投资业务的核算工作，应设置“长期股权投资”科目，该科目属于资产类，核算企业持有的对其子公司、合营企业及联营企业的权益性投资以及企业持有的对被投资单位不具有控制、共同控制或重大影响，并且在活跃市场中没有报价、公允价值不能可靠计量的权益性投资。长期股权投资采用权益法核算的，应当分别设置“成本”“损益调整”“其他综合收益”“其他权益变动”明细账。“成本”明细账核算长期股权投资初始投资成本；“损益调整”明细账核算因被投资单位实现净损益而调整的长期股权投资账面价值；“其他综合收益”核算因被投资单位其他综合收益变动，投资企业按照持股比例计算应享有份额而调整长期股权投资账面价值；“其他权益变动”核算因被投资单位除实现净损益、其他综合收益外，所有者权益其他变动而调整的长期股权投资账面价值。

四、长期股权投资初始投资成本的确定

（一）企业合并以外的其他方式取得的长期股权投资

以支付现金取得的长期股权投资，应当按照实际支付的购买价款作为初始投资成本，包括购买过程中支付的手续费等必要支出，但所支付价款中包含的被投资单位已宣告但尚未发放的现金股利或利润应作为应收项目，不作为取得长期股权投资的成本。

除上述以支付现金资产方式取得长期股权投资外，企业还可以以发行权益性证券、投资者投入、债务重组、非货币性资产交换等方式取得长期股权投资，其初始投资成本的确定依据《长期股权投资》《债务重组》《非货币性资产交换》等准则的相关规定确定。

（二）企业合并方式取得的长期股权投资

1. 同一控制下企业合并形成的长期股权投资

同一控制下企业合并实质是集团内部资产的重新配置和账面调拨，仅涉及集团内部不同企业之间资产和所有者权益的变动，不具有商业实质，不应产生经营性损益和非经营性损益。

（1）合并方以支付现金、转让非现金资产或承担债务方式作为合并对价的，应当在合并日按照所取得的被合并方在最终控制方合并资产股债表中的净资产的账面价值的份额作为长期股权投资的初始投资成本。长期股权投资的初始投资成本与支付的现金、转让的非现金资产及所承担债务账面价值之间的差额，应当调整资本公积（资本溢价或股本溢价）；资本公积（资本溢价或股本溢价）的余额不足冲减的，依次冲减盈余公积和未分配利润。

（2）合并方以发行权益性工具作为合并对价的，应当在合并日按照被合并方所有者权益在最终控制方合并财务报表中的账面价值的份额作为长期股权投资的初始投资成本。按发行股份的面值总额作为股本，长期股权投资的初始投资成本与所发行股份面值总额之间的差额，应当调整资本公积（资本溢价或股本溢价）；资本公积（资本溢价或股本溢价）的余额不足冲减的，依次冲减盈余公积和未分配利润。

（3）合并方发生的审计、法律服务、评估咨询等中介费用以及其他相关管理费用，于发生时计入当期损益。与发行权益性工具作为合并对价直接相关的交易费用，应当冲减资本公积（资本溢价或股本溢价）；资本公积（资本溢价或股本溢价）的余额不足冲

减的，依次冲减盈余公积和未分配利润。

2. 非同一控制下企业合并形成的长期股权投资

非同一控制下的企业合并实质是不同市场主体间的产权交易，购买方如果以转让非现金资产方式作为对价的，实质是转让或处置了非现金资产，具有商业实质性质，产生经营性或非经营性损益。

（1）购买方以支付现金、转让非现金资产或承担债务方式作为合并对价的，应当在购买日按照现金、非现金货币性资产作为长期股权投资的初始投资成本。按付出的合并对价的账面价值，冲减相关资产、负债科目，长期股权投资的初始投资成本与支付的现金、转让的非现金资产及所承担债务账面价值之间的差额，应当按照相关资产处置损益。

（2）购买方以发行权益性工具作为合并对价的，应当在购买日按照发行权益性证券的公允价值作为长期股权投资的初始投资成本。按发行股份的面值总额作为股本，长期股权投资的初始投资成本与所发行股份面值总额之间的差额，计入资本公积（资本溢价或股本溢价）。

（3）购买方发生的审计、法律服务、评估咨询等中介费用以及其他相关管理费用，于发生时计入当期损益。与发行权益性工具作为合并对价直接相关的交易费用，应当计入权益性工具的初始确认金额。

表9－2　　长期股权投资初始投资成本的确定

形成方式		长期股权投资的初始投资成本
企业合并以外方式	支付现金资产方式	买价＋相关税费
	发行权益性证券方式	所发行权益性证券的公允价值
	投资者投入长期股权投资	合同或协议约定的价值
企业合并方式	同一控制下的企业合并	合并日取得被合并方所有者权益账面价值份额
	非同一控制下的企业合并	合并成本包括支付的资产、发生或承担的负债、发行的权益性证券的公允价值＋直接费用

企业合并是将两个或两个以上单独的企业合并形成一个报告主体的交易或事项。包括控股合并、吸收合并和新设合并。

提示

五、成本法下长期股权投资的核算

（一）成本法的概述

1. 成本法的含义

成本法是指长期股权投资的账面价值除初始投资或追加投资外一般不会因被投资单位所有者权益的变动而发生变动。

2. 成本法的适用范围

长期股权投资准则规定，应当采用成本法核算的长期股权投资包括两类：一是企业持有的对子公司投资；二是对被投资单位不具有控制、共同控制或重大影响，且在活跃市场中没有报价、公允价值不能可靠计量的长期股权投资。

（二）取得长期股权投资

长期股权投资取得时，应按照初始投资成本计价。除企业合并形成的长期股权投资以外，以支付现金、非现金资产等其他方式取得的长期股权投资，应按照上述规定确定的长期股权投资初始投资成本，借记“长期股权投资”科目，贷记“银行存款”等科目。如果实际支付的价款中包含有已宣告但尚未发放的现金股利或利润，借记“应收股利”科目，贷记“长期股权投资”科目。

（三）被投资单位宣告发放现金股利或利润

长期股权投资持有期间被投资单位宣告分派利润或现金股利时，投资方按应享有的份额确认为当期投资收益。借记“应收股利”科目，贷记“投资收益”科目。

（四）长期股权投资的处置

处置长期股权投资时，按实际取得的价款与长期股权投资账面价值的差额确认为投资损益，并应同时结转已计提的长期股权投资减值准备。其会计处理是：企业处置长期股权投资时，应按实际收到的金额，借记“银行存款”等科目，按原已计提减值准备，借记“长期股权投资减值准备”科目，按该项长期股权投资的账面余额，贷记“长期股权投资”科目，按尚未领取的现金股利或利润，贷记“应收股利”科目，按其差额，贷记或借记“投资收益”科目。

六、权益法下长期股权投资的核算

长期股权投资——权益法的核算

（一）权益法的含义

权益法是指除初始投资或追加投资增加长期股权投资的账面价值外，长期股权投资的账面价值随被投资单位所有者权益的变动而变动。

（二）权益法的适用范围

长期股权投资准则规定，应当采用权益法核算的长期股权投资包括两类：一是对合营企业投资；二是对联营企业投资。

（三）权益法的核算

长期股权投资采用权益法核算的，应当分别“投资成本”“损益调整”“其他权益变动”“其他综合收益”等明细科目进行明细核算。

1. 投资时应享有被投资单位可辨认净资产公允价值份额的会计处理

（1）长期股权投资的初始投资成本大于投资时应享有被投资单位可辨认净资产公

允价值份额的，不调整已确认的初始投资成本。

（2）长期股权投资的初始投资成本小于投资时应享有被投资单位可辨认净资产公允价值份额的，该部分差额，借记“长期股权投资——成本”科目，贷记“营业外收入”科目。

2. 被投资单位宣告发放现金股利或利润

被投资单位分得的现金股利或利润未超过已经确认的损益调整，应抵减“长期股权投资——损益调整”明细。

借：应收股利

　　贷：长期股权投资——损益调整

3. 超额亏损的确认

投资企业确认被投资单位发生的净亏损，应当以长期股权投资的账面价值以及其他实质上构成对被投资单位净投资的长期权益减记至零为限，投资企业负有承担额外损失义务的除外。在确认应分担被投资单位发生的亏损时，应当按照以下顺序进行处理：

借：投资收益

　　贷：长期股权投资——损益调整

　　　　长期应收款

　　　　预计负债

除上述情况，仍未确认的应分担的被投资单位的损失，应在账外备查登记。被投资单位以后期间实现盈利的，扣除未确认的亏损分担额后，应按与上述顺序相反的顺序处理，减记已确认预计负债的账面余额、恢复长期应收款和长期股权投资的账面价值，同时确认投资收益。

4. 应享有的被投资单位除净损益、利润分配之外的其他净资产变动

例如被投资单位其他综合收益发生变动、其他所有者权益变动，投资企业应编制的会计分录：

借：长期股权投资——其他综合收益

　　　　　　　　——其他权益变动

　　贷：其他综合收益

　　　　资本公积——其他资本公积

　　或做相反处理。

5. 投资企业因处置等原因对有关股权投资终止采用权益法核算时，应当将与剩余股权投资相关的这部分权益转入当期损益

投资企业应编制的会计分录（或做相反处理）：

借：其他综合收益

　　资本公积——其他资本公积

　　贷：投资收益

表 9－3　　【归纳】长期股权投资后续计量的会计核算

业务	成本法	权益法
对初始投资成本的调整	×（不编制会计分录）	借：长期股权投资——成本 贷：营业外收入
被投资企业实现净利润	×	借：长期股权投资——损益调整 贷：投资收益
被投资企业发生超额亏损	×	借：投资收益 贷：长期股权投资——损益调整长期应收款 预计负债
被投资企业宣告分配的现金股利	借：应收股利 贷：投资收益	借：应收股利 贷：长期股权投资——损益调整
被投资单位因其他综合收益变动	×	借：长期股权投资——其他综合收益 贷：其他综合收益 或做相反分录。
被投资单位因其他所有者权益变动	×	借：长期股权投资——其他权益变动 贷：资本公积 或做相反分录。
被投资企业宣告分配的股票股利	×	×
被投资企业提取盈余公积	×	×
被投资单位以股本溢价转增股本	×	×
被投资单位以税后利润补亏	×	×
被投资单位以盈余公积金弥补亏损	×	×

6. 长期股权投资的处置

处置长期股权投资时，按实际取得的价款与长期股权投资账面价值的差额确认为投资损益，并应同时结转已计提的长期股权投资减值准备。其会计处理是：企业处置长期股权投资时，应按实际收到的金额，借记“银行存款”等科目，按原已计提减值准备，借记“长期股权投资减值准备”科目，按该长期股权投资的账面余额，贷记“长期股权投资”科目，按尚未领取的现金股利或利润，贷记“应收股利”科目，按其差额，贷记或借记“投资收益”科目。同时，还应结转原记入资本公积的相关金额，借记或贷记“资本公积——其他资本公积”科目，贷记或借记“投资收益”科目。

七、长期股权投资减值的核算

（一）长期股权投资减值金额的确定

长期股权投资在按照规定进行核算确定其账面价值的基础上，如果存在减值迹象的，应当按照相关准则进行减值测试并计提减值准备。

（1）企业对子公司、合营企业及联营企业的长期股权投资在资产负债表日的可收回金额低于其账面价值的，应将该股权投资的账面价值减记至可收回金额。

（2）企业对被投资单位不具有控制、共同控制或重大影响、在活跃市场中没有报价、公允价值不能可靠计量的长期股权投资，应当将该股权投资在资产负债表日的账面价值与按照类似金融资产当时市场收益率对未来现金流量折现确定的现值之间的差额，确认为减值损失，计提减值准备金。长期股权投资在提取减值准备之后，不允许转回。

（二）长期股权投资减值的会计处理

企业计提长期股权投资减值准备，应当设置“长期股权投资减值准备”科目核算。企业按应减记的金额，借记“资产减值损失——计提的长期股权投资减值准备”科目，贷记“长期股权投资减值准备”科目。

长期股权投资减值损失一经确认，在以后会计期间不得转回。

做中学

业务1：单据包括增值税普通发票、股权转让协议、股东持股证明书、银行电子回单。

初始投资成本 =50 000×6+5 000=305 000（元）

借：长期股权投资——长江股份有限公司　　305 000

　　贷：银行存款　　305 000

业务2：单据包括所有者权益变动说明、总经理办公室决议。

确认虹彩股份有限公司实现的投资收益时：

借：长期股权投资——损益调整（虹彩公司）　　3 000 000

　　贷：投资收益　　3 000 000

确认其他权益工具投资变动时：

借：长期股权投资——其他综合收益　　1 200 000

　　贷：其他综合收益　　120 000

业务3：单据包括股利发放公告。

借：应收股利　　1 500 000

　　贷：长期股权投资——损益调整（虹彩公司）　　1 500 000

业务4：单据包括银行电子回单。

借：银行存款　　1 500 000

　　贷：应收股利　　1 500 000

业务5：单据包括增值税普通发票、股权转让协议、股东持股证明书、银行电子回单。

初始投资成本 =100 000×(10−0.2)+7 000=987 000（元）

2023年5月15日，购买股票时：

借：长期股权投资——远征股份有限公司　　987 000

　　应收股利　　20 000

　　贷：银行存款　　100 000

业务6：单据包括银行电子回单。

借：银行存款　　20 000

　　贷：应收股利　　20 000

业务7：单据包括董事会决议、银行电子回单。

借：银行存款　　149 000

　　贷：长期股权投资——威海股份有限公司　　140 000

　　　　投资收益　　9 000

业务8：单据包括增值税普通发票、股权转让协议、股东持股证明书、银行电子回单。

初始投资成本 = 200 000 × 4 + 8 000 = 808 000（元）

应享有的被投资单位可辨认净资产公允价值份额 = 3 000 000 × 30% = 900 000（元）

借：长期股权投资——成本（丰田公司）　　900 000

　　贷：银行存款　　808 000

　　　　营业外收入　　92 000

业务9：单据包括董事会决议、银行电子回单。

借：银行存款　　50 000 000

　　贷：长期股权投资——成本　　30 500 000

　　　　　　　　　　——损益调整　　1 500 000

　　　　　　　　　　——其他综合收益　　1 200 000

　　　　投资收益　　16 800 000

同时：

借：其他综合收益　　1 200 000

　　贷：投资收益　　1 200 000

业务10：单据包括总经理办公室决议、长期股权投资减值准备计算表。

借：资产减值损失　　1 624 000

　　贷：长期股权投资减值准备　　1 624 000

学后做

武陵股份有限公司（以下简称“武陵公司”）于2022年9月10日设立，注册资本为40 000万元，主要经营水泵和离心机的生产与销售。2023年至2024年发生下列与长期股权投资相关的经济业务：

业务1：2023年1月4日，武陵公司与东方机械股份有限公司共同投资设立大华有限责任公司（以下简称“大华公司”），投资合同约定武陵公司出资现金资产12 000 000元，持有大华公司有表决权股份1 200万股（普通股，每股面值1元），占其总股份的60%，公司已按合同约定划转款项，并办妥投资有关手续。

业务2：2023年1月5日，武陵公司通过公开市场购入通佳公司股票9 000万股，支付买价每股3.2元，另支付印花税、佣金等交易费用576 000元，所持股份占通佳公司有表决权资本的30%，全部款项已通过武陵公司在成华证券公司账户支付。投资后，武陵公司对通佳公司财务与经营政策能够产生重大影响。2023年1月5日，通佳公司可辨认净资产公允价值为1 200 000 000元，其账面价值与可辨认净资产公允价值相等。

业务3：2023年4月20日，武陵公司所持有的阳光有限责任公司（以下简称“阳光公司”）宣告分配现金股利26 000 000元，实际发放日为2023年5月18日。阳光公司股份系武陵公司2022年取得，持股比例为70%，投资成本为18 000 000元，其公允价值无法可靠计量，武陵公司采用成本法核算该项投资。

业务4：2023年12月31日，通佳公司提供的有关资料显示2023年其实现净利润为20 000 000元。

业务5：2024年4月28日，通佳公司宣告发放现金股利12 000 000元，股利发放日为2022年5月10日。

业务6：通佳公司因自然灾害导致资产巨额损失，出现财务危机，股票价格出现非暂时性的严重下跌。2024年12月31日，武陵公司对持有通佳公司股份进行减值测试，可收回金额为200 000 000元，对其计提长期股权投资减值准备。

业务7：2024年2月3日，武陵公司通过公开交易市场出售所持通佳公司股份4 500万股，每股售价2.0元，支付交易费用50 000元。出售部分股票后，武陵公司对通佳公司仍能够实施重大影响。

要求：（1）查找资料，了解上述业务完成的过程以及涉及的部门；
（2）确认上述业务发生或完成时应取得的单据；
（3）根据上述业务，填制记账凭证，并登记长期股权投资有关总账及其所属明细并结账。

【学后做参考答案】

涉及原始单据：增值税普通发票、股权转让协议、股东持股证明书、银行电子回单、股利发放公告、所有者权益变动说明、总经理办公室决议、长期股权投资减值准备计算表、董事会决议、银行电子回单。

业务1：

借：长期股权投资——大华公司　　12 000 000
　　贷：银行存款　　12 000 000

业务2：

借：长期股权投资——成本（通佳公司）　　288 576 000
　　贷：其他货币资金——存出投资款　　288 576 000
借：长期股权投资——成本（通佳公司）　　71 424 000
　　贷：营业外收入　　71 424 000

业务3：

2023 年 4 月 20 日

借：应收股利——武陵公司　　2 600 000

　　贷：投资收益——武陵公司　　2 600 000

2023 年 5 月 18 日

借：银行存款　　18 200 000

　　贷：应收股利——武陵公司　　18 200 000

业务4：

借：长期股权投资——损益调整（通佳公司）　　6 000 000

　　贷：投资收益——通佳公司　　6 000 000

业务5：

2024 年 4 月 28 日

借：应收股利——通佳公司　　3 600 000

　　贷：长期股权投资——损益调整（通佳公司）　　3 600 000

2024 年 5 月 10 日

借：银行存款　　3 600 000

　　贷：应收股利——通佳公司　　3 600 000

业务6：

借：资产减值损失　　162 400 000

　　贷：长期股权投资减值准备——通佳公司　　162 400 000

业务7：

借：银行存款　　89 950 000

　　长期股权投资减值准备——通佳公司　　81 200 000

　　投资收益——通佳公司　　10 050 000

　　贷：长期股权投资——成本（通佳公司）　　180 000 000

　　　　　　　　　　——损益调整（通佳公司）　　1 200 000

长期股权投资核算习题

10 项目十 职工薪酬的核算

学习目标

■ 树立依法办事观念，培养民族自豪感、国家自豪感；
■ 能正确判断职工薪酬核算的职工范围；
■ 能充分了解职工薪酬核算的内容；
■ 能正确编制和审核职工薪酬业务会计凭证；
■ 能完成应付职工薪酬总账、明细账的建立；
■ 能完成应付职工薪酬账簿的登记；
■ 能了解职工薪酬的处理程序及核算结果提供的管理信息；
■ 养成严谨的工作作风，正确计算各项薪酬金额。

关键术语

■ 职工
■ 职工薪酬
■ 职工薪酬主要包括的内容

有关参考资料

■《企业会计准则第9号——职工薪酬》
■《初级会计实务》——初级会计资格考试用书

认知业务

第一组：东方纺织公司2024年1月职工薪酬业务如下：

业务1：4日，与工商银行太平路支行完成工资发放的凭证传递，发放工资200万元，代扣个人应交所得税18.7万元。

业务2：4日，根据国家的有关规定，东方纺织公司开出转账支票向社会保障部门交纳本月职工基本养老保险 75.6 万元（其中个人交纳部分 21.6 万元，单位交纳部分 54 万元），基本医疗保险 29.7 万元（其中个交纳人部分 5.4 万元，单位交纳部分 24.3 万元），失业保险 8.1 万元（其中个人交纳部分 2.7 万元，单位交纳部分 5.4 万元）；向住房公积金管理部门交纳住房公积金 43.2 万元（其中个人交纳部分 21.6 万元，单位交纳部分 21.6 万元）。

业务 3：31 日，根据考勤表计算本月应付职工工资总额为 270 万元，工资费用分配表中列示：生产工人工资 150 万元，车间管理人员工资 8 万元，行政管理部门人员工资 90 万元，辅助生产车间人员工资 5 万元，销售人员工资 17 万元。

业务 4：31 日，根据本月应付职工工资总额计提基本养老保险、基本医疗保险、失业保险和住房公积金，计提工会经费和职工教育经费。计提比例为基本养老保险 20%、基本医疗保险 9%、失业保险 2%、住房公积金 8%；计提工会经费 2% 和职工教育经费 2.5%。

第二组：东方纺织公司为增值税一般纳税人，适用 13% 的增值税税率。职工总数 400 人，其中生产车间工人 200 人，车间管理人员 50 人，销售人员 50 人，行政管理人员 100 人。2024 年职工薪酬业务如下：

业务 1：车间工人陈剑因工伤到外地就医，报销火车票路费 1 500 元，以现金支付。

业务 2：工会为组织职工联欢会购买饮料、水果等物品报销费用 9 000 元，退回多余的借款 1 000 元。

业务 3：按照培训计划已完成本阶段职工培训，开出转账支票支付培训费 2 万元。

业务 4：分配当期支付陈剑的职工福利 1 500 元。

业务 5：管理层决定以自产的热水器作为福利，每位职工发放一台。该热水器每台成本 800 元，市场售价每台 1 200 元。公司自开增值税专用发票，发票中注明售出热水器 400 台，每台售价 1 200 元，价款总计 480 000 元，增值税 62 400 元。

业务 6：购进成套厨房用品作为福利每位员工发放一套，取得的增值税发票上注明：数量 400 套，售价 160 元，增值税额 8 320 元。货款已经支付，商品已经发放。

业务 7：租入公寓房无偿提供 4 位生产车间员工住宿，本月应支付房屋租金 2 000 元。

业务 8：公司为 4 位部门经理每人配备轿车一辆，本月每辆轿车应计提折旧 700 元。

业务 9：分配当期发生的非货币性职工福利费。

▣ 知识

一、职工范围及职工薪酬组成

职工薪酬的概念和内容

职工薪酬，是指企业为获得职工提供的服务或解除劳动关系而给予的各种形式的报酬或补偿。企业提供给职工配偶、子女、受赡养人、已故员工遗属及其他受益人等的福利，也属于职工薪酬。

职工，是指与企业订立劳动合同的所有人员，含全职、兼职和临时职工，也包括虽未与企业订立劳动合同但由企业正式任命的人员。如董事会成员、监事会成员等。

未与企业订立劳动合同或未由其正式任命，但向企业所提供服务与职工所提供服务类似的人员，也属于职工的范畴，包括通过企业与劳务中介公司签订用工合同而向企业提供服务的人员。

二、职工薪酬的内容

职工薪酬包括短期薪酬、离职后福利、辞退福利和其他长期职工福利。

1. 短期薪酬

是指企业在职工提供相关服务的年度报告期间结束后12个月内需要全部予以支付的职工薪酬，因解除与职工的劳动关系给予的补偿除外。短期薪酬具体包括：职工工资、奖金、津贴和补贴，职工福利费，医疗保险费、工伤保险费和生育保险费等社会保险费，住房公积金，工会经费和职工教育经费，短期带薪缺勤，短期利润分享计划，非货币性福利以及其他短期薪酬。

职工福利费用主要用于职工的医疗费，医护人员的工资，医务经费，职工因公负伤赴外地就医路费，职工生活困难补助，职工浴室、理发室、幼儿园、托儿所人员的工资，以及按照国家规定开支的其他福利支出。

2. 带薪缺勤

是指企业支付工资或提供补偿的职工缺勤，包括年休假、病假、短期伤残、婚假、产假、丧假、探亲假等。

3. 利润分享计划

是指因职工提供服务而与职工达成的基于利润或其他经营成果提供薪酬的协议。

4. 离职后福利

是指企业为获得职工提供的服务而在职工退休或与企业解除劳动关系后，提供的各种形式的报酬和福利，短期薪酬和辞退福利除外。

5. 辞退福利

是指企业在职工劳动合同到期之前解除与职工的劳动关系，或者为鼓励职工自愿接受裁减而给予职工的补偿。

6. 其他长期职工福利

是指除短期薪酬、离职后福利、辞退福利之外所有的职工薪酬，包括长期带薪缺勤、长期残疾福利、长期利润分享计划等。

三、职工薪酬的确认和计量

企业应当在职工为其提供服务的会计期间，将应付的职工薪酬确认为负债。除辞退福利外，职工薪酬应当根据职工提供服务的受益对象，分别下列情况处理：

（1）应由生产产品、提供劳务负担的职工薪酬，计入产品成本或劳务成本。生产产品、提供劳务中的直接生产人员和直接提供劳务人员发生的职工薪酬，计入存货成本，但非正常消耗的直接生产人员和直接提供劳务人员的职工薪酬，应当在发生时确认为当期损益。

（2）应由在建工程、无形资产负担的职工薪酬，计入建造固定资产或无形资产成本。自行建造固定资产和自行研究开发无形资产过程中发生的职工薪酬，能否计入固定资产或无形资产成本，取决于相关资产的成本确定原则。比如企业在研究阶段发生的职工薪酬不能计入自行开发无形资产的成本，在开发阶段发生的职工薪酬，符合无形资产资本化条件的，应当计入自行开发无形资产的成本。

(3) 上述两项之外的其他职工薪酬，计入当期损益。除直接生产人员、直接提供劳务人员、建造固定资产人员、开发无形资产人员以外的职工，包括公司总部管理人员、董事会成员、监事会成员等人员相关的职工薪酬，因难以确定直接对应的受益对象，均应当在发生时计入当期损益。

(4) 辞退福利计入当期损益。

(5) 职工福利费为非货币性福利的，应当按照公允价值计量。非货币性职工薪酬，包括企业以自己的产品或外购商品作为福利发放给职工；企业提供自有资产供职工无偿使用或租赁资产供职工无偿使用。比如给企业高级管理人员提供的免费使用的住房、车等，免费为职工提供的医疗保健服务或向职工提供企业支付了一定补贴的商品或服务等，如以低于成本的价格向职工出售住房就属于补贴形式的非货币性职工薪酬。

企业向职工提供的非货币性职工薪酬，应当分别情况处理：

1. 以自产产品或外购商品发放给职工作为福利

企业以其生产的产品作为非货币性福利提供给职工的，应当按照该产品的公允价值和相关税费，计量应计入成本费用的职工薪酬金额，并确认为主营业务收入，其销售成本的结转和相关税费的处理，与正常商品销售相同。以外购商品作为非货币性福利提供给职工的，应当按照该商品的公允价值和相关税费，计量应计入成本费用的职工薪酬金额。

2. 将拥有的房屋等资产无偿提供给职工使用、或租赁住房等资产供职工无偿使用

企业将拥有的房屋等资产无偿提供给职工使用的，应当根据受益对象，将住房每期应计提的折旧计入相关资产成本或费用，同时确认应付职工薪酬。租赁住房等资产供职工无偿使用的，应当根据受益对象，将每期应付的租金计入相关资产成本或费用，并确认应付职工薪酬。难以认定受益对象的，直接计入当期损益，并确认应付职工薪酬。

对于职工薪酬，在确定应付职工薪酬和应当计入成本费用的职工薪酬金额时，企业应当区分两种情况：

1. 具有明确计提标准的短期薪酬

对于国务院有关部门、省、自治区、直辖市人民政府或经批准的企业年金计划规定了计提基础和计提比例的职工薪酬项目，企业应当按照规定的计提标准，计量企业承担的职工薪酬义务和计入成本费用的职工薪酬。其中：

(1) “五险一金”。对于医疗保险费、养老保险费、失业保险费、工伤保险费、生育保险费和住房公积金，企业应当按照国务院、所在地政府或企业年金计划规定的标准计量应付职工薪酬金额和应计入成本费用的薪酬金额。养老保险包括：①根据国家规定的标准向社会保险经办机构缴纳的基本养老保险费；②根据企业年金计划向企业年金基金相关管理人缴纳的补充养老保险费；③以购买商业保险形式提供给职工的各种保险待遇。

(2) 工会经费和职工教育经费，企业应当按照国家规定，分别按照职工应付工资总额的2%和2.5%计量应付职工薪酬金额和应计入成本费用的薪酬金额。

2. 没有明确计提标准的职工薪酬

对于国家（包括省、市、自治区政府）相关法律法规没有明确规定计提基础和计

提比例的职工薪酬，企业应当根据历史经验数据和自身实际情况，计算确定应付职工薪酬金额和应计入成本费用的薪酬金额。

对职工薪酬业务的核算，需设置“应付职工薪酬”一级科目。该科目属于负债类科目，贷方记录按照企业会计准则应支付的各项职工薪酬金额，借方记录实际发生的职工薪酬金额。明细科目可分别按工资、职工福利、社会保险费、住房公积金、工会经费、职工教育经费、非货币性福利等薪酬内容设置。

做中学

第一组

业务1：单据包括工资计算单、中国工商银行工资发放回单、转账支票存根、个人所得税计算单。

借：应付职工薪酬——工资　　2 187 000
　贷：银行存款　　2 000 000
　　应交税费——应交所得税　　187 000

业务2：单据包括中国工商银行网上银行电子回执、社会保障管理处收费收据、住房公积金管理处收费收据，五险一金计算表。

借：应付职工薪酬——住房公积金　　216 000
　　——社会保险费　　837 000
　　——工资　　513 000
　贷：银行存款　　1 566 000

业务3：单据包括工资计算单、工资费用分配表。

借：生产成本——基本生产成本　　1 500 000
　　——辅助生产成本　　50 000
　制造费用　　80 000
　管理费用　　900 000
　销售费用　　170 000
　贷：应付职工薪酬——工资　　2 700 000

业务4：单据包括五险一金、职工教育经费、工会经费计提表。

借：生产成本——基本生产成本　　652 500
　　——辅助生产成本　　21 750
　制造费用　　34 800
　管理费用　　391 500
　销售费用　　73 950
　贷：应付职工薪酬——社会保险费　　837 000
　　——住房公积金　　216 000
　　——工会经费　　54 000
　　——职工教育经费　　67 500

第二组

业务1：单据包括外地就医批复、火车票。

借：应付职工薪酬——职工福利　　1 500

　　贷：库存现金　　1 500

业务2：单据包括增值税发票、收据。

借：应付职工薪酬——工会经费　　9 000

　　库存现金　　1 000

　　贷：其他应收款　　10 000

业务3：单据包括增值税发票、支票存根。

借：应付职工薪酬——职工教育经费　　20 000

　　贷：银行存款　　20 000

业务4：单据包括职工福利费用分配表。

借：生产成本——基本生产成本　　1 500

　　贷：应付职工薪酬——职工福利　　1 500

业务5：单据包括福利发放决定、增值税发票、产品出库单、签字领取单。

（1）发放热水器：

借：应付职工薪酬——非货币职工福利　　542 400

　　贷：主营业务收入　　480 000

　　　　应交税费——应交增值税（销项税额）　　62 400

（2）结转销售成本：

借：主营业务成本　　320 000

　　贷：库存商品　　320 000

业务6：单据包括福利发放决定、增值税发票、签字领取单。

借：应付职工薪酬——非货币职工福利　　72 320

　　贷：银行存款　　72 320

业务7：单据包括为员工租房决定、房租计算单。

借：应付职工薪酬——非货币职工福利　　2 000

　　贷：其他应付款——房租　　2 000

业务8：单据包括为管理人员配车决定、累计折旧计提表。

借：应付职工薪酬——非货币职工福利　　2 800

　　贷：累计折旧　　2 800

业务9：单据包括非货币性职工福利分配表。

借：生产成本——基本生产成本　　309 360

　　制造费用　　76 840

　　管理费用　　156 480

　　销售费用　　76 840

　　贷：应付职工薪酬——非货币职工福利　　619 520

学后做

第一组

大路公司主要生产并销售1#产品，设有一、二两个基本生产车间，2024年5月末，应付职工薪酬总账余额1 342 500元，其中明细账余额分别为：工资750 000元，工会经费120 000元，职工教育经费150 000元，基本养老保险150 000元，基本医疗保险67 500元，失业保险15 000元，住房公积金90 000元。

6月大路公司有关职工薪酬的业务如下：

业务1： 4日，根据工资结算单实付工资总额583 500元，开出转账支票交银行工资科发放工资。

业务2： 6日，根据开出转账支票向社会保障局支付各种保险309 000元，其中基本养老保险210 000元（单位150 000元，个人60 000元），基本医疗保险82 500元（单位67 500元，个人15 000元），失业保险16 500元（单位15 000元，个人1 500元）；向住房公积金管理处支付住房公积金180 000元（单位90 000元，个人90 000元）。

业务3： 10日，因一车间生产工人李齐家庭生活困难，以现金支付生活困难补助2 000元。

业务4： 15日，以转账支票结算委托鹏达培训机构培训技术工人的技术培训费30 000元。

业务5： 31日，根据出勤等各种考核表编制工资计算单和工资费用分配表，本月应付职工工资750 000元，其中一车间生产工人220 000元，车间管理人员30 000元；二车间生产工人180 000元，车间管理人员30 000元；销售人员90 000元，行政管理人员200 000元。

业务6： 31日，根据应付工资总额按12%计提住房公积金，20%计提基本养老保险，9%计提基本医疗保险，1%计提失业保险，2%计提工会经费，2.5%计提职工教育经费，编制各项费用计提和费用分配表，分配计提的各项费用。

业务7： 31日，根据本月发生的货币性职工福利费用额及享有人员所在部门编制费用分配表，分配实际发生的职工福利费。

要求：（1）查找资料，了解上述业务完成的过程以及涉及的部门；

（2）确认上述业务发生或完成时应取得的单据；

（3）编制上述业务的会计分录。

第二组

长鸿有限公司共有职工200名，其中生产工人158人，车间管理人员2名，行政管理人员20名，销售人员20名，2024年6月发生如下经济业务：

业务1：1 日，以转账支票支付为总经理租住的房子一年的租金价税合计 1 500 元，取得房屋租赁公司的增值税发票。

业务2：10 日，公司管理层决定给每位员工发放一台本公司生产的电暖器作为福利。12 日，将电暖器从库房领出发放到每位员工手中，该电暖器每台成本 200 元，销售价格 280 元，开出增值税发票，发票中注明售价 56 000 元，增值税 7 280 元。

业务3：31 日，编制的折旧费用计提表中，为公司经理配车计提折旧 1 000 元。

业务4：31 日，根据本月实际发生的非货并福利费用额，按照享有人员的服务部门编制非货币性福利费用分配表，分配实际发生的非货币性福利费。

要求：（1）查找资料，了解上述业务完成的过程以及涉及的部门；

（2）确认上述业务发生或完成时应取得的单据；

（3）编制上述业务的会计分录。

【学后做参考答案】

第一组：本组业务涉及的原始凭证：支票存根，银行发放工资回单，个税计算表，行政单位收费收据，困难补助情况说明，费用报销单，工资结算单，费用分配表。

业务1：借：应付职工薪酬——工资　583 500

　　贷：银行存款　583 500

业务2：借：应付职工薪酬——社会保险　232 500

　　——住房公积金　90 000

　　——工资　166 500

　　贷：银行存款　489 000

业务3：借：应付职工薪酬——职工福利　2 000

　　贷：库存现金　2 000

业务4：借：应付职工薪酬——职工教育经费　30 000

　　贷：银行存款　30 000

业务5：借：生产成本——基本生产成本（一车间）　220 000

　　——基本生产成本（二车间）　180 000

　　制造费用——一车间　30 000

　　——二车间　30 000

　　销售费用　90 000

　　管理费用　200 000

　　贷：应付职工薪酬——工资　750 000

业务6：借：生产成本——基本生产成本（一车间）　102 300
　　　　　　　　　　——基本生产成本（二车间）　83 700
　　　　　制造费用——一车间　13 950
　　　　　　　　　——二车间　13 950
　　　　　销售费用　41 850
　　　　　管理费用　93 000
　　　　　贷：应付职工薪酬——社会保险　232 500
　　　　　　　　　　　　——住房公积金　90 000
　　　　　　　　　　　　——工会经费　15 000
　　　　　　　　　　　　——职工教育经费　18 750

业务7：借：生产成本——基本生产成本（一车间）　2 000
　　　　　贷：应付职工薪酬——职工福利　2 000

第二组：本组业务涉及的原始凭证：发放福利决定，增值税发票，出库单，领取单，折旧计提表，费用分配表。

业务1：借：应付职工薪酬——非货币职工福利　1 500
　　　　　贷：银行存款　1 500

业务2：（1）借：应付职工薪酬——非货币职工福利　63 280
　　　　　　　　贷：主营业务收入——电暖器　56 000
　　　　　　　　　　应交税费——应交增值税（销项税额）　7 280
　　　　（2）借：主营业务成本——电暖器　40 000
　　　　　　　　贷：库存商品——电暖器　40 000

业务3：借：应付职工薪酬——非货币职工福利　1 000
　　　　　贷：累计折旧　1 000

业务4：借：生产成本——基本生产成本　49 991.2
　　　　　制造费用　632.8
　　　　　销售费用　6 328
　　　　　管理费用　8 828
　　　　　贷：应付职工薪酬——非货币职工福利　65 708

职工薪酬核算习题

11 项目十一 税费的核算

学习目标

■树立依法办事观念，培养理财至诚、坚守准则的习惯；
■了解各种涉税的票证取得的途径，会正确填制及审核各种涉税票证；
■能根据经审核的各种涉税票证准确的编制记账凭证；
■能根据企业涉及所得税的资料进行正确的纳税调整；
■能准确的核算所得税费用和应交的所得税；
■了解办税的相关事宜及期间费用预算编制和日常控制等工作；
■养成严谨的工作作风，正确计算各项税费金额。

关键术语

■税费
■应交税费
■期间费用

有关参考资料

■《企业会计准则第18号——所得税》
■《初级会计实务》——初级会计资格考试用书
■《会计实务》——中级会计资格考试用书
■《中华人民共和国增值税法》
■《中华人民共和国消费税暂行条例实施细则》
■《中华人民共和国企业所得税法》

任务1
流转税及小税种的核算

认知业务

四川天欣有限责任公司2024年12月发生的流转税及小税种业务如下：

业务1：2024年12月5日，缴纳印花税126.05元。

业务2：2024年12月5日，缴纳上月增值税5 626.01元、消费税3 000元，城市维护建设税196.91元、教育费附加84.39元，地方教育费附加56.26元。

业务3：2024年12月11日，向大成林业股份有限公司采购A材料，收到增值税专用发票，注明数量10千克，单价10 000元，税率13%，材料已验收入库，款项已支付。

业务4：2024年12月17日，向久久家具有限公司销售乙产品（消费品）11 000件，单价60元，增值税税率13%，单位成本40元，产品已发出，开出增值税专用发票一张，款项尚未收到。

业务5：2024年12月18日，委托大成加工制造有限公司加工甲产品，当天发出A材料1 000千克，单位成本100元。

业务6：2024年12月19日，支付大成加工制造有限公司加工费和相关税费，收到对方开来的增值税专用发票，注明价款为20 000元，税率13%，增值税2 600元。

业务7：2024年12月31日，盘点材料时发现C材料盘亏，数量1千克，成本为1 000元，原因为被盗，尚未报告上级批准处理。

业务8：2024年12月31日，计算本月房产税为8 400元。

业务9：2024年12月31日，根据上述业务计算本月增值税、消费税、城建税和教育费附加。

知识

一、应交增值税的核算

增值税是以商品（含应税劳务）在流转过程中产生的增值额作为计税依据而征收的一种流转税。从计税原理上说，增值税是对商品生产、流通、劳务服务中多个环节的新增价值或商品的附加值征收的一种流转税。实行价外税，也就是由消费者负担，有增值才征税没增值不征税。

增值税是对销售货物或者提供加工、修理修配劳务以及进口货物的单位和个人就其实现的增值额征收的一个税种。增值税已经成为我国最大的税种。十四届全国人大常委会第十三次会议表决通过了《中华人民共和国增值税法》，自2026年1月1日起施行。

第十条　增值税税率

（一）纳税人销售货物、加工修理修配服务、有形动产租赁服务，进口货物，除本条第（二）项、第（四）项、第（五）项规定外，税率为13%

（二）纳税人销售交通运输、邮政、基础电信、建筑、不动产租赁服务，销售不动产，转让土地使用权，销售或者进口下列货物，除本条第（四）项、第（五）项规定外，税率为9%

1. 农产品、食用植物油、食用盐

2. 自来水、暖气、冷气、热水、煤气、石油液化气、天然气、二甲醚、沼气、居民用煤炭制品

3. 图书、报纸、杂志、音像制品、电子出版物

4. 饲料、化肥、农药、农机、农膜

（三）纳税人销售服务、无形资产，除本条第（一）项、第（二）项、第（五）项规定外，税率为6%

（四）纳税人出口货物，税率为零；国务院另有规定的除外

（五）境内单位和个人跨境销售国务院规定范围内的服务、无形资产，税率为零

第十一条　适用简易计税方法计算缴纳增值税的征收率为3%

增值税一般纳税人的业务核算

（一）一般纳税人应纳增值税的核算

增值税的一般纳税企业从税务角度看，一是可以使用增值税专用发票，企业销售货物或提供劳务可以开具增值税专用发票（或完税凭证、购进免税农产品凭证、外购物资支付的运输费用的结算单据等）；二是购入货物时支付的符合规定的增值税额可以用销项税额抵扣；三是如果企业销售货物或者提供劳务采用销售额和销项税额合并定价方法的，按公式“销售额＝含税销售额/(1＋增值税税率)”还原为不含税销售额，并按不含税销售额计算销项税额。

按照增值税暂行条例规定，一般纳税人购入货物或接受劳务必须具备以下凭证，其进项税额才能予以扣除：一是从销售方取得的增值税专用发票；二是从海关取得的进口货物的完税凭证；三是购进免税农产品时取得的经税务机关批准的收购凭证；四是从境外单位或者个人购进服务、无形资产或者不动产，自税务机关或者扣缴义务人取得的解缴税款的完税凭证上注明的增值税额。

企业购入货物或者接受应税劳务，没有按照规定取得并保存增值税扣税凭证，或者增值税扣税凭证上未按照规定注明增值税额及其他有关事项的，其进项税额不能从销项税额中抵扣。会计核算中，如果企业不能取得有关的扣税证明，则购进货物或接受应税劳务支付的增值税额不能作为进项税额扣税，其已支付的增值税只能记入购入货物或接受劳务的成本。

1. 一般购销业务的处理

一般纳税企业在账务处理上的主要特点：一是在购进阶段，会计处理时实行价与税

的分离，价与税分离的依据为增值税专用发票上注明的价款与增值税，属于价款部分，计入购入货物的成本；属于增值税额部分，计入进项税额。二是在销售阶段，销售收入中不应含税，如果定价时含税，应还原为不含税价格作为销售收入，向购买方收取的增值税作为销项税额。

2. 购入免税产品的处理

按照增值税暂行条例规定，对农业生产者销售的自产农业产品等部分项目免征增值税。企业销售免征增值税项目的货物，不能开具增值税专用发票，只能开具普通发票。企业购进免税产品，一般情况下不能扣税，但按税法规定，对于购入的免税农业产品、收购废旧物资等可以按买价（或收购金额）的一定比率计算进项税额，并准予从销项税额中抵扣。这里的买价是指购进免税农产品或收购废旧物资时取得的经税务机关批准的收购凭证上的价款。在会计核算时，一是按购进时取得的收购凭证上确定的金额扣除一定比例的进项税额作为购进物资的成本；二是扣除的部分作为进项税额，待以后用销项税额抵扣。

3. 视同销售的处理

按照增值税暂行条例实施细则的规定，对于企业将自产、委托加工或购买的货物分配给股东或投资者；将自产、委托加工的货物用于集体福利或个人消费等行为，单位或者个体工商户向其他单位或者个人无偿提供服务，无偿转让无形资产或者不动产，但用于公益事业或者以社会公众为对象的除外，视同销售货物，需计算交纳增值税。对于税法上某些视同销售的行为，从会计角度看不属于销售行为，不会增加现金流量，因此会计核算不作为销售处理，按成本转账。但是，无论会计上是否作销售处理，只要税法规定需要交纳增值税的，应当计算交纳增值税销项税额，并计入“应交税费——应交增值税”科目中的“销项税额”专栏。财政部和国家税务总局规定的其他情形。

4. 不予抵扣项目的处理

按照增值税暂行条例及其实施细则的规定，企业购进非生产经营用固定资产、用于非应税项目的购进货物或者应税劳务等按规定不予抵扣增值税进项税额。

属于购入货物和服务时即能认定其进项税额不能抵扣的，如购入的货物和服务直接用于免税项目、直接用于非应税项目，或者直接用于集体福利和个人消费的，进行会计处理时，其增值税专用发票上注明的增值税额，计入购入货物及接受劳务的成本。非正常损失（纳税人管理不善、违法违规等造成的货物或不动产被没收、销毁、拆除等造成的损失）的购进货物，以及相关的加工修理修配劳务和交通运输服务，非正常损失的在产品、产成品所耗用的购进货物（不包括固定资产）、加工修理修配劳务和交通运输服务，非正常损失的不动产，以及该不动产所耗用的购进货物、设计服务和建筑服务，非正常损失的不动产在建工程所耗用的购进货物、设计服务和建筑服务，属于进项税额不得抵扣的情形。一般纳税人购进的旅客运输服务、贷款服务、餐饮、居民日常服务、娱乐服务等进项税额不得抵扣；属于购入货物和服务时，不能直接认定其进项税额能否抵扣的，增值税专用发票上注明的增值税额，按照增值税会计处理方法记入“应交税费——应交增值税（进项税额）”科目；如果这部分购入货物以后用于按规定不得抵扣进项税额项目的，应将原已计入进项税额并已支付的增值税转入有关的承担者予以承担，通过“应交税费——应交增值税（进项税额转出）”科目转入有关的“在建工程”“应付职工薪酬——职工福利”“待处理财产损溢”等科目。

5. 增值税的账户设置

在“应交税费”下设置二级明细应交增值税和未交增值税，应交增值税借方设置进项税额、已交税金、减免税款、转出未交增值税项目；贷方设置销项税额、进项税额转出、出口退税、转出多交增值税项目；未交增值税反映一般纳税人企业月终时转入的应交未交增值税额及转入多交的增值税。月份终了，企业计算出当月应交未交的增值税，借记“应交税费——应交增值税（转出未交增值税）”科目，贷记“应交税费——未交增值税”科目；当月多交的增值税，借记“应交税费——未交增值税”科目，贷记“应交税费——应交增值税（转出多交增值税）”科目，经过结转后，月份终了，“应交税费——应交增值税”科目的余额在借方，反映企业尚未抵扣的增值税。

值得注意的是，企业当月交纳当月的增值税，仍然通过“应交税费——应交增值税（已交税金）”科目核算；当月交纳以前各期未交的增值税，通过“应交税费——未交增值税”科目，不通过“应交税费——应交增值税（已交税金）”科目核算。过渡期再增设“应交税费——待抵扣进项税额”科目。

6. 一般纳税人增值税的核算

（1）购进商品、服务、无形资产、不动产等时，借方登记原材料、管理费用、销售费用、固定资产、无形资产等和应交税费——应交增值税（进项税额）；贷方登记银行存款/应付账款等；

（2）销售商品、服务、无形资产、出租时，借方登记银行存款/应收账款等，贷方登记主营业务收入/其他业务收入和应交税费——应交增值税（销项税额）；

（3）缴纳增值税款时，借记“应交税费——应交增值税（已交税金）”，贷记“银行存款”；

（4）购进商品材料物资改变用途，用于增值税非应税项目时，借记“应付职工薪酬——非货币性职工福利”等，贷记“原材料/库存商品”和“应交税费——应交增值税（进项税额转出）”；

（5）增值税有留抵税额时，借记“应交税费——增值税留抵税额”等，贷记“应交税费——应交增值税（进项税额转出）”；

（6）月末结转未交增值税时，借记“应交税费——应交增值税（转出未交增值税）”，贷记“应交税费——未交增值税”；

（7）辅导期内购进货物、劳务等，借记“库存商品/固定资产”等和“应交税费——待抵扣进项税额”等，贷记“银行存款”；次月允许抵扣时，借记“应交税费——应交增值税（进项税额）”，贷记“应交税费——待抵扣销项税额”。

（二）小规模纳税人的会计处理

与增值税一般纳税人相比较，小规模纳税企业的特点有：一是小规模纳税企业销售货物或者提供应税劳务，一般情况下只能开具普通发票，不能开具增值税专用发票；二是小规模纳税企业销售货物或提供应税劳务，实行简易办法计算应纳税额，按照销售额的一定比例计算；三是小规模纳税企业的销售收入不包括其应纳税额。采用销售额和应纳税额合并定价方法的，按照公式“销售额 = 含税销售额/(1 + 征收率)”还原为不含税销售额计算。

从会计核算角度看，首先，小规模纳税企业购入货物无论是否具有增值税专用发票，其支付的增值税额均不计入进项税额，应计入购入货物的成本。相应地，其他企业从小规模纳税企业购入货物或接受劳务支付的增值税额，如果不能取得经税务部门认可的发票，也不能作为进项税额抵扣，而应计入购入货物或应税劳务的成本；其次，小规模纳税企业“应交税费——应交增值税”科目，应采用三栏式科目，而不设置专栏进行核算。

小规模纳税人购进商品、服务、无形资产、不动产等时，借记“原材料、库存商品、管理费用、销售费用、固定资产、无形资产”等，贷记“银行存款/应付账款”等；销售商品、服务、无形资产等时，借记“银行存款/应收账款”等，贷记“主营业务收入”和“应交税费——应交增值税”；缴纳增值税款时，借记“应交税费——应交增值税”，贷记“银行存款”。

二、应交消费税的核算

（一）消费税的有关规定

为了正确引导消费方向，国家在普遍征收增值税的基础上，选择部分消费品，再征收一道消费税。消费税的征收方法采取从价定率和从量定额两种方法。实行从价定率计征的应纳税额的税基为销售额，如果企业应税消费品的销售额中未扣除增值税税款，或者因不能开具增值税专用发票而发生价款和增值税税款合并收取的，在计算消费税时，按公式“应税消费品的销售额＝含税销售额/(1＋增税税率或征收率)”换算为不含增值税税额的销售额。实行从量定额办法计征的应纳税额的销售数量是指应税消费品的数量；属于销售应税消费品的，为应税消费品的销售数量；属于自产自用应税消费品的，为应税消费品的移送使用数量；属于委托加工应税消费品的，为纳税人收回的应税消费品数量；进口的应税消费品，为海关核定的应税消费品进口征税数量。

（二）应税消费品销售的处理

企业销售应税消费品时应缴纳的消费税，应分别情况进行处理：

（1）企业将生产的产品直接对外销售的，对外销售产品应交纳的消费税，通过“税金及附加”科目核算。

（2）企业用应税消费品对外投资，或用于在建工程、非生产机构等其他方面按规定应交纳的消费税，应计入有关的成本。例如，企业以应税消费品对外投资，应交的消费税计入投资的初始投资成本；企业以应税消费品用于在建工程项目，应交的消费税计入在建工程成本。

（3）委托加工应税消费品的处理。按照税法规定，企业委托加工的应税消费品，由受托方在向委托方交货时代收代缴税款（除受托加工或翻新改制金银首饰按规定由受托方交纳消费税外）。委托加工的应税消费品，委托方用于连续生产应税消费品的，符合税法规定的情况下，所纳税款准予抵扣。这里的委托加工应税消费品，是指由委托方提供原料和主要材料，受托方只收取加工费和代垫部分辅助材料加工的应税消费品，对于由受托方提供原材料生产的应税消费品，或者受托方先将原材料卖给委托方，然后再接受加工的应税消费品，以及由受托方以委托方名义购进原材料生产的应税消费品，都不作为委托加工应税消费品，而应当按照销售自制应税消费品交纳消费税。委托加工的应税消费品直接出售的，不再征收消费税。

三、其他小税种的核算

其他小税种的核算

（一）应交城市维护建设税

为了加强城市的维护建设，扩大和稳定城市维护建设资金的来源，国家开征了城市维护建设税。城市维护建设税是以增值税、消费税为计税依据征收的一种税。其纳税人为交纳增值税、消费税的单位和个人，税率因纳税人所在地不同规定了1%、5%、7%三档差别比例税率。计算公式为：

应纳税额=（实际交纳的增值税+实际交纳的消费税）×适用税率

在会计核算时，企业按规定计算出的城市维护建设税，记入“税金及附加”科目。

（二）应交教育费附加

教育费附加是为了发展教育事业而向企业征收的附加费用，企业按应交流转税的一定比例计算交纳。企业应交的教育费附加，记入“税金及附加”科目。

（三）应交资源税

在中华人民共和国领域和中华人民共和国管辖的其他海域开发应税资源的单位和个人，为资源税的纳税人。

对外销售应税产品应交纳的资源税应记入“税金及附加”科目；自产自用应税产品应交纳的资源税应记入“生产成本”“制造费用”等科目。

（四）应交土地增值税

土地增值税是指在我国境内有偿转让土地使用权及地上建筑物和其他附着物产权的单位和个人，就其土地增值额征收的一种税。土地增值额是指转让收入减去规定扣除项目金额后的余额。转让收入包括货币收入、实物收入和其他收入。扣除项目主要包括取得土地使用权所支付的金额、开发土地的费用、新建及配套设施的成本、旧房及建筑物的评估价格等。

企业应交的土地增值税视情况记入不同科目：企业转让的土地使用权连同地上建筑物及其附着物一并在“固定资产”等科目核算的，转让时应交的土地增值税，借记“固定资产清理”科目，贷记“应交税费——应交土地增值税”科目；土地使用权在“无形资产”科目核算的，按实际收到的金额，借记“银行存款”科目，按应交的土地增值税，贷记“应交税费——应交土地增值税”科目，同时冲销土地使用权的账面价值。贷记“无形资产”科目，按其差额，借记“营业外支出”科目或贷记“营业外收入”科目。

（五）应交房产税、土地使用税、车船税

房产税是按房屋的计税余值或租赁收入为计税依据，向产权所有人征收的一种财产

税。房产税依照房产原值一次减除10%至30%后的余额计算交纳。没有房产原值作为依据的，由房产所在地税务机关参考同类房产核定；房产出租的，以房产租金收入为房产税的计税依据。

土地使用税是国家为了合理利用城镇土地，调节土地级差收入，提高土地使用效益，加强土地管理而开征的一种税，以纳税人实际占用的土地面积为计税依据，依照规定税额计算征收。

车船税由拥有并且使用车船的单位和个人交纳。车船税按照适用税额计算交纳。

企业应交的房产税、土地使用税、车船税，记入“税金及附加”科目。

四、应交印花税、耕地占用税和车辆购置税

耕地占用税是国家为了利用土地资源，加强土地管理，保护农用耕地而征收的一种税。耕地占用税以实际占用的耕地面积计税，按照规定税额一次征收。企业交纳的耕地占用税，不需要通过“应交税费”科目核算。企业按规定计算交纳耕地占用税时，借记“在建工程”科目。

印花税是对书立、领受购销合同等凭证行为征收的税款，实行由纳税人根据规定自行计算应纳税额，购买并一次贴足印花税票的交纳方法。由于企业交纳的印花税，是由纳税人根据规定自行计算应纳税额以购买并一次贴足印花税票的方法交纳的税款。因此企业交纳的印花税，不会发生应付未付税款的情况，不需要预计应纳税金额，同时也不存在与税务机关结算或清算的问题，因此，企业交纳的印花税不需要通过“应交税费”科目核算，于购买印花税票时，直接借记“税金及附加”科目，贷记“银行存款”科目。

车辆购置税是对在境内购买、进口、自产、受赠、获奖或者以其他方式取得并自用应税车辆的行为所征收的税款。企业购置（包括购买、进口、自产、受赠、获奖或者以其他方式取得并自用）应税车辆，按规定交纳的车辆购置税，借记“固定资产”等科目，贷记“银行存款”科目。

做中学

业务1：单据包括缴税凭证、银行付款回单。

借：税金及附加	126.05	
贷：银行存款		126.05

业务2：单据包括银行付款回单、缴税凭证。

借：应交税费——未交增值税	5 626.01	
——应交消费税	3 000	
——教育费附加	84.39	
——应交城建税	196.61	
——地方教育费附加	56.26	
贷：银行存款		8 963.57

业务3：单据包括采购合同、增值税专用发票、银行付款回单、收料单。

借：原材料——A 材料　　100 000
　　应交税费——应交增值税（进项税额）　　13 000
　　贷：银行存款　　113 000

业务 4：单据包括商品销售合同、增值税专用发票、产品出库单。

借：应收账款——久久家具有限公司　　745 800
　　贷：主营业务收入　　660 000
　　　　应交税费——应交增值税（销项税额）　　85 800

借：主营业务成本　　440 000
　　贷：库存商品　　440 000

借：税金及附加　　33 000
　　贷：应交税费——应交消费税　　33 000

业务 5：单据包括合同、材料出库单。

借：委托加工物资　　100 000
　　贷：原材料——A 材料　　100 000

业务 6：单据增值税专用发票、银行付款回单。

借：委托加工物资　　20 000
　　应交税费——应交增值税（进项税额）　　2 600
　　贷：银行存款　　22 600

业务 7：单据包括财产盘点表。

借：待处理财产损溢　　1 170
　　贷：原材料　　1 000
　　　　应交税费——应交增值税（进项税额转出）　　170

业务 8：单据包括税费计算单。

借：税金及附加　　8 400
　　贷：应交税费——应交房产税　　8 400

业务 9：单据包括增值税纳税申报表、消费税纳税申报表、附加税税费计算单、所得税申报表。

本期应交消费税 = 660 000 × 5% = 3 300（元）

本期应交增值税 = 销项税 −（进项税 − 进项税转出）

= (85 800 + 2 600) − (13 000 − 170) = 75 570（元）

本期应交城建税 = 8 626.01 × 7% = 603.82（元）

本期应交教育费附加 = 8 626.01 × 3% = 258.78（元）

借：税金及附加　　40 463.9
　　贷：应交税费——应交城建税　　603.82
　　　　　　　　——应交教育费附加　　258.78

学后做

某公司为增值税一般纳税人，存货按实际成本计价核算，货物生产适用增值税税率13%，适用消费税税率10%。2024年5月发生如下经济业务：

业务1： 向A公司采购$A^{\#}$材料，增值税专用发票上注明价款9 000 000元、增值税1 170 000元，另有运费2 000元。发票账单已经到达，材料已经验收入库，货款及运费以银行存款支付。

业务2： 向B公司销售XY－1产品5 000件，单位售价200元，单位成本150元。该产品需同时缴纳增值税与消费税。产品已经发出，货款已委托银行收取，相关手续办理完毕。

业务3： 委托C公司加工一批原材料，发出材料成本为100 000元。

业务4： 支付C公司加工费用25 000元。加工过程中发生的增值税3 250元、消费税2 500元，由受托单位代收代交。加工费用和应交的增值税、消费税已用银行存款与C公司结算。

业务5： 材料加工完毕并验收入库，准备直接对外销售。

业务6： 购入设备一台，取得的增值税专用发票上注明价款180 000元、增值税23 400元。设备已投入使用，款项已通过银行存款支付。

业务7： 计提本月应缴纳的车船税1 000元。

业务8： 计提本月销售的资源税应税产品的应交资源税500元。

要求：（1）熟悉业务完成获取的涉税凭证；

（2）编制上述业务的会计分录。

任务2 所得税的核算

认知业务

四川天欣有限责任公司2024年12月发生的所得税业务如下：

业务1： 2024年12月31日，计算本年度企业所得税，所得税税率为25%，纳税调整事项如下：①交易性金融资产公允价值上升50 000元；②存货跌价准备12 000元；③对外一般性捐赠15 000元。2024年损益表见表11－1：

表11－1　2024年1月—12月损益类科目发生额　单位：元

账户名称	借方发生额合计	贷方发生额合计
主营业务收入	60 000.00	2 660 000.00
其他业务收入		220 000.00

续表

账户名称	借方发生额合计	贷方发生额合计
营业外收入		300 000.00
主营业务成本	880 000.00	
其他业务成本	120 000.00	
税金及附加	35 000.00	
管理费用	80 000.00	
销售费用	62 000.00	
财务费用	45 000.00	
信用减值损失	22 000.00	
资产减值损失	23 000.00	
投资收益		65 800.00
公允价值变动损益		100 000.00
资产处置收益	80 000.00	
营业外支出	150 000.00	
合计		

知识

一、应交所得税的核算

中华人民共和国境内的企业和其他取得收入的组织，其生产、经营所得和其他所得，依照有关所得税暂行条例及其细则的规定需要缴纳所得税。应交所得税额等于应纳税所得额乘以适用税率，即：

应交所得税额 = 应纳税所得额 × 所得税税率 − 减免税额 − 抵免税额

企业所得税实行比例税率，基本税率为25%。其中应纳税所得额的基本公式为：

应纳税所得额 = 收入总额 − 不征税收入 − 免税收入 − 各项扣除 − 以前年度亏损（直接计算法）

或

= 会计利润总额 ± 纳税调整项目金额（间接计算法）

从上面的计算公式可以看出会计利润和应纳税所得额是不完全一致的，会计利润是按会计准则的规定计算，而应纳税所得额按税法的规定计算，由于会计准则和税法两者的目的不同，所以对收益、费用、资产、负债等的确认时间和范围也不同，从而导致会计利润与应税所得之间的不同。

二、所得税费用的核算

我国所得税会计采用了资产负债表债务法，因为这种方法较为完全地体现了资产负债观。它要求企业从资产负债表出发，通过比较资产负债表上列示的资产、负债按照会计准则规定确定的账面价值与按照税法规定确定的计税基础，将两者之间的差异区分为应纳税暂时性差异与可抵扣暂时性差异，从而确认相关的递延所得税负债与递延所得税资产，并在此基础上确定每一会计期间利润表中的所得税费用。

（一）认识资产负债的计税基础

1. 资产的计税基础

资产的计税基础，是指企业收回资产账面价值过程中，计算应纳税所得额时按照税法规定可以自应税经济利益中抵扣的金额，即某一项资产在未来期间计税时按照税法规定可以税前扣除的金额。资产在初始确认时，其计税基础一般为取得成本，即企业为取得某项资产支付的成本在未来期间准予税前扣除。在资产持续持有的过程中，其计税基础是指资产的取得成本减去以前期间按照税法规定已经税前扣除的金额后的余额。用公式表示即为：

资产的计税基础 = 未来可税前列支的金额

= 资产成本 - 以前期间按照税法规定已税前列支的金额

如固定资产，以各种方式取得的固定资产，初始确认时按照会计准则规定确定的入账价值基本上是被税法认可的，即取得时其账面价值一般等于计税基础。固定资产在持有期间进行后续计量时，会计准则规定按照“成本—累计折旧—固定资产减值准备”进行计量，税法则以“成本—按税法规定计提的累计折旧”进行计量，两者的差异主要产生于折旧方法、折旧年限的不同以及固定资产减值准备的提取。

2. 负债的计税基础

负债的计税基础，是指负债的账面价值减去未来期间计算应纳税所得额时按照税法规定可予抵扣的金额。用公式表示即为：

负债的计税基础 = 账面价值 - 未来期间按照税法规定可予税前扣除的金额

负债的确认与偿还一般不会影响企业的损益，也不会影响其应纳税所得额，未来期间计算应纳税所得额时按照税法规定可予抵扣的金额为零，计税基础即为账面价值。但是，某些情况下，负债的确认可能会影响企业的损益，进而影响不同期间的应纳税所得额，使得其计税基础与账面价值之间产生差额，如企业因销售产品承诺提供3年的保修服务，在当年度利润表中确认了400万元的销售费用，同时确认为预计负债，当年度未发生任何保修支出。该项预计负债在资产负债表中的账面价值为400万元。因税法规定与产品保修相关的支出在未来期间实际发生时允许税前扣除，则该项负债未来期间计算应纳税所得额时按照税法规定可予抵扣的金额为400万元，该项负债的计税基础 = 400万元 - 400万元 = 0。

（二）认识暂时性差异

暂时性差异是指资产、负债的账面价值与其计税基础不同产生的差额。因资产、负债的账面价值与其计税基础不同，产生了在未来收回资产或清偿负债的期间内，应纳所得额增加或减少并导致未来期间应交所得税增加或减少的情况，形成企业的资产和负债，在有关暂时性差异发生当期，符合确认条件的情况下，应当确认相关的递延所得税负债或递延所得税资产。

根据暂时性差异对未来期间应纳税所得额的影响，分为应纳税暂时性差异和可抵扣暂时性差异。

1. 应纳税暂时性差异

应纳税暂时性差异，是指在确定未来收回资产或清偿负债期间的应纳税所得额时，将导致产生应税金额的暂时性差异，即在未来期间不考虑该事项影响的应纳税所得额的基础上，由于该暂时性差异的转回，会进一步增加转回期间的应纳税所得额和应交所得税金额，在其产生当期应当确认相关的递延所得税负债。应纳税暂时性差异通常产生于以下情况：

（1）资产的账面价值大于其计税基础。资产的账面价值代表的是企业在持续使用或最终出售该项资产时将取得的经济利益的总额，而计税基础代表的是资产在未来期间可予税前扣除的总金额。资产的账面价值大于其计税基础，该项资产未来期间产生的经济利益不能全部税前抵扣，两者之间的差额需要交税，产生应纳税暂时性差异。

（2）负债的账面价值小于其计税基础。负债的账面价值为企业预计在未来期间清偿该项负债时的经济利益流出，而其计税基础代表的是账面价值在扣除税法规定未来期间允许税前扣除的金额之后的差额。负债的账面价值与其计税基础不同产生的暂时性差异，实质上是税法规定就该项负债在未来期间可以税前扣除的金额（即与该项负债相关的费用支出在未来期间可予税前扣除的金额）。负债的账面价值小于其计税基础，则意味着就该项负债在未来期间可以税前抵扣的金额为负数，即应在未来期间应纳税所得额的基础上调增，增加应纳税所得额和应交所得税金额，产生应纳税暂时性差异，应确认相关的递延所得税负债。

2. 可抵扣暂时性差异

可抵扣暂时性差异是指在确定未来收回资产或清偿负债期间的应纳税所得额时，将导致产生可抵扣金额的暂时性差异。该差异在未来期间转回时会减少转回期间的应纳税所得额，减少未来期间的应交所得税。在可抵扣暂时性差异产生当期，符合确认条件时，应当确认相关的递延所得税资产。可抵扣暂时性差异一般产生于以下情况：

（1）资产的账面价值小于其计税基础，意味着资产在未来期间产生的经济利益少，按照税法规定允许税前扣除的金额多，两者之间的差额可以减少企业在未来期间的应纳税所得额并减少应交所得税，符合有关条件时，应当确认相关的递延所得税资产。

（2）负债的账面价值大于其计税基础，负债产生的暂时性差异实质上是税法规定就该项负债可以在未来期间税前扣除的金额。负债的账面价值大于其计税基础，意味着未来期间按照税法规定与负债相关的全部或部分支出可以自未来应税经济利益中扣除，减少未来期间的应纳税所得额和应交所得税。符合有关确认条件时，应确认相关的递延所得税资产。

3. 特殊项目产生的暂时性差异

（1）未作为资产、负债确认的项目产生的暂时性差异。某些交易或事项发生以后，因为不符合资产、负债确认条件而未体现为资产负债表中的资产或负债，但按照税法规定能够确定其计税基础的，其账面价值零与计税基础之间的差异也构成暂时性差异。

如企业发生的符合条件的广告费，除另有规定外，不超过销售收入15%的部分准予扣除；超过部分准予向以后纳税年度结转扣除。该类费用在发生时按照会计准则规定即计入当期损益，不形成资产负债表中的资产。但按照税法规定可以确定其计税基础，两者之间的差异也形成暂时性差异。

（2）可抵扣亏损及税款抵减产生的暂时性差异。按照税法规定可以结转以后年度的未弥补亏损及税款抵减，虽不是因资产、负债的账面价值与计税基础不同产生的，但与可抵扣暂时性差异具有同样的作用，均能够减少未来期间的应纳税所得额，进而减少未来期间的应交所得税，会计处理上视同可抵扣暂时性差异，符合条件的情况下，应确认与其相关的递延所得税资产。

（三）递延所得税负债及递延所得税资产的确认和计量

企业在计算确定了应纳税暂时性差异与可抵扣暂时性差异后，应当按照所得税会计准则规定的原则确认相关的递延所得税负债以及递延所得税资产。

1. 递延所得税负债的确认和计量

（1）递延所得税负债的确认。递延所得税负债产生于应纳税暂时性差异。因应纳税暂时性差异在转回期间将增加企业的应纳税所得额和应交所得税，导致企业经济利益的流出，在其发生当期，构成企业应支付税金的义务，应作为负债确认。

企业在确认递延所得税负债时，应遵循以下原则：除所得税准则中明确规定可不确认递延所得税负债的情况以外，企业对于所有的应纳税暂时性差异均应确认相关的递延所得税负债。除与直接计入所有者权益的交易或事项以及企业合并中取得资产、负债相关的以外，在确认递延所得税负债的同时，应增加利润表中的所得税费用。

（2）递延所得税负债的计量。所得税准则规定，资产负债表日，对于递延所得税负债，应当根据适用税法规定，按照预期收回该资产或清偿该负债期间的适用税率计量。即递延所得税负债应以相关应纳税暂时性差异转回期间按照税法规定适用的所得税税率计量。无论应纳税暂时性差异的转回期间如何，相关的递延所得税负债不要求折现。

2. 递延所得税资产的确认和计量

（1）递延所得税资产的确认。递延所得税资产产生于可抵扣暂时性差异。确认递延所得税资产的一般原则是：应以未来期间可能取得的应纳税所得额为限。在可抵扣暂时性差异转回的未来期间内，企业无法产生足够的应纳税所得额用以利用可抵扣暂时性差异的影响，使得与可抵扣暂时性差异相关的经济利益无法实现的，不应确认递延所得税资产；企业有明确的证据表明其于可抵扣暂时性差异转回的未来期间能够产生足够的应纳税所得额，进而利用可抵扣暂时性差异的，则应以可能取得的应纳税所得额为限，确认相关的递延所得税资产。

（2）递延所得税资产的计量。同递延所得税负债的计量原则相一致，确认递延所得税资产时，应当以预期收回该资产期间的适用所得税税率为基础计算确定。无论相关的可抵扣暂时性差异转回期间如何，递延所得税资产均不要求折现。

企业在确认了递延所得税资产以后，资产负债表日，应当对递延所得税资产的账面价值进行复核。如果未来期间很可能无法取得足够的应纳税所得额用以利用可抵扣暂时性差异带来的利益，应当减记递延所得税资产的账面价值。减记的递延所得税资产，除原确认时记入所有者权益的，其减记金额亦应记入所有者权益外，其他的情况均应增加所得税费用。

因无法取得足够的应纳税所得额利用可抵扣暂时性差异减记递延所得税资产账面价值的，以后期间根据新的环境和情况判断能够产生足够的应纳税所得额利用可抵扣暂时性差异，使得递延所得税资产包含的经济利益能够实现的，应相应恢复递延所得税资产的账面价值。

另外，无论是递延所得税资产还是递延所得税负债的计量，均应考虑资产负债表日企业预期收回资产或清偿负债方式的所得税影响，在计量递延所得税资产和递延所得税负债时，应当采用与收回资产或清偿债务的预期方式相一致的税率和计税基础。例如，企业持有的某项固定资产，一般情况下是为企业的正常生产经营活动提供必要的生产条件，但在某一时点上，企业决定将该固定资产对外出售，实现其为企业带来的未来经济利益，且假定税法规定长期资产处置时适用的所得税税率与一般情况有所不同，则企业在计量因该资产产生的应纳税暂时性差异或可抵扣暂时性差异的所得税影响时，应考虑该资产带来的经济利益预期实现方式的影响。

做中学

业务：单据包括年度所得税费用计算表、年度纳税申报表（A类）。

表 11－2　　中华人民共和国企业所得税年度纳税申报表（A类）

税款所属期间：2024年1月1日至2024年12月31日

纳税人名称：四川天欣有限责任公司

纳税人识别号：12100056132200588A　　　　金额单位：元（列至角分）

类别	行次	项目	金额
利润总额计算	1	一、营业收入（填附表一）	2 600 000.00
	2	减：营业成本（填附表二）	880 000.00
	3	营业税金及附加	35 000.00
	4	销售费用（填附表二）	62 000.00
	5	管理费用（填附表二）	80 000.00
	6	财务费用（填附表二）	45 000.00
	7	资产减值损失	23 000.00
	8	加：公允价值变动收益	100 000.00
	9	投资收益	65 800.00
	10	二、营业利润	1 640 800.00
	11	加：营业外收入（填附表一）	300 000.00
	12	减：营业外支出（填附表二）	150 000.00
	13	三、利润总额（10＋11－12）	1 790 800.00

续表

类别	行次	项目	金额
应纳税所得额计算	14	加：纳税调整增加额（填附表三）	27 000.00
	15	减：纳税调整减少额（填附表三）	50 000.00
	16	其中：不征税收入	
	17	免税收入	
	18	减计收入	
	19	减、免税项目所得	
	20	加计扣除	
	21	抵扣应纳税所得额	
	22	加：境外应税所得弥补境内亏损	
	23	纳税调整后所得（13+14-15+22）	1 767 800.00
	24	减：弥补以前年度亏损（填附表四）	0.00
	25	应纳税所得额（23-24）	1 767 800.00
应纳税额计算	26	税率（25%）	0.25
	27	应纳所得税额（25×26）	441 950.00
	28	减：减免所得税额（填附表五）	
	29	减：抵免所得税额（填附表五）	
	30	应纳税额（27-28-29）	441 950.00
	31	加：境外所得应纳所得税额（填附表六）	
	32	减：境外所得抵免所得税额（填附表六）	
	33	实际应纳所得税额（30+31-32）	441 950.00
	34	减：本年累计实际已预缴的所得税额	
	35	其中：汇总纳税的总机构分摊预缴的税额	0.00
	36	汇总纳税的总机构财政调库预缴的税额	
	37	汇总纳税的总机构所属分支机构分摊的预缴税额	
	38	合并纳税（母子体制）成员企业就地预缴比例	
	39	合并纳税企业就地预缴的所得税额	
	40	本年度应补（退）的所得税额（33-34）	441 950.00
附列资料	41	以前年度多缴的所得税额在本年抵减额	
	42	以前年度应缴未缴在本年入库所得税额	

纳税人公章： 经办人： 申报日期：年 月 日	代理申报中介机构公章： 经办人及执业证件号码： 代理申报日期：年 月 日	主管税务机关受理专用章： 受理人： 受理日期：年 月 日

学后做

俊鹏机械有限公司2024年度利润表中利润总额为6 020万元。与所得税核算有关的情况如下：

（1）当年没有发生固定资产的增减变化，上年1月开始计提折旧的固定资产，会计处理仍按双倍余额递减法计提折旧，税收处理仍按年限平均法扣除折旧。假定税法规定的使用年限与会计规定相同依然是相同的。

（2）购买国债获得利息收入234万元。

（3）当期持有作为交易性金融资产核算的股票投资成本为1 880万元，2024年12月31日的公允价值为2 190万元。税法规定，以公允价值计量的金融资产持有期间市价变动不计入应纳税所得额。

（4）非广告性赞助支出208万元。

（5）期末对持有的存货4 200万元计提了239万元的存货跌价准备。

要求：（1）按照所得税会计核算步骤计算2024年的所得税费用；

（2）编制确认所得税费用的会计分录。

任务3 期间费用的核算

认知业务

四川天欣有限责任公司2024年12月发生的期间费用业务如下：

业务1：2024年12月5日，王雨报销采购的办公用品笔记本，收到增值税普通发票注明数量100件，单价9元，税率3%，出纳以现金支付给王雨。

业务2：2024年12月7日，银行转账支付成都市喜洋洋广告公司的广告费，收到增值税专用发票注明价款10 000元，税率6%。

业务3：2024年12月12日，银行转账支付红叶会务公司会务费，收到增值税专用发票，注明款项为20 000元，税率6%。

业务4：2024年12月21日，银行转账支付王东法律顾问费用6 000元。

知识

一、费用及其确认

（一）费用的概念和特点

费用，是指企业在日常活动中发生的、会导致所有者权益减少的、与向所有者分配利润无关的经济利益的总流出。根据费用的定义，费用具有以下几方面的特征：

1. 费用是企业在日常活动中形成的

费用必须是企业在其日常活动中所形成的，这些日常活动的界定与收入定义中涉及的日常活动的界定相一致。因日常活动所产生的费用通常包括销售成本（营业成本）、管理费用等。将费用界定为日常活动所形成的，目的是为了将其与损失相区分，企业非日常活动所形成的经济利益的流出不能确认为费用，而应当计入损失。

2. 费用会导致所有者权益的减少

与费用相关的经济利益的流出应当会导致所有者权益的减少，否则将不符合费用的定义，不应确认为费用。

3. 费用是与向所有者分配利润无关的经济利益的总流出

费用的发生应当会导致经济利益的流出，从而导致资产的减少或者负债的增加（最终也会导致资产的减少）。其表现形式包括现金或者现金等价物的流出，存货、固定资产和无形资产等的流出或者消耗等。鉴于企业向所有者分配利润也会导致经济利益的流出，而该经济利益的流出属于所有者权益的抵减项目，不应确认为费用，应当将其排除在费用的定义之外。

（二）费用的确认条件

费用的确认除了应当符合定义之外，还应严格的满足至少以下条件：

一是与费用相关的经济利益应当很可能流出企业；

二是经济利益流出企业的结果会导致资产的减少或者负债的增加；

三是经济利益的流出额能够可靠计量。

二、期间费用及其特点

期间费用是企业当期发生的费用中的重要组成部分，是指本期发生的、不能直接或间接归入某种产品成本的、直接计入损益的各项费用，包括管理费用、销售费用和财务费用。

与产品成本相比，期间费用有如下几个特点：

（一）与产品生产的关系不同

期间费用的发生是为产品生产提供正常的条件和进行管理的需要，而与产品的生产本身并不直接相关；生产成本是指与产品生产直接相关的成本，它们应直接计入或分配计入有关的产品中去。

（二）与会计期间的关系不同

期间费用只与费用发生的当期有关，不影响或不分摊到其他会计期间；生产成本中当期完工部分当期转为产品成本，未完工部分则结转下一期继续加工，与前后会计期间都有联系。

（三）与会计报表的关系不同

期间费用直接计入当期损益，列入当期利润表；生产成本完工部分转为产品成品，已销售产成品的生产成本再转入利润表列作产品销售成本，而未售产品和未完工的产品都应作为存货列入资产负债表。因此也可把生产成本称为可盘存成本，把期间费用称为不可盘存成本。

（四）与所有者权益的关系不同

期间费用的发生会直接导致所有者权益减少，而产品成本的发生不会直接导致使用者权益减少。

三、期间费用的确认和计量

期间费用的确认和费用确认的条件一样。基于费用和资产的特殊联系，费用可以根据投入价值基础和产出价值基础，分别采用历史成本、重置成本、可变现净值、公允价值等计量。但由于按照历史成本（实际成本）进行费用的计量易于验证，因此历史成本（实际成本）已经成为会计实务中广泛采用的费用计量属性。

四、期间费用核算内容

（一）管理费用核算内容

管理费用核算企业为组织和管理企业生产经营所发生的费用，包括企业的董事会和行政管理部门在企业的经营管理中发生的或者应由企业统一负担的公司经费（比如行政管理部门职工薪酬、修理费、物料消耗、低值易耗品摊销、办公费和差旅费等）、工会经费、董事会费（包括董事会成员津贴、会议费和差旅费等）、聘请中介机构费、咨询费（含顾问费）、诉讼费、业务招待费、技术转让费、矿产资源补偿费、研究费用、排污费等。企业与固定资产有关的后续支出，包括固定资产发生的日常修理费、大修理费用、更新改造支出、房屋的装修费用等，没有满足固定资产准则规定的固定资产确认条件的，也在管理费用里核算。

商品流通企业管理费用不多的，可将管理费用的核算内容可并入销售费用核算。

（二）销售费用核算内容

销售费用核算企业销售商品和材料、提供劳务的过程中发生的各种费用，包括保险费、包装费、展览费和广告费、商品维修费、预计产品质量保证损失、运输费、装卸费等以及为销售本企业商品而专设的销售机构（含销售网点、售后服务网点等）的职工薪酬、业务费、折旧费用等。

（三）财务费用核算内容

财务费用核算企业为筹集生产经营所需资金等而发生的筹资费用，包括利息支出（减利息收入）、汇兑差额以及相关的手续费等。企业为购建或生产满足资本化条件的资产发生的应予资本化借款费用，在“在建工程”“制造费用”等科目核算，不在财务费用中核算。

做中学

业务1：单据包括报销单、增值税普通发票、商品明细单。

借：管理费用　927

　贷：其他应付款——王雨　927

业务2：单据包括增值税专用发票，银行付款回单。

借：销售费用　10 000

　应交税费——应交增值税（进项税额）　600

　贷：银行存款　10 600

业务3：单据包括会议通知、增值税专用发票、银行付款回单。

借：管理费用　20 000

　应交税费——应交增值税（进项税额）　1 200

　贷：银行存款　21 200

业务4：单据包括银行付款回单。

借：管理费用——法律顾问费　6 000

　贷：银行存款　6 000

学后做

俊鹏机械有限公司2024年10月发生的有关期间费用的业务如下：

业务1：2日，用现金购买行政办公用品笔记本和签字笔共300元。

业务2：3日，签发转账支票一张支付油机进气管产品广告费9 000元，增值税540元，取得增值税专用发票一张。

业务3：5日，以银行存款支付排污费18 000元。

业务4：9日，以现金支付在销售商品时应由本企业负担的运杂费700元。

业务5：18日，财务部张力报销到北京出差的差旅费2 000元。

业务6：25日，支付本季短期借款利息6 000元。

业务7：25日，接到银行通知，第二季度存款利息收入为3 000元。

业务8：28日，以现金购买印花税票500元。

业务9：28日，支付银行承兑汇票手续费2 000元。

业务10：31日，分配本月职工工资薪酬，其中行政管理人员工资为20 000元，专设销售机构人员的工资为18 000元，医疗保险、养老保险、住房公积金、工会经费和职工教育经费的计提比例分别是8%、20%、12%、2%和2.5%。

业务11：31日，计提行政管理部门和销售部门固定资产折旧费分别是6 700元和5 000元。

业务12：31日，结转当月的期间费用。

要求：（1）查找资料，了解上述业务完成的过程以及涉及的部门；

（2）判断上述业务发生或完成时应取得的单据；

（3）编制上述业务的会计分录。

【学后做参考答案】

【任务1】

本组业务涉及的原始凭证：增值税专用发票，银行付款回单，材料入库单，产成品出库单，材料出库单，税款计算单等。

业务1：借：原材料——A#材料　9 002 000
　　应交税费——应交增值税（进项税额）　1 170 000
　　贷：银行存款　10 172 000

业务2：借：应收账款——B公司　1 130 000
　　贷：主营业务收入　1 000 000
　　应交税费——应交增值税（销项税额）　130 000
　借：主营业务成本　750 000
　　贷：库存商品　750 000

业务3：借：委托加工物资——C公司　100 000
　　贷：原材料　100 000

业务4：借：委托加工物资——C公司　27 500
　　应交税费——应交增值税（进项税额）　3 250
　　贷：银行存款　30 750

业务5：借：库存商品　127 500
　　贷：委托加工物资——C公司　127 500

业务6：借：固定资产　180 000
　　应交税费——应交增值税（进项税额）　23 400
　　贷：银行存款　203 400

业务7：借：税金及附加　1 000
　　贷：应交税费——应交车船税　1 000

业务8：借：税金及附加　500
　　贷：应交税费——应交资源税　500

【任务2】

本组业务涉及的原始凭证：单据包括年度所得税费用计算表、年度纳税申报表（A类）。

2024年所得税费用的计算：

（1）应纳税所得额＝6 020＋10－234－310＋208＋239＝5 933（元）

（2）应交所得税＝5 933×25%＝1 483.25（元）

（3）递延所得税资产＝(239＋10)×25%＝62.25（元）

（4）递延所得税负债＝310×25%＝77.5（元）

（5）所得税费用＝(77.5－62.25)＋1 483.25＝1 498.5（元）

借：所得税费用　1 498.5
　递延所得税资产　62.25
　贷：应交税费——应交所得税　1 483.25
　　递延所得税负债　77.5

【任务3】

本组业务涉及的原始凭证：报销单、增值税专用发票、商品明细单，折旧计提表，费用分配表。

业务1：	借：管理费用——办公费	300	
	贷：库存现金		300
业务2：	借：销售费用——广告费	9 000	
	应交税费——应交增值税（进项税额）	540	
	贷：银行存款		9 540
业务3：	借：管理费用——排污费	18 000	
	贷：银行存款		18 000
业务4：	借：销售费用——运杂费	700	
	贷：银行存款		700
业务5：	借：管理费用——差旅费	2 000	
	贷：库存现金		2 000
业务6：	借：财务费用——利息	2 000	
	应付利息	4 000	
	贷：银行存款		6 000
业务7：	借：银行存款	3 000	
	贷：财务费用——利息收入		3 000
业务8：	借：管理费用——印花税	500	
	贷：库存现金		500
业务9：	借：财务费用——手续费	2 000	
	贷：银行存款		2 000
业务10：	借：管理费用	20 000	
	销售费用	18 000	
	贷：应付职工薪酬——工资		38 000
业务11：	借：管理费用——折旧费	6 700	
	销售费用——折旧费	5 000	
	贷：累计折旧		11 700
业务12：	借：本年利润	97 110	
	贷：管理费用		56 400
	销售费用		40 710

税费核算习题

12 项目十二 收入及利润的核算

学习目标

■ 培养学生对收入的取得全方位多角度辨析能力，引导学生对职业道德、品德、自律进行深入思考，进而激发学生自觉锤炼道德品质、恪守德行规范；
■ 正确判断收入确认的时点；
■ 正确编制和审核收入业务的会计凭证；
■ 清楚利润的形成过程并掌握损益类账户结转的办法；
■ 能完成与收入和利润相关的总账、明细账的建立与登记；
■ 能对收入和利润业务提供的会计信息进行基础分析。

关键术语

■ 收入
■ 利润分配

有关参考资料

■《企业会计准则第 14 号——收入》
■《初级会计实务》——初级会计资格考试用书

任务1
收入的核算

认知业务

第一组

姜氏公司为家纺产品生产企业，适用13%的增值税税率，2024年发生如下经济业务：

业务1：1月10日，向乙公司销售全棉四件套500套，开具的增值税专用发票上注明400元/套，增值税税额26 000元，商品已发货。公司以银行存款支付代垫运费，增值税专用发票上注明运输费2 000元，增值税税额180元。公司收到乙公司开出承兑的不带息银行承兑汇票一张，票面金额为228 180元，期限2个月。该批商品成本120 000元。

业务2：1月18日，公司收到林达公司发来的函，函中写明本公司于2023年12月27日销售给林达公司的提花枕巾5 000条中有500条存在严重跳线的质量问题，林达公司要求退回商品。该批提花枕巾售价20元/条，成本15元/条，销售时已开出增值税发票，款已收到。公司审核后确认该质量问题确实存在，同意退回这500条枕巾。1月22日，按照退货程序，公司开出了红字金额的增值税发票，款已退还林达公司。退回的500条枕巾收到已验收入库。

业务3：1月31日，公司采用委托收款结算方式向达达商场销售被罩1 000个，开出的增值税专用发票注明售价为120 000元，增值税税额15 600元；该批商品成本70 000元。公司在销售该批商品时已得知达达商场资金周转发生暂时困难，但为了维持与达达商场长期以来建立的商业关系，公司仍将商品发出，并办理了托收手续。

业务4：3月1日，向红星商场销售缎面四件套1 000套，每套标价2 000元，合同中约定商业折扣10%，现金折扣2/10、1/20、n/30。已开出增值税专用发票，商品已出库。公司经评估确定该批销售款项20天内收到的概率大于50%。该批缎面四件套成本1 600元/套。现金折扣不考虑增值税。

业务5：3月8日，公司收到乙公司的函，函中写明1月份从本公司购买的全棉四件套有50套尺寸不符合合同尺寸，提出这50套全棉四件套给予5%的销售折让。公司审核后发现确实发错了货物，同意给予5%的销售折让。按照程序公司办妥了相关手续，开具了红字增值税专用发票并将折扣的款项支付了乙公司。

业务6：5月8日，公司收到红星商场的款项并存入银行。

业务7：6月9日，公司与甲公司（一般纳税人）签订代销合同，委托甲公司代销本公司生产的蚕丝夏被5 000套，合同约定每床蚕丝夏被按500元/床销售，依据代销清单销售量支付10%代销手续费。蚕丝夏被已经发出，成本300元/床。

业务8：7月31日，甲公司交来代销清单，代销清单上注明蚕丝夏被已销售1 000床，公司开出增值税专用发票并结清1 000床蚕丝夏被的款项。

（**思考**：甲公司应该如何处理？）

业务9：8月2日，公司与客户签订合同，向其销售蚕丝被、鹅绒被两种产品，蚕丝被的单独售价总额为6 000元，鹅绒被的单独售价总额为24 000元，合同价款为25 000元。合同约定，蚕丝被于合同开始日交付，鹅绒被在一个月之后交付，当两项商品全部交付之后，公司才能收取25 000元的合同对价（上述价格均不包含增值税）。蚕丝被总成本4 200元，鹅绒被总成本18 000元。假定蚕丝被和鹅绒被分别构成单项履约义务，其控制权在交付时转移给客户。当日公司发出蚕丝被交付客户。

业务10：9月2日，公司交付鹅绒被，开具的增值税专用发票上注明售价为25 000元，增值税税额为3 250元。

业务11：9月20日，公司收到客户支付的货款存入银行。

第二组

北方公司主营装修设计及装修服务，为增值税一般纳税人，装修服务适用9%的增值税税率。2024年5月至8月发生如下经济业务。

业务1：5月1日，公司与乙公司签订一项为期3个月的装修合同，合同约定装修价款为500 000元，增值税税额为45 000元，装修费用每月末按完工进度支付。5月31日，经专业测量师测量后，确定该项劳务的完工程度为25%；公司开出增值税专用发票，乙公司按完工进度支付价款及相应的增值税款。截至2024年5月31日，甲公司为完成该合同累计发生劳务成本120 000（假定均为装修人员薪酬），估计还将发生劳务成本280 000元。假定该装修业务属于北方公司的主营业务，全部由其自行完成。

业务2：5月20日，在装修展会上，公司与客户签订合同，承诺自2024月6月1日至2025年3月31日期间，应客户要求随时进行装修设计及进场装修。当日收到218万元装修费存入银行。

（**思考**：在2024月6月1日至2025年3月31日期间，实际进行装修设计和装修工程时应如何核算？）

业务3：承接业务1，6月30日，乙公司的装修经专业测量师测量后，确定该项劳务的完工程度为70%；公司开出增值税专用发票，乙公司按完工进度支付价款及相应的增值税款。6月，为完成该合同发生劳务成本200 000（均为装修人员薪酬），为完成合同估计还将发生劳务成200 000元。

业务4：承接业务1和业务3，7月31日，装修完工，乙公司验收合格，公司开出增值税专用发票，乙公司按完工进度支付价款及相应的增值税款。7月，为完成该合同发生劳务成本120 000元（假定均为装修人员薪酬）。

业务5：8月18日公司通过竞标赢得一个工程装修客户，为取得与该客户的合同，公司从律师事务所聘请律师调查支付费用15 000元，为投标发生差旅费10 000元，支付销售人员佣金60 000元。公司预计这些支出未来均能够收回。

（**思考**：装修过程中，每月应如何摊销合同取得成本？）

知识

一、收入概述

收入是指企业在日常活动中形成的、会导致所有者权益增加的、与所有者投入资本无关的经济利益的总流入。其中，日常活动是指企业为完成其经营目标所从事的经常性活动以及与之相关的其他活动。

工业企业制造并销售产品、商品流通企业销售商品、咨询公司提供咨询服务、软件开发企业为客户开发软件、安装公司提供安装服务等提供的劳务、商业银行对外贷款、租赁公司出租资产、建造合同等实现的经济利益的流入均属于企业的收入。

按照企业主要经营业务等经常性经营活动实现的收入，通常将收入分为主营业务收入和其他业务收入。其中，主营业务收入是指企业为完成其经营目标从事的经常性活动实现的收入。如工业企业制造并销售产品、商业企业销售商品、保险公司签发保单、咨询公司提供咨询服务、软件开发企业为客户开发软件、安装公司提供安装服务、商业银行对外贷款、租赁公司出租资产等实现的收入。

二、收入的确认和计量

企业在确认和计量收入时，应遵循的基本原则是：确认收入的方式应当反映其向客户转让商品或提供服务的模式，收入的金额应当反映企业因转让商品或提供服务而预期有权收取的对价金额。通过收入确认和计量能进一步如实地反映企业的生产经营成果，准确核算企业实现的损益。

（一）收入确认的原则

企业应当在履行了合同中的履约义务，即在客户取得相关商品控制权时确认收入。取得相关商品控制权，是指客户能够主导该商品的使用并从中获得几乎全部经济利益，也包括有能力阻止其他方主导该商品的使用并从中获得经济利益。取得商品控制权包括三个要素：一是客户必须拥有现时权利，能够主导该商品的使用并从中获得几乎全部经济利益。如果客户只能在未来的某一期间主导该商品的使用并从中获益，则表明其尚未取得该商品的控制权。二是客户有能力主导该商品的使用，即客户在其活动中有权使用该商品，或者能够允许或阻止其他方使用该商品。三是客户能够获得几乎全部的经济利益。商品的经济利益是指商品的潜在现金流量，既包括现金流入的增加，也包括现金流量的减少。客户可以通过使用、消耗、出售、处置、交换、抵押或持有等多种方式直接或间接地获得商品的经济利益。

需要说明的是，本部分所称的客户是指与企业订立合同以向该企业购买其日常活动产出的商品并支付对价的一方；所称的商品包括商品和服务。本章的收入不涉及企业对外出租资产收取的租金、进行债权投资收取的利息、进行股权投资取得的现金股利以及保费收入等。

（二）收入确认的条件

企业与客户之间的合同同时满足下列五项条件的，企业应当在客户取得相关商品控制权时确认收入：

1. 合同各方已批准该合同并承诺将履行各自义务；
2. 该合同明确了合同各方与所转让商品相关的权利和义务；
3. 该合同有明确的与所转让商品相关的支付条款；
4. 该合同具有商业实质，即履行该合同将改变企业未来现金流量的风险、时间分布或金额；
5. 企业因向客户转让商品而有权取得的对价很有可能收回。

（三）收入确认和计量的步骤

根据《企业会计准则第 14 号——收入》，收入确认和计量大致分为五步：

第一步，识别与客户订立的合同。

合同是指双方或多方订立的有法律约束力的权利义务的协议。合同有书面形式、口头形式以及其他形式。合同的存在是企业确认客户合同收入的前提，企业与客户之间的合同一经签订，企业即享有从客户取得与转移商品和服务对价的权利，同时负有向客户转移商品和服务的履约义务。

第二步，识别合同中的单项履约义务。

履约义务是指合同中企业向客户转让可明确区分商品或服务的承诺。企业应当将向客户转让可明确区分商品（或者商品的组合）的承诺以及向客户转让一系列实质相同且转让模式相同的、可明确区分商品的承诺作为单项履约义务。例如，企业与客户签订合同，向其销售商品并提供安装服务，该安装服务简单，除该企业外其他供应商也可以提供此类安装服务，该合同中销售商品和提供安装服务为两项单项履约义务。若该安装服务复杂且商品要按客户定制要求修改，则合同中销售商品和提供安装服务合并为单项履约义务。

第三步，确定交易价格。

交易价格是指企业因向客户转让商品面预期有权收取的对价金额，不包括企业代第三方收取的款项（如增值税）以及企业预期将退还给客户的款项。合同条款所承诺的对价，可能是固定金额、可变金额或两者兼有。例如，甲公司与客户签订合同为其建造一栋厂房，交易价格为固定金额 100 万元，4 个月完工；假如合同中约定若提前 1 个月完工，客户将额外奖励甲公司 10 万元，甲公司对合同估计工程提前 1 个月完工的概率为 95%。则甲公司预计有权收取的对价为 110 万元，即交易价格包括固定金额 100 万元和可变金额 10 万元，总计为 110 万元。

第四步，将交易价格分摊至各单项履约义务。

当合同中包含两项或多项履约义务时，需要将交易价格分摊至各单项履约义务，分摊的方法是在合同开始日，按照各单项履约义务所承诺商品的单独售价（企业向客户单独销售商品的价格）的相对比例，将交易价格分摊至各单项履约义务。通过分摊交易价格，使企业分摊至各单项履约义务的交易价格能够反映其因向客户转让已承诺的相关商品而有权收取的对价金额。

例如，企业与客户签订合同，向其销售A、B、C三件产品，不含增值税的合同总价款为10 000元。A、B、C产品的不含增值税单独售价分别为5 000元、3 500元和7 500元，合计16 000元。按照交易价格分摊原则，A产品应当分摊的交易价格为3 125元（5 000 + 16 000 × 10 000），B产品应当分摊的交易价格为2 187.5元（3 500 + 16 000 × 10 000），C产品应当分摊的交易价格为4 687.5元（7 500 + 16 000 × 10 000）。

第五步，履行各单项履约义务时确认收入。

当企业将商品转移给客户，客户取得了相关商品的控制权，意味着企业履行了合同履约义务，此时，企业应确认收入。企业将商品控制权转移给客户，可能是在某一时段内（即履行履约义务的过程中）发生，也可能在某一时点（即履约义务完成时）发生。企业应当根据实际情况，首先判断履约义务是否满足在某一时段内履行的条件，如不满足，则该履约义务属于在某一时点履行的履约义务。

收入确认和计量五个步骤中，第一步、第二步和第五步主要与收入的确认有关，第三步和第四步主要与收入的计量有关。

需要说明的是，一般而言，确认和计量任何一项合同收入应考虑全部的五个步骤。但履行某些合同义务确认收入不一定都经过五个步骤，如企业按照第二步确定某项合同仅为单项履约义务时，可以从第三步直接进入第五步确认收入，不需要第四步（分摊交易价格）。

三、合同取得成本

企业为取得合同发生的增量成本预期能够收回的，应作为合同取得成本确认为一项资产。增量成本是指企业取得合同才会发生的成本，不取得合同就不会发生成本，也就是企业发生的与合同直接相关，但又不是所签订合同的对象或内容（如建造商品或提供服务）本身所直接发生的费用，例如销售佣金，如果销售佣金预期可通过未来的相关服务收入予以补偿，该销售佣金（即增量成本）应在发生时确认为一项资产，即合同取得成本。

注：销售佣金是指企业销售业务中卖方或买方支付给中间商代理买卖或介绍交易的服务酬金。佣金是商业活动中的一种劳务报酬，是具有独立地位和经营资格的中间人（通常不包括本企业的职工）在商业活动中为他人提供服务所得到的报酬。

企业取得合同发生的增量成本已经确认为资产的，应当采用与该资产相关的商品收入确认相同的基础进行摊销并计入当期损益。为简化实务操作，该资产摊销期限不超过一年的，可以在发生时直接计入当期损益。

企业为取得合同发生的除预期能够收回的增量成本之外的其他支出，例如，无论是否取得合同均会发生的差旅费、投标费、为准备投标资料发生的相关费用等，应当在发生时计入当期损益，除非这些支出明确由客户承担。

四、合同履约成本

合同履约成本是指为履行当前或预期取得的合同所发生的、属于《企业会计准则第14号——收入》规范范围并且按照该准则应当确认一项资产的成本。

企业为履行合同会发生各种成本，企业在确认收入的同时应对这些成本进行分析，属于《企业会计准则第14号——收入》准则规范范围且同时满足下列条件的，应当作为合同履约成本确认为一项资产：

1. 该成本与一份当前或预期取得的合同直接相关

（1）与合同直接相关的成本。包括：①直接人工（如支付给直接为客户提供所承诺服务的人员的工资、奖金等）；②直接材料（如为履行合同耗用的原材料、辅助材料、构配件、零件、半成品的成本和周转材料的摊销及租赁费用等）；③制造费用或类似费用（如组织和管理相关生产、施工、服务等活动发生的费用，包括管理人员的职工薪酬、劳动保护费、固定资产折旧费及修理费、物料消耗、取暖费、水电费、办公费、差旅费财产保险费、工程保修费、临时设施摊销费等）。

（2）明确由客户承担的成本以及仅因该合同而发生的其他成本（如支付给分包商的成本、机械使用费、设计和技术援助费用、施工现场二次转运费、生产工具和用具使用费、检验试验费、工程定位复测费、工程点交费用、场地清理费等）。

2. 该成本增加了企业未来用于履行（包括持续履行）履约义务的资源

3. 该成本预期能够收回

注意：企业在下列支出发生时，应当将其计入当期损益。一是管理费用，除非这些费用明确由客户承担。二是非正常消耗的直接材料、直接人工和制造费用（或类似费用），这些支出为履行合同发生，但未反映在合同价格中。三是与履约义务中已履行（包括已全部履行或部分履行）部分相关的支出，即该支出与企业过去的履约活动相关。四是无法在尚未履行的与已履行（或已部分履行）的履约义务之间区分的相关支出。

企业发生合同履约成本时，借记“合同履约成本”科目，贷记“银行存款”“应付职工薪酬”“原材料”等科目；对合同履约成本进行摊销时，借记“主营业务成本”“其他业务成本”等科目，贷记“合同履约成本”科目。

五、在某一时点履行履约义务确认收入的核算

对于在某一时点履行的履约义务，企业应当在客户取得相关商品控制权时点时确认收入。在判断控制权是否转移时，企业应当综合考虑下列迹象：

1. 企业就该商品享有现时收款权利，即客户就该商品负有现时付款义务

例如，甲企业与客户签订销售商品合同，约定客户有权定价且在收到商品无误后10日内付款。在客户收到甲企业开具的发票、商品验收入库后，客户能够自主确定商品的销售价格或商品的使用情况，此时甲企业享有收款权利，客户负有现时付款义务。

2. 企业已将该商品的法定所有权转移给客户，即客户已拥有该商品的法定所有权

例如，房地产企业向客户销售商品房，在客户付款后取得房屋产权证时，表明企业已将该商品房的法定所有权转移给客户。

3. 企业已将该商品实物转移给客户，即客户已占有该商品实物

例如，企业与客户签订交款提货合同，在企业销售商品并送货到客户指定地点，客户验收合格并付款，表明企业已将该商品实物转移给客户，即客户已占有该商品实物。

4. 企业已将商品所有权上的主要风险和报酬转移给客户

例如，甲房地产公司向客户销售商品房办理产权转移手续该商品房价格上涨或下跌

带来的利益或损失全部属于客户，表明客户已取得该商品房所有权上的主要风险和报酬。

5. 客户已接受该商品

例如，企业向客户销售为其定制生产的节能设备，客户收到并验收合格后办理入库手续，表明客户已接受该商品。

6. 其他表明客户已取得商品控制权的迹象

六、在某一时段内履行履约义务确认收入的确认原则

某一时段内履行履约义务的收入确认

对于在某一时段内履行的履约义务，企业应当在该段时间内按照履约进度确认收入，履约进度不能合理确定的除外。

满足下列条件之一的，属于在某一时段内履行的履约义务：

（1）客户在企业履约的同时即取得并消耗企业履约所带来的经济利益。

（2）客户能够控制企业履约过程中在建的商品。

（3）企业履约过程中所产出的商品具有不可替代用途，且该企业在整个合同期间内有权就累计至今已完成的履约部分收取款项。

企业应当考虑商品的性质，采用实际测量的完工进度、评估已实现的结果、时间进度、已完工或交付的产品等产出指标，或采用投入的材料数量、花费的人工工时、机器工时、发生的成本和时间进度等投入指标确定恰当的履约进度，并且在确定履约进度时，应当扣除那些控制权尚未转移给客户的商品和服务。资产负债表日，企业按照合同的交易价格总额乘以履约进度扣除以前会计期间累计已确认的收入后的金额，确认当期收入。

七、科目设置

为了核算企业与客户之间的合同产生的收入及相关的成本费用，一般需要设置“主营业务收入”“其他业务收入”“主营业务成本”“其他业务成本”“合同取得成本”“合同履约成本”“合同资产”“合同负债”等科目。其中：

（1）“主营业务收入”科目核算企业确认的销售商品、提供服务等主营业务的收入。该科目贷方登记企业主营业务活动实现的收入，借方登记期末转入“本年利润”科目的主营业务收入，结转后该科目应无余额。该科目可按主营业务的种类进行明细核算。

（2）“其他业务收入”科目核算企业确认的除主营业务活动以外的其他经营活动实现的收入，包括出租固定资产、出租无形资产、出租包装物和商品、销售材料、用材料进行非货币性交换（非货币性资产交换具有商业实质且公允价值能够可靠计量）或债务重组等实现的收入。该科目贷方登记企业其他业务活动实现的收入，借方登记期末转入“本年利润”科目的其他业务收入，结转后该科目应无余额。该科目可按其他业务的种类进行明细核算。

（3）“主营业务成本”科目核算企业确认销售商品、提供服务等主营业务收入时应结转的成本。该科目借方登记企业应结转的主营业务成本，贷方登记期末转入“本年利润”科目的主营业务成本，结转后该科目应无余额。该科目可按主营业务的种类进行明细核算。

（4）“其他业务成本”科目核算企业确认的除主营业务活动以外的其他经营活动所形成的成本，包括出租固定资产的折旧额、出租无形资产的摊销额、出租包装物的成本或摊销额、销售材料的成本等。该科目借方登记企业应结转的其他业务成本，贷方登记期末转入“本年利润”科目的其他业务成本，结转后该科目应无余额。该科目可按其他业务的种类进行明细核算。

（5）“合同取得成本”科目核算企业取得合同发生的、预计能够收回的增量成本。该科目借方登记发生的合同取得成本，贷方登记摊销的合同取得成本，期末借方余额，反映企业尚未结转的合同取得成本。该科目可按合同进行明细核算。

（6）“合同履约成本”科目核算企业为履行当前或预期取得的合同所发生的、不属于其他企业会计准则规范范围且按照收入准则应当确认为一项资产的成本。该科目借方登记发生的合同履约成本，贷方登记摊销的合同履约成本，期末借方余额，反映企业尚未结转的合同履约成本。该科目可按合同设置“服务成本”“工程施工”等明细科目进行明细核算。

（7）“合同资产”科目核算企业已向客户转让商品而有权收取对价的权利，且该权利取决于时间流逝之外的其他因素（如履行合同中的其他履约义务）。该科目借方登记因已转让商品而有权收取的对价金额，贷方登记取得无条件收款权的金额，期末借方余额，反映企业已向客户转让商品而有权收取的对价金额。该科目按合同进行明细核算。

（8）“合同负债”科目核算企业已收或应收客户对价而应向客户转让商品的义务。该科目贷方登记企业在向客户转让商品之前，已经收到或已经取得无条件收取合同对价权利的金额；借方登记企业向客户转让商品时冲销的金额，期末贷方余额，反映企业在向客户转让商品之前已经收到的合同对价或已经取得的无条件收取合同对价权利的金额。该科目按合同进行明细核算。

此外，企业发生减值的，还应当设置“合同履约成本减值准备”“合同取得成本减值准备”“合同资产减值准备”等科目进行核算。

八、特殊销售业务的核算

1. 商品已经发出但不符合收入确认条件的业务处理

假设企业按合同发出商品，合同约定客户只有在商品售出取得价款后才支付货款。客户收到的商品未实现销售之前，企业无法收到发出商品的款项，因此企业在发出商品时不应确认收入，将发出商品的成本记入“发出商品”科目。借记“发出商品”科目，贷记“库存商品”科目。如已发出的商品被客户退回，应编制相反的会计分录。“发出商品”科目核算企业商品已发出但还未满足确认收入条件的发出商品成本。当收到货款或取得收取货款权利时，再确认收入，借记“银行存款”“应收账款”科目，贷记“主营业务收入”科目和“应交税费——应交增值税（销项税额）”科目，同时结转已销商品成本，借记“主营业务成本”科目，贷记“发出商品”科目。

2. 销售折让的业务处理

销售折让是指企业因售出商品的质量不符合合同要求等原因而在销售价格上给予的减让。对于销售折让，企业应分别不同情况进行处理：①已确认收入的售出商品发生销售折让的，通常应当在发生时冲减当期商品销售收入；②已确认收入的销售折让属于资产负债表日后事项的，按照《企业会计准则第 29 号——资产负债表日后事项》的相关规定进行处理。

3. 销售退回的业务处理

销售退回的核算

销售退回是指企业售出的商品由于质量、品种不符合合同要求等原因而发生的退货。对于销售退回，企业应分别不同情况进行会计处理：

（1）对于未确认收入的售出商品发生销售退回的，企业应按已记入“发出商品”科目的商品成本金额，借记“库存商品”科目，贷记“发出商品”科目。采用计划成本或售价核算的，应按计划成本或售价记入“库存商品”科目，同时计算产品成本差异或商品进销差价。

（2）对于已确认收入的售出商品发生退回的，企业应在发生时冲减当期销售商品收入，同时冲减当期商品销售成本。如该项销售退回允许扣减增值税额的，应同时调整“应交税费——应交增值税（销项税额）”科目的相应金额。已确认收入的售出商品发生的销售退回属于资产负债表日后事项的，按照《企业会计准则第 29 号——资产负债表日后事项》的相关规定进行处理。

4. 收取手续费方式委托代销商品的业务处理

收取手续费方式委托代销，委托方在发出商品时因不符合收入确认的条件，所以通常确认商品销售收入，而是应在收到受托方开出的代销清单时确认商品销售收入；受托方应在商品销售后，按合同或协议约定的方法将计算确定的手续费确认收入。

做中学

第一组

业务 1：

（1）确认收入，单据包括增值税专用发票的记账联，出库单，银行承兑汇票卡片复印件，银行付款凭证。

借：应收票据——乙公司　　228 180
　　贷：主营业务收入　　200 000
　　　　应交税费——应交增值税（销项税额）　　26 000
　　　　银行存款　　2 180

（2）结转销售成本，单据包括出库单。

借：主营业务成本　　120 000
　　贷：库存商品　　120 000

业务 2：

（1）退还货款，单据包括银行付款凭证，退货原因说明书。

借：主营业务收入　　10 000
　　应交税费——应交增值税（销项税额）　　1 300
　　贷：银行存款　　11 300

（2）退回商品入库，单据包括入库单。

借：库存商品——提花枕巾　　7 500

　　贷：主营业务成本——提花枕巾　　7 500

业务3：

（1）发出商品，单据包括出库单。

借：发出商品　　70 000

　　贷：库存商品　　70 000

（2）确认增值税，单据包括增值税发票的记账联，银行委托收款回单。

借：应收账款——达达商场　　15 600

　　贷：应交税费——应交增值税（销项税额）　　15 600

（注：如果销售该批商品未开出发票，则纳税义务尚未发生，不作这笔分录，待纳税义务发生时再作应交增值税的分录）

业务4：

（1）确认收入，单据包括增值税发票的记账联，出库单，委托银行收款回单。

借：应收账款——红星公司　　2 016 000

　　贷：主营业务收入

　　　　1 782 000［2 000 × 1 000 ×（1 − 10%）×（1 − 1%）］

　　　　应交税费——应交增值税（销项税额）　　234 000

（2）结转已销商品成本，单据包括出库单。

借：主营业务成本　　1 600 000

　　贷：库存商品　　1 600 000

业务5：

单据包括红字增值税发票的记账联，银行付款凭证。

借：主营业务收入　　1 000（50 × 400 × 5%）

　　应交税费——应交增值税（销项税额）　　130

　　贷：银行存款　　1 130

业务6：

单据包括银行收款通知。

借：银行存款　　2 034 000

　　贷：主营业务收入　　18 000

　　　　应收账款——红星商场　　2 016 000

业务7：

发出商品，单据包括出库单。

借：发出商品——蚕丝夏被　　1 500 000

　　贷：库存商品——蚕丝夏被　　1 500 000

业务8：

（1）单据包括代销清单，开出增值税发票的记账联。

借：应收账款——甲公司　　565 000

　　贷：主营业务收入　　500 000

　　　　应交税费——应交增值税（销项税额）　　65 000

（2）单据包括代销清单。

借：主营业务成本——蚕丝被　　300 000

　　贷：发出商品——蚕丝被　　300 000

（3）单据包括银行收款通知，代销手续费计算单。

借：银行存款　　515 000

　　销售费用　　50 000

　　贷：应收账款——甲公司　　565 000

甲公司的处理：

（1）收到代销商品，单据包括入库单。

借：受托代销商品——蚕丝被　　2 500 000

　　贷：受托代销商品款——甲公司　　2 500 000

（2）实现销售，单据包括增值税发票的记账联，银行收款通知，代销清单。

借：银行存款　　565 000

　　贷：受托代销商品——蚕丝被　　500 000

　　　　应交税费——应交增值税（销项税额）　　65 000

（3）交付代销清单，单据包括增值税专用发票的记账联。

借：受托代销商品款——甲公司　　500 000

　　应交税费——应交增值税（进项税额）　　65 000

　　贷：应付账款——甲公司　　65 000

（4）支付货款并计算代销手续费，单据包括付款凭证，代销手续费计算单。

借：应付账款——甲公司　　565 000

　　贷：银行存款　　515 000

　　　　其他业务收入　　50 000

业务9：

分摊至蚕丝被的合同价格 = [6 000 ÷ (6 000 + 24 000)] × 25 000 = 5 000（元）

分摊至鹅绒被的合同价格 = [24 000 ÷ (6 000 + 24 000)] × 25 000 = 20 000（元）

（1）发出蚕丝被，单据包括出库单，合同。

借：合同资产　　5 000

　　贷：主营业务收入　　5 000

（2）结转已销蚕丝被成本，单据包括出库单。

借：主营业务成本　　4 200

　　贷：库存商品——蚕丝被　　4 200

业务10：

发出鹅绒被，单据包括出库单，增值税专用发票的记账联。

借：应收账款　　28 250
　　贷：合同资产　　5 000
　　　　主营业务收入　　2 000
　　　　应交税费——应交增值税（销项税额）　　3 250

业务11：

单据包括银行收款通知。

借：银行存款　　28 250
　　贷：应收账款　　28 250

第二组

北方公司主营装修设计及装修服务，为增值税一般纳税人，装修服务适用9%的增值税税率。2024年5～8月发生如下经济业务。

业务1：

（1）确认5月装修成本，单据包括薪酬费用分配表。

借：合同履约成本　　120 000
　　贷：应付职工薪酬　　120 000

（2）确认5月劳务收入，单据包括增值税专用发票的记账联，完工进度测量单，银行收款。通知，收入计算表（5月应确认的劳务收入＝500 000×25%－0＝125 000元）

借：银行存款　　136 250
　　贷：主营业务收入　　125 000
　　　　应交税费——应交增值税（销项税额）　　11 250

（3）结转5月劳务成本，单据包括完工进度测量单，结转劳务成本计算单。

借：主营业务成本　　100 000
　　贷：合同履约成本　　100 000

业务2：

单据包括银行收款通知，收据。

借：银行存款　　2 180 000
　　贷：合同负债　　2 000 000
　　　　应交税费——待转销项税额　　180 000

装修期间，根据相关单据按月确认收入。

借：合同负债
　　应交税费——待转销项税额
　　贷：主营业务收入
　　　　应交税费——应交增值税（销项税额）

业务3：

（1）确认6月装修成本，单据包括薪酬费用分配表。

借：合同履约成本　　200 000
　　贷：应付职工薪酬　　200 000

（2）确认 6 月劳务收入，单据包括增值税专用发票的记账联，完工进度测量单，银行收款。通知，收入计算表（5 月应确认的劳务收入 = 500 000 × 70% − 125 000 = 225 000 元）

借：银行存款　　245 250
　　贷：主营业务收入　　225 000
　　　　应交税费——应交增值税（销项税额）　　20 250

（3）结转 6 月劳务成本，单据包括完工进度测量单，结转劳务成本计算单。

借：主营业务成本　　180 000
　　贷：合同履约成本　　180 000

业务 4：

（1）确认 7 月装修成本，单据包括薪酬费用分配表。

借：合同履约成本　　120 000
　　贷：应付职工薪酬　　120 000

（2）确认 7 月劳务收入，单据包括增值税专用发票的记账联，完工进度测量单，银行收款通知，收入计算表（5 月应确认的劳务收入 = 500 000 − 125 000 − 225 000 = 150 000 元）

借：银行存款　　163 500
　　贷：主营业务收入　　150 000
　　　　应交税费——应交增值税（销项税额）　　13 500

（3）结转 7 月劳务成本，单据包括完工进度测量单，结转劳务成本计算单，工程结算单。

借：主营业务成本　　120 000
　　贷：合同履约成本　　120 000

业务 5：

单据包括银行付款凭证，差旅费报销单。

借：合同取得成本　　60 000
　　管理费用　　25 000
　　贷：银行存款　　85 000

在装修过程中按月确认收入时，将“合同取得成本”摊入“销售费用”。

学后做

安宁有限责任公司于 2009 年 1 月设立，主营数字化产品的生产和销售，提供数字化产品的培训服务。适用 13% 的增值税率。2024 年 12 月安宁公司有关收入的业务如下：

业务 1：2 日，采用委托收款结算方式销售一批数字化产品，开出的增值税专用发票上注明售价 600 000 元，增值税税额 78 000 元。产品已经发出，该批商品的成本为420 000元。

业务2：8日，采用委托收款结算方式销售一批数字化产品，开出的增值税专用发票注明售价100 000元，增值税税额13 000元。该批产品成本60 000元。销售该批产品时已得知甲公司资金流转发生暂时困难，短期内无法收到货款，但为了减少存货积压，同时也为了维持与甲公司长期以来建立的商业关系，公司仍将产品发出，并办理了委托收款手续。假定公司销售该批商品的纳税义务已经发生。

业务3：9日，收到上月30日数字化产品的销售款存入银行。该产品标价20万元，实际成本12万元。公司销售商品适用13%的增值税税率。合同中约定，公司给予买方10%的商业折扣及2/10，1/20，n/30现金折扣条件。上月通过对买方付款能力评估判断买方20天后付款的概率大于70%。假定计算现金折扣时不考虑增值税。

思考：上月30日销售实现时是如何处理业务的？

业务4：15日，收到长江公司发来的函，要求对上月购买的数字化产品在价格上给予5%的折让，原因为收到的商品规格不符合合同的要求。航大公司审核后同意并办妥了相关手续，开具了增值税专用发票（红字）。上月销售给长江公司的产品价款1 000 000元，增值税130 000元，款未收。公司上月已确认该批商品的销售收入并已结转销售成本。

业务5：20日，上月销售给宏达公司的商品质量出现了严重问题，宏达公司将该批商品全部退回。航大公司同意退货，于当日支付了退货款，按规定向购货方开具了红字增值税专用发票，并将退回的商品验收入库。该批上月销售的商品售价20 000元，增值税2 600元，款已收。商品实际成本15 000元。公司上月对该项销售已经确认了收入并结转了销售成本。

业务6：22日，采用预收款方式向客户销售数字化产品一批。该批实际产品成本600 000元。合同约定：该批商品销售价格800 000元。客户在合同签订时预付60%的销售价款，剩余价税款于26日支付。

业务7：26日，公司发出产品，开出增值税专用发票，收到剩余价税款存入银行。

思考：如果24日发货，26日收到剩余款项，应该如何处理？

业务8：28日，经技术人员测量，公司本月2日与华兴公司签订为期3个月的软件培训已完成20%。安宁公司开出增值税专用发票，发票上注明培训费20 000元，增值税税额1 200元，款已收到。本月支出均为培训教师薪酬，总计12 000元，预计还应支出58 000元。该合同总培训额100 000元，培训期3个月，本月2日预售培训费30 000元，其余培训费在培训完成时一次性收取。假设该培训能够如期完成并按时收到培训款项。

思考：后2个月的业务应该如何处理？

任务2 利润及利润分配的核算

认知业务

伊达公司适用25%的所得税税率，2024年12月31日有关损益类科目的累计发生额如下表（该企业采用表结法年末一次性结转损益类科目），假设该公司2024年度以前不存在亏损，2024年度不存在任何纳税调整因素。

1. 2024年损益科目累计发生额统计表　　2024.12.31

科目名称	借或贷	累计发生额
主营业务收入	贷	6 000 000.00
其他业务收入	贷	700 000.00
公允价值变动损益	贷	150 000.00
投资收益	贷	600 000.00
营业外收入	贷	50 000.00
主营业务成本	借	4 000 000.00
其他业务成本	借	400 000.00
税金及附加	借	80 000.00
销售费用	借	500 000.00
管理费用	借	770 000.00
财务费用	借	200 000
资产减值损失	借	100 000.00.00
营业外支出	借	250 000.00

2. 经股东大会决议，公布的利润分配方案如下：按10%提取法定盈余公积，按净利润的20%发放普通股现金股利。

任务：结转损益科目发生额，计算2024年度所得税费用并结转所得税费用，完成利润分配的处理并结转利润分配各明细科目。

知识

一、利润概述

（一）概念

利润是指企业在一定会计期间的经营成果。利润包括收入减去费用后的净额、直接计入当期利润的利得和损失等。

（二）利润相关计算公式

1. 营业利润 = 营业收入 - 营业成本 - 税金及附加 - 销售费用 - 管理费用 - 财务费用 - 研发费用 + 其他收益 - 信用减值损失 - 资产减值损失 + 公允价值变动收益（- 公允价值变动损失）+ 投资收益（- 投资损失）+ 资产处置收益（- 资产处置损失）+ 净敞口套期收益（- 净敞口套期损失）

其中，营业收入是指企业经营业务所确定的收入总额，包括主营业务收入和其他业务收入；营业成本是指企业经营业务所发生的实际成本总额，包括主营业务成本和其他业务成本；信用减值损失和资产减值损失是指企业计提的各项资产减值准备所形成的损失；公允价值变动收益（或损失）是指企业交易性金融资产等公允价值变动形成的应计入当期损益的利得（或损失）；投资收益（或损失）是指企业以各种方式对外投资所取得的收益（或损失）；资产处置收益（或损失）包括出售固定资产、无形资产等长期资产的利得或损失。

2. 利润总额 = 营业利润 + 营业外收入 - 营业外支出

其中，营业外收入（或支出）是指企业发生的与日常活动无直接关系的、直接计入当期损益的各项利得（或损失）。

3. 净利润 = 利润总额 - 所得税费用

其中，所得税费用是指企业确认的应从当期利润总额中扣除的所得税费用。

二、本年利润与利润分配的核算

会计期末，企业应将“主营业务收入”“其他业务收入”“营业外收入”等科目的累计发生额分别转入“本年利润”科目的贷方；将“主营业务成本”“其他业务成本”“税金及附加”“销售费用”“管理费用”“财务费用”“信用减值损失”“资产减值损失”“营业外支出”“所得税费用”等科目的累计发生额分别转入“本年利润”科目的借方；将“公允价值变动损益”“投资收益”科目的净收益转入“本年利润”科目的贷方（若为损失则转入“本年利润”科目借方）。结转后“本年利润”科目如为贷方余额，表示当年实现的利润，如为借方余额，表示当年发生的亏损。

年度终了，企业将“本年利润”科目的本年累计余额转入“利润分配——未分配利润”科目。如“本年利润”为贷方余额，借记“本年利润”科目，贷记“利润分配——未分配利润”科目；如为借方余额，做相反的会计分录。结转后“本年利润”科目应无余额。

按照《公司法》规定，利润分配的顺序是：①弥补以前年度亏损，②提取法定盈余公积金，③支付股东股利。

做中学

1. 结转损益科目累计发生额，不需要单据。

（1）结转各项收入、利得类科目

借：主营业务收入　　6 000 000
　　其他业务收入　　700 000
　　公允价值变动损益　　150 000
　　投资收益　　600 000
　　营业外收入　　50 000
　　贷：本年利润　　7 500 000

（2）结转各项费用、损失类科目。

借：本年利润　　6 300 000
　　贷：主营业务成本　　4 000 000
　　　　其他业务成本　　400 000
　　　　税金及附加　　80 000
　　　　销售费用　　500 000
　　　　管理费用　　770 000
　　　　财务费用　　200 000
　　　　资产减值损失　　100 000
　　　　营业外支出　　250 000

2. 计算本年度所得税费用

单据包括：企业所得税纳税申报表，所得税费用计算表。

借：所得税费用　　300 000
　　贷：应交税费——应交企业所得税　　300 000

（2024年度伊达公司所得税费用 =1 200 000×25% =300 000元）

3. 结转所得税费用，不需要单据

借：本年利润　　300 000
　　贷：所得税费用　　300 000

4. 结转本年利润科目，不需要单据

借：本年利润　　900 000
　　贷：利润分配——未分配利润　　900 000

（2024年度净利润 =7 500 000 −6 300 000 −300 000 =900 000元）

5. 分配利润

单据包括：利润分配方案

借：利润分配——计提法定盈余公积　　90 000
　　　　　　——普通股现金股利　　180 000
　　贷：盈余公积——法定盈余公积　　90 000
　　　　应付股利——应付普通股现金股利　　180 000

6. 结转利润分配明细账，不需要单据

借：利润分配——未分配利润　　270 000
　　贷：利润分配——计提法定盈余公积　　90 000
　　　　　　　　——普通股现金股利　　180 000

学后做

北极公司于2009年1月设立，适用25%的所得税税率。2024年12月发生以下经济业务：

业务1：2日，因延期付款支付销货单位违约金5 000元。

业务2：4日，结转设备销售净收入10 000元。

业务3：31日，将全年主营业务收入1 000万元，其他业务收入2万元，投资收益55万元，公允价值变动收益5万元，资产处置收益1万元转入“本年利润”账户。

业务4：31日，将全年管理费用300万元，财务费用70万元，销售费用70万元，主营业务成本500万元，其他业务成本0.1万元，税金及附加1万元，资产减值损失0.5万元，营业外支出0.2万元转入“本年利润”账户。

业务5：31日，假设无纳税调整事项，计算全年所得税应纳税额并确认全年所得税费用。

业务6：31日，将全年所得税费用转入“本年利润”科目。

业务7：31日，将全年净利润转入“利润分配——未分配利润”科目。

业务8：31日，经股东大会通过决议，按全年净利润的10%提取法定盈余公积，本年度不发放现金股利。

业务9：31日，结转除未分配利润明细账以外的所有“利润分配”明细账合计额。

【学后做参考答案】

【任务1】

业务1：单据包括：增值税专用发票的记账联，出库单，银行委托收款回单。

借：应收账款　678 000

　贷：主营业务收入　600 000

　　　应交税费——应交增值税（销项税额）　78 000

借：主营业务成本　420 000

　贷：库存商品　420 000

业务2：单据包括：增值税专用发票的记账联，出库单，买方无法按时付款说明。

借：发出商品　60 000

　贷：库存商品　60 000

借：应收账款　13 000

　贷：应交税费——应交增值税（销项税额）　13 000

业务3：单据包括：银行收款通知。

借：银行存款　199 800(203 400 − 180 000 × 2%)

　　主营业务收入　3 600

　贷：应收账款　203 400

思考答案：上月30日销售实现时的业务处理。

单据包括：增值税专用发票的记账联，出库单，银行委托收款回单，现金折扣计算表。

借：应收账款　　203 400（10 000×18×1.13）

　　贷：主营业务收入　　180 000

　　　　应交税费——应交增值税（销项税额）　　23 400（180 000×13%）

借：主营业务成本　　120 000

　　贷：库存商品　　120 000

业务4：单据包括：红字金额增值税专用发票的记账联。

借：主营业务收入　　50 000

　　应交税费——应交增值税（销项税额）　　6 500

　　贷：应收账款——长江公司　　56 500

业务5：单据包括：红字金额增值税专用发票的记账联，银行付款凭证，入库单。

借：主营业务收入　　20 000

　　应交税费——应交增值税（销项税额）　　2 600

　　贷：银行存款　　22 600

借：库存商品　　15 000

　　贷：主营业务成本　　15 000

业务6：单据包括：银行收款通知。

借：银行存款　　480 000

　　贷：预收账款　　480 000

业务7：单据包括：增值税专用发票的记账联，出库单，银行收款通知。

借：预收账款　　480 000

　　银行存款　　424 000

　　贷：主营业务收入　　800 000

　　　　应交税费——应交增值税（销项税额）　　104 000

借：主营业务成本　　600 000

　　贷：库存商品　　600 000

业务8：单据包括：增值税专用发票的记账联，银行收款通知，薪酬费用分配表。

本月应确认的收入＝100 000×20%＝20 000（元）

本月应结转的劳务成本＝70 000×20%＝14 000（元）

2日预收培训款：

借：银行存款　　30 000

　　贷：合同负债——华兴公司　　30 000

28日确认收入：

借：合同负债——华兴公司　　22 600

　　贷：主营业务收入　　20 000

　　　　应交税费——应交增值税（销项税额）　　2 600

28日确认劳务成本：

借：合同履约成本 14 000

贷：应付职工薪酬 14 000

28 日结转劳务成本：

借：主营业务成本 12 000

贷：合同履约成本 12 000

【任务 2】

业务 1：合同、付款凭证。

借：营业外支出 2 000

贷：银行存款 2 000

业务 2：固定资产出售净损益计算表。

借：固定资产清理 10 000

贷：资产处置损益 10 000

业务 3：不需要单据。

借：主营业务收入 10 000 000

其他业务收入 20 000

投资收益 550 000

公允价值变动损益 50 000

资产处置损益 10 000

贷：本年利润 10 630 000

业务 4：不需要单据。

借：本年利润 9 418 000

贷：管理费用 3 000 000

财务费用 700 000

销售费用 700 000

主营业务成本 5 000 000

其他业务成本 1 000

税金及附加 10 000

资产减值损失 5 000

营业外支出 2 000

业务 5：所得税费用计算表。

借：所得税费用 220 500

贷：应交税费——应交所得税 220 000（1 100 000×20%）

递延所得税负债 500

业务 6：不需要单据。

借：本年利润 220 500

贷：所得税费用 220 500

业务 7：不需要单据。

借：本年利润 991 500

贷：利润分配——未分配利润 991 500

业务8：利润分配方案。

借：利润分配——提取的盈余公积　　99 150

　　　　　　——应付普通股股利　　300 000

　　贷：盈余公积——法定盈余公积　　99 150

　　　　应付股利——应付普通股股利　　300 000

业务9：不需要单据。

借：利润分配——未分配利润　　399 150

　　贷：利润分配——提取盈余公积　　99 150

　　　　　　　　——应付普通股股利　　300 000

收入与利润核算习题

13 项目十三 应付债券的核算

学习目标

■ 能树立正确的价值观，依法办事；
■ 能正确掌握应付债券的概念；
■ 能充分了解应付债券主要经济业务的内容；
■ 能正确编制和审核应付债券业务会计凭证；
■ 能完成应付债券相关总账、明细账的建立；
■ 能完成应付债券账簿的登记；
■ 能了解应付债券账务处理结果提供的会计信息。

关键术语

■ 应付债券

有关参考资料

■《企业会计准则基本准则》和《企业会计准则第 17 号——借款费用》
■《初级会计实务》——初级会计资格考试用书

认知业务

嘉华公司决定通过发行企业普通债券的方式筹集新厂房的建设资金。该厂房已于 2020 年 10 月 1 日投入建设，预计于 2022 年 12 月 31 日建设完成并达到预定可使用状态。2021 年至 2024 年发生如下有关债券的经济业务：

业务 1：2021 年 1 月 1 日，成功发行一笔为期 3 年的一次还本付息债券，面值 1 000 万元，票面年利率 4.5%（不计复利），发行价格 1 000 万元，发行款项已收存银行。假定票面利率等于实际利率，不考虑发行费用等其他因素。筹集的款项 1 月已用于厂房建设支付。

业务 2：2021 年 12 月 31 日，计提债券利息 45 万元，按规定予以资本化。

业务 3：2022 年 12 月 31 日，计提债券利息 45 万元，按规定予以资本化。

业务4：2023年12月31日，计提债券利息45万元，按规定予以费用化。

业务5：2024年1月1日，以银行存款支付到期的债券本息共计1 135万元，其中本金1 000万元，利息135万元。

知识

应付债券的核算

一、应付债券概述

企业按法定程序发行的偿还时间在1年（不含1年）以上的债券。企业应达到国家规定的债券发行条件（资本金规模、盈利能力、信誉状况等），按法定程序发行。

发行债券筹资程序：发行债券应先由股东大会做出决议；向国务院证券管理部门提出申请并提交公司登记证明、公司章程、公司债券募集办法以及资产评估报告和验资报告等；制定公司债券募集办法，其主要内容包括公司名称、债券总额和票面金额、债券利率、还本付息的期限和方式、债券发行的起止日期、公司净资产、已发行尚未到期债券总额以及公司债券的承销机构等；同债券承销机构签订债券承销协议或包销合同。

债券发行价格：平价发行，溢价发行，折价发行。

债券付息方式：一次还本付息，一次还本分期付息。

二、科目设置

"应付债券"科目，负债类账户，核算应付债券发行、计提利息、还本付息等情况。该科目的贷方登记应付债券的本金和利息，借方登记归还的债券本金和利息，期末贷方余额表示企业尚未偿还的长期债券。该科目按"面值""利息调整""应计利息"等进行明细核算。企业应当设置"企业债券备查簿"，详细登记企业债券的票面金额、债券票面利率、还本付息期限与方式、发行总额、发行日期和编号、委托代售单位等资料。企业债券到期兑付，在备查簿中应予注销。

三、应付债券的核算

1. 债券发行成功时的处理

企业发行债券，应按实际收到的金额，借记"银行存款"等科目，按债券票面金额，贷记"应付债券——面值"科目，存在差额的，差额借记或贷记"应付债券——利息调整"科目。

2. 期末计提利息的处理

资产负债表日，对于分期付息、一次还本的债券，应按摊余成本和实际利率计算确定的债券利息费用，借记"在建工程""制造费用""财务费用""研发支出"等科目，按票面利率确定的应付未付利息，贷记"应付利息"科目，按其差额，借记或贷记"应付债券——利息调整"科目。对于一次还本付息的债券，应按摊余成本和实际利率计算确定的债券利息费用，借记"在建工程""制造费用""财务费用""研发支出"

等科目，按票面利率确定的应付未付利息，贷记“应付债券——应计利息”科目，按其差额，借记或贷记“应付债券——利息调整”科目。

3. 应付债券到期时的处理

应付债券到期，支付债券本息，借记“应付债券”科目（明细包括面值和应计利息）、“应付利息”等科目，贷记“银行存款”等科目。

做中学

业务 1：单据包括银行进账单、证券发行结算清单、债券发行协议书。

借：银行存款　　10 000 000
　　贷：应付债券——面值　　10 000 000

业务 2：单据包括应付债券利息费用计算表，工程计算单。

借：在建工程　　450 000
　　贷：应付债券——应计利息　　450 000

业务 3：单据包括应付债券利息费用计算表，工程计算单。

借：在建工程　　450 000
　　贷：应付债券——应计利息　　450 000

业务 4：单据包括应付债券利息费用计算表。

借：财务费用　　450 000
　　贷：应付债券——应计利息　　450 000

业务 5：单据包括银行支付清单、银行付款凭证。

借：应付债券——面值　　10 000 000
　　　　　　——应计利息　　1 350 000
　　贷：银行存款　　11 350 000

学后做

2021 年 7 月 1 日，东方公司面值发行三年期一次还本付息债券 200 万元，票面利率 6%（实际利率与票面利率相等）。不考虑债券发行费用。所筹集的资金用于建造一条生产线。该生产线 2021 年 7 月 1 日开工（借款利息开始资本化），2022 年 6 月 30 日完工，达到预定可使用状态。假定固定资产达到预定可使用状态前的借款利息全部予以资本化。东方公司于每年 6 月 30 日和 12 月 31 日计提利息。

业务 1：2021 年 7 月 1 日，债券发行成功收到资金 200 万元。

业务 2：2021 年 12 月 31 日，计提债券利息。

业务 3：2022 年 6 月 30 日，计提债券利息。

业务 4：2022 年 12 月 31 日，计提债券利息。

业务 5：2023 年 6 月 30 日，2023 年 12 月 31 日，2024 年 6 月 30 日计提债券利息。

业务 6：2024 年 7 月 1 日，还本付息。

要求：（1）查找资料，了解上述业务完成的过程以及涉及的部门；

（2）确认上述业务发生或完成时应取得的单据；

（3）编制上述业务的会计分录。

【学后做参考答案】

单据包括：公司发行债权决议，发行债券申请，债券发行结算清单，银行收款通知，利息计提表。

业务 1：	借：银行存款	2 000 000	
	贷：应付债券——面值		2 000 000
业务 2：	借：在建工程	60 000	
	贷：应付债券——应计利息		60 000
业务 3：	借：在建工程	60 000	
	贷：应付债券——应计利息		60 000
业务 4：	借：财务费用	60 000	
	贷：应付债券——应计利息		60 000
业务 5：	借：财务费用	60 000	
	贷：应付债券——应计利息		60 000

2023 年 6 月 30 日，2023 年 12 月 31 日，2024 年 6 月 30 日均为此分录。

业务 6：	借：应付债券——应计利息	360 000	
	——面值	2 000 000	
	贷：银行存款		2 360 000

应付债券核算习题

14 项目十四 资本金的核算

学习目标

■建立依法办事的理念，培养民族自豪感；
■能正确掌握实收资本、资本公积、盈余公积的概念；
■能充分了解权益资本主要经济业务的内容；
■能正确编制和审核权益资本增减变动业务会计凭证；
■能完成审核权益资本增减变动业务相关总账、明细账的建立；
■能完成权益资本增减变动业务账簿的登记；
■能了解权益资本增减变动业务账务处理结果提供的会计信息。

关键术语

■所有者权益

有关参考资料

■《企业会计准则基本准则》和《企业会计准则第 17 号——借款费用》
■《初级会计实务》——初级会计资格考试用书

认知业务

第一组

业务 1：张三、李四、王五三位同学商定办一家小型超市。三方在企业章程中约定，公司名称为“三四五便利店”，注册资本金 50 万元，三方的出资额分别为张三 20 万元，李四 20 万元，王五 10 万元，出资时间为 2024 年 6 月 30 日前交付完毕。该商店在 6 月 30 日前如期收到三方交付的资金分别为 20 万元、20 万元、10 万元，并于 2024 年 6 月 30 日办妥公司登记的相关手续，同时向张三、李四、王五出具出资证明书。

业务 2：新味副食品有限责任公司，由王海一人出资设立，注册资本 100 万元，已有两年的经营历史。为扩大经营规模，现接受另一投资人赵迪加盟。投资合同约定赵迪交付现金资产130万元，享有50%的注册资本份额。接受赵迪投资后，2024年8月20日，新味副食品有限责任公司注册资本变更为200万元。

业务3：长安股份有限公司董事会决定并按法定程序获得批准发行普通股1 000万股，每股面值1元。假定发行成功，每股发行价3元，不考虑发行过程中税费等因素。2024年10月20日股款已全部收到。

第二组：创融房地产开发公司与伊博商贸公司达成协议，共同出资设立悠悠商场（零售企业），注册资本5 000万元，各享有50%的注册资本份额。双方约定：创融公司以其拥有的价值3 000万元（评估价）一幢房屋的两层楼出资，伊博公司以2 000万元现金资产出资。2024年5月20日，悠悠商场办妥企业设立的相关手续。

第三组

业务1：龙一公司2024年12月31日的股本为1亿股，面值为1元，资本公积（股本溢价）为30 000 000元，盈余公积为40 000 000元。经股东大会批准，公司以现金回购本公司股票2 000万股并注销。假定公司按每股2元的价格回购股票，假定不考虑其他因素。

第四组

业务1：吉峰农机公司对新路公司的长期股权投资采用权益法核算，拥有新路公司30%的普通股。投资后第3年，新路公司实现净利润60万元，除实现净利润外其他综合收益增加20万元。

业务2：吉峰农机公司董事会决定，将资本公积金40万元转增资本。2024年9月10日，完成相关增资手续。

业务3：吉峰农机公司年初“利润分配”账户有贷方余额60万元。2024年全年实现净利润80万元。董事会决定按税后利润的10%提取法定盈余公积金。

业务4：世博有限责任公司董事会决定，动用盈余公积金90万元弥补以前年度亏损。

业务5：鑫鑫公司董事会决定，将盈余公积金80万元转增资本，将盈余公积金40万元用于派发现金股利。2024年5月20日，股东大会审议通过董事会的利润分配方案，当日宣告派发。2024年7月20日办妥有关增资手续。

知识

一、所有者权益概述

所有者权益是指资产减去负债后由所有者享有的剩余权益。其来源包括投资者投入的资本、直接计入所有者权益的利得和损失以及从净利润中形成的留存收益。所有者权益的特征：

（1）除非发生减资、清算或分派现金股利，企业不需要偿还所有者权益；

（2）企业清算时，只有在清偿所有的负债后，所有者权益才返还给所有者；

（3）所有者凭借所有者权益能够参与企业利润的分配。

所有者权益通常包括：实收资本（或股本）、其他权益工具、资本公积、其他综合收益、盈余公积和未分配利润。

实收资本是指全体股东或发起人实际交付并经公司登记机关依法登记的出资额或者股本总额。实收资本的构成比例即投资者的出资比例或股东的股权比例，是确定所有者在企业所有者权益中份额的基础，也是企业进行利润或股利分配的主要依据。实收资本的构成包括国家投入资本、企业投入资本、外商投入资本、个人投入资本。实收资本的形成方式包括接受现金资产投资、接受非现金资产投资。

资本公积是指企业接受投资过程中收到投资者出资额超出其在注册资本或股本中所占份额的部分或直接计入所有者权益的利得或损失，由全体所有者共享的一种所有者权益。资本公积包括资本（股本）溢价、其他资本公积。

其他综合收益是指未在当期损益中确认的各项利得和损失。

留存收益是指企业从税后利润中形成的积累。包括：盈余公积和未分配利润。

二、科目设置

（1）“实收资本”科目，股份制企业称“股本”，所有者权益性质，核算企业接受投资者投入的资本金。

（2）“资本公积”科目，所有者权益性质，核算企业接受投资者出资额超出其在注册资本或股本中所占份额的部分以及直接计入所有者权益的利得和损失。该科目应分别设置“资本公积——资本（股本）溢价”“其他资本公积”进行明细核算。

（3）“其他综合收益”科目，所有者权益性质，核算是指未在当期损益中确认的各项利得和损失。

（4）“盈余公积”科目，所有者权益性质，核算企业从净利润中提取的盈余公积。设置“法定盈余公积金”和“任意盈余公积金”进行明细核算。

三、实收资本的核算

实收资本的核算

1. 接受现金资产投资

按实际收到的现金资产，借记“银行存款”，按投资者在注册资本或股本中所占的份额，贷记“实收资本（或股本）”，按其差额，贷记“资本公积——资本溢价”。

2. 接受非现金资产投资

非现金资产的入账价值按投资合同或协议约定的价值入账，合同或协议价不公允的除外。实收资本按投资方在企业注册资本中享有的份额入账。资产的入账价值与实收资本入账价值的差额，计入“资本公积——资本溢价”。

3. 实收资本减少

有限责任公司按法定程序减资，按减少的资本金借记“实收资本”，贷记“银行存款”等科目。股份有限公司按法定程序通过股份回购的方式减资。回购股份时，按回购价借记“库存股”，贷记“银行存款”科目，注销股本时，按回购股份的面值借记“股本”，按回购价贷记“库存股”，若回购价大于回购股份的面值，按其差额冲减“资本公积——股本溢价”，股本溢价不足冲减的部分，依次冲减盈余公积和未分配利润；若回购价小于回购股份的面值，按其差额，贷记“资本公积——股本溢价”。

四、其他权益工具

其他权益工具是指企业发行的除普通股以外的归类为权益工具的各种金融工具。

对于归类为权益工具的金融工具，无论其名称中是否包含“债”，其利息支出或股利分配都应当作为发行企业的利润分配，其回购、注销等作为权益的变动处理。

对于归类为金融负债的金融工具，无论其名称中是否包含“股”，其利息支出或股利分配原则上按照借款费用进行处理，其回购或赎回产生的利得或损失等计入当期损益。

企业（发行方）发行金融工具，其发生的手续费、佣金等交易费用，如分类为债务工具且以摊余成本计量的，应当计入所发行工具的初始计量金额；如分类为权益工具的，应当从权益（其他权益工具）中扣除。

企业按规定发行其他权益工具时，应按照实际收到的金额（发行价扣除发生的手续费、佣金等交易费用），借记“银行存款”科目，贷记“其他权益工具”科目；在存续期间分派股利时，作为利润分配处理，根据经批准的股利分配方案，按应分配给金融工具持有者的股利金额，借记“利润分配——应付优先股股利、应付永续债股利”科目，贷记“应付股利——优先股股利、永续债股利”等科目；企业按规定赎回其他权益工具时，借记“库存股——其他权益工具”科目，贷记“银行存款”等科目；注销时，借记“其他权益工具”科目，贷记“库存股——其他权益工具”科目。

五、资本公积的核算

1. 资本溢价（或股本溢价）的确认与计量

资本溢价按投资者超额缴入资本的数额，资本溢价指有限责任公司投资者交付的出资额，超过其在该企业注册资本中所占份额的部分。股本溢价是按溢价发行股票的溢价扣除发行费用后，即股份有限公司溢价发行股票时实际收到的款项超过股票面值总额的数额。

2. 其他资本公积的确认与计量

（1）在长期股权投资采用权益法核算的，在持股比例不变的情况下，被投资单位除净损益以外所有者权益的其他变动，企业按持股比例计算应享有的份额，借记或贷记“长期股权投资——其他权益变动”科目，贷记或借记“资本公积——其他资本公积”。

（2）以权益结算的股份支付。企业根据以权益结算的股份支付协议授予职工或其他方提供服务的，应按确定的金额，将当期取得的服务计入相关资本成本或费用，同时，增加“资本公积——其他资本公积”。

（3）企业集团内（由母公司和其全部子公司构成）发生的股份支付交易。如结算企业为接受服务企业的投资者，应当按照授予日权益工具的公允价值或应承担负债的公允价值确认为对接受服务企业的长期股权投资，同时确认“资本公积——其他资本公积”或负债。

六、其他综合收益

是指企业根据其他会计准则规定未在当期损益中确认的各项利得和损失。根据其他相关会计准则的规定分为下列两类列报：

1. 以后会计期间不能重分类进损益的其他综合收益项目

（1）重新计量设定受益计划净负债或净资产导致的变动；

（2）按照权益法核算的，在被投资单位以后会计期间不能重分类进损益的其他综合收益中所享有的份额等；

（3）以公允价值计量且其变动计入其他综合收益的金融资产（权益工具）公允价值变动及外汇利得和损失。

2. 以后会计期间在满足规定条件时将重分类进损益的其他综合收益项目

（1）权益法下，在被投资单位以后会计期间在满足规定条件时将重分类进损益的其他综合收益中所享有的份额；

（2）现金流量套期工具产生的利得或损失中属于有效套期的部分；

（3）外币财务报表折算差额；

（4）自用房地产或作为存货的房地产转换为以公允价值模式计量的投资性房地产，在转换日公允价值大于账面价值的差额；

（5）以公允价值计量且其变动计入其他综合收益的金融资产（债务工具）产生的公允价值变动金额；

（6）按照金融工具准则规定，对金融资产重分类按规定可以将原计入其他综合收益的利得或损失转入当期损益的金额。

七、留存收益的核算

1. 盈余公积形成

企业从净利润中提取盈余公积金应借记“利润分配——提取法定公积金”“利润分配——提取任意盈余公积金”科目，贷记“盈余公积——法定盈余公积金”“盈余公积金——任意盈余公积金”科目。

2. 盈余公积减少

依据公司法的规定企业的盈余公积金可用于弥补亏损、转增资本、派发现金股利。企业动用盈余公积金弥补以前年度亏损，应借记“盈余公积”科目，贷记“利润分配——盈余公积补亏”科目；企业用盈余公积金转增资本，应借记“盈余公积”科目，贷记“实收资本”等科目；企业用盈余公积金派发现金股利，应借记“盈余公积”科目，贷记“应付股利”科目。

做中学

第一组：

业务1： 单据包括银行进账单、验资报告、投资协议书、股东持股证明。

借：银行存款	500 000	
贷：实收资本——张三		200 000
——李四		200 000
——王五		100 000

业务2：单据包括银行进账单、股权投资协议、注册资本金变更、股东持股证明。

借：银行存款　　1 300 000
　贷：实收资本——赵迪　　1 000 000
　　资本公积——资本溢价　　300 000

业务3：单据包括银行进账单、股权投资协议、股东持股证明、手续费凭证。

借：银行存款　　30 000 000
　贷：股本　　10 000 000
　　资本公积——股本溢价　　20 000 000

第二组：单据包括固定资产移交使用报告单、银行进账单、股权投资协议、股东持股证明。

借：固定资产　　30 000 000
　银行存款　　20 000 000
　贷：实收资本——创融公司　　25 000 000
　　——伊博公司　　25 000 000

第三组

业务1：单据包括股权变更协议，股东持股证明，银行进账单、股东会决议。

（1）回购本公司股份时：

借：库存股　　40 000 000
　贷：银行存款　　40 000 000

库存股成本 = 20 000 000 × 2 = 40 000 000（元）。

（2）注销本公司股份时：

借：股本　　20 000 000
　资本公积——股本溢价　　20 000 000
　贷：库存股　　40 000 000

应冲减的资本公积 = 20 000 000 × 2 － 20 000 000 × 1 = 20 000 000（元）

【延伸】假定按每股3元的价格回购股票，相关的会计分录为：

（1）回购本公司股份时：

借：库存股　　60 000 000
　贷：银行存款　　60 000 000

（2）注销本公司股份时：

借：股本　　20 000 000
　资本公积——股本溢价　　30 000 000
　盈余公积　　10 000 000
　贷：库存股　　60 000 000

【延伸】如果回购价格为0.9元，则账务处理为：

（1）回购本公司股份时：

借：库存股　　18 000 000

　　贷：银行存款　　18 000 000

（2）注销本公司股份时：

借：股本　　20 000 000

　　贷：库存股　　18 000 000

　　　　资本公积——股本溢价　　2 000 000

第四组

业务1：单据包括股东持股证明，入资协议、股东会决议。

借：长期股权投资——损益调整　　180 000

　　　　　　　　——其他综合收益　　60 000

　　贷：投资收益　　180 000

　　　　其他综合收益　　60 000

业务2：单据包括验资报告、股东会决议等。

借：资本公积　　400 000

　　贷：实收资本　　400 000

业务3：单据包括验资报告、股东会决议、资产验收证明。

借：利润分配——提取法定公积金 80 000（800 000×10%）

　　贷：盈余公积——法定盈余公积金　　80 000

业务4：单据包括股东会决议、资产验收证。

借：盈余公积　　900 000

　　贷：利润分配——盈余公积补亏　　900 000

业务5：单据包括股东会决议、股利分配表。

2024 年 5 月 20 日：

借：盈余公积　　400 000

　　贷：应付股利　　400 000

2024 年 7 月 20 日：

借：盈余公积　　800 000

　　贷：实收资本——×股东　　800 000

学后做

宏达公司 2024 年 1 月设立，主营机电产品的制造、销售。2024 年有关所有者权益的业务如下：

业务1：2024 年 4 月 8 日，接受鑫源公司投入现金资产 50 万元，原材料一批，合同约定原材料价值 200 万元，增值税专用发票注明原材料进项税 34 万元。鑫源公司在宏达公司注册资本中享有的份额为 200 万元。

业务2：2024年4月20日，公司董事会决定：将资本公积40万元转增资本，动用盈余公积金30万元向股东派发现金股利。

要求：（1）查找资料，了解上述业务完成的过程以及涉及的部门；

（2）确认上述业务发生或完成时应取得的单据；

（3）编制上述业务的会计分录。

【学后做参考答案】

业务1：借：银行存款	500 000	
原材料	2 000 000	
应交税费——应交增值税（进项税额）	340 000	
贷：实收资本——鑫源公司		2 000 000
资本公积——资本溢价		840 000
业务2：借：资本公积	400 000	
贷：实收资本		400 000
借：盈余公积	300 000	
贷：应付股利		300 000

资本金核算习题

15 项目十五 会计报表的编制

学习目标

■树立依法工作的观念，培养民族自豪感。

■能够了解资产负债表、利润表、现金流量表、所有者权益变动表的性质、用途、结构和编制依据；理解资产负债表、利润表、现金流量表、所有者权益变动表内各项目所反映的内容；掌握资产负债表、利润表、现金流量表、所有者权益变动表内各项目的数据来源和填列方法。

■能够根据企业的会计资料合理确定各项目数据的来源；能够根据会计准则的要求填列资产负债表、利润表、现金流量表、所有者权益变动表各项目内容；能够运用会计职业判断进行会计信息披露。

■能够了解利润表的原理和作用；理解利润表的构成内容；掌握利润表编制的数据来源；掌握利润表的编制方法。

■能够能熟悉利润表的构成内容；能够正确获取利润表编制的数据来源并能灵活应用；能够正确编制利润表；能够运用会计职业判断进行会计信息披露。

■能够了解现金流量表的性质、用途、结构和编制依据；理解现金流量表内各项目所反映的内容；掌握现金流量表内各项目的数据来源和填列方法。

■能够根据企业的会计资料合理确定各项目数据的来源；能够根据会计准则的要求正确填列现金流量表的正表；能够运用会计职业判断进行会计信息披露。

■能够了解所有者权益变动表的原理、作用和结构；理解所有者权益变动表内各项目所反映的内容；掌握所有者权益变动表内各项目的数据来源和编制方法。

■能够熟悉所有者权益变动表的构成内容；能够正确认识所有者权益变动表编制的数据来源；能够正确编制所有者权益变动表；能够运用会计职业判断进行会计信息披露。

■能够了解附注披露的原理和作用；理解附注披露的内容、基本要求；掌握报表附注的编制。

■能够能熟悉附注披露的内容；能够正确地编制报表附注。

关键术语

■资产负债表
■利润表
■现金流量表
■所有者权益变动表

有关参考资料

■《企业会计准则》
■《初级会计实务》——初级会计资格考试用书

任务 1 资产负债表的编制

一、资产负债表概述

资产负债表，又称财务状况表，是反映企业在某一特定日期的财务状况的会计报表。它是一张静态报表，是根据“资产 = 负债 + 所有者权益”这一会计等式，依照一定的分类标准和顺序，将企业在一定日期的全部资产、负债、所有者权益项目进行适当分类、汇总、计算、排列后编制而成的。

资产负债表是企业的基本会计报表之一，能提供企业某一特定日期所拥有或控制的经济资源，所承担的现时义务和所有者对净资产的要求权。使用者还可以通过对资产负债表中的有关项目进行组合、分析，了解企业的偿债能力、筹资能力、资本结构以及预测企业未来的财务状况。因此，所有独立核算的企业单位都必须按期编制，对外报送。

二、资产负债表的作用

资产负债表是综合反映企业某一特定日期财务状况的报表，既反映企业所拥有或控制的经济资源，也反映企业所承担的现时义务，即负债情况，同时反映了企业所有者对企业净资产的要求权。编制资产负债表的用途在于：

（1）通过编制资产负债表，可以反映企业某一特定日期拥有或控制的经济资源及其分布情况，经营者可以分析企业资产分布是否合理。

（2）通过编制资产负债表，可以反映企业某一特定日期的负债总额及其结构，分析企业目前与未来需要支付的债务数额，投资者和债权人可以据此分析所面临的财务风险。

（3）通过编制资产负债表，可以反映企业某一特定日期的所有者权益总额及其构成状况，了解企业现有的投资者在企业资产总额中所占的份额，分析企业资本结构的合理性，并据此判断资产保值、增值的情况以及对负债的保证程度。

（4）通过编制资产负债表，可以帮助报表使用者全面了解企业的财务状况，分析企业的偿还债务的能力，从而为未来的经营决策提供参考信息。

（5）通过对前后资产负债表的对比分析，可以了解企业资本结构及其变化趋势，掌握财务状况的变化情况。

三、资产负债表的内容

前已述及，资产负债表的编制依据是“资产＝负债＋所有者权益”的会计等式，所以其内容不外乎就是资产、负债和所有者权益三大部分。

（一）资产

资产是指过去的交易或事项形成的，企业拥有或控制的能给企业带来经济利益的资源。资产负债表中各资产项目通常按流动性强弱，划分为流动资产与非流动资产，并进一步分项列示。

流动资产是指预计在一个正常营业周期中变现、出售或耗用，或者主要为交易目的而持有，或者预计在资产负债表日起 1 年内（含 1 年）变现的资产，或者自资产负债表日起 1 年内交换其他资产或清偿负债的能力不受限制的现金或现金等价物。

流动资产项目通常包括货币资金、交易性金融资产、应收票据、应收账款、预付账款、其他应收款、存货、应收利息、应收股利等。在交易性金融资产、应收账款、其他应收款、存货等项目计提了跌价准备或坏账准备的情况下，资产负债表中以上四个项目的金额应为抵减了各该减值或坏账准备项目后的净额。

非流动资产项目通常包括长期股权投资、可供出售金融资产和持有至到期投资、投资性房地产、固定资产、无形资产等。在固定资产、在建工程和无形资产等因减值而计提了减值准备的情况下，资产负债表中以上项目的金额应为抵减了各该减值准备项目后的净额。

（二）负债

负债是指过去的交易或者事项形成的，预期会导致经济利益流出企业的现时义务。负债按流动性强弱分为流动负债和非流动负债。

（1）流动负债是指预计在一个正常营业周期中清偿，或者主要为交易目的而持有，或者自资产负债表日起 1 年内（含 1 年）到期应予以清偿，或者企业无权自主地将清偿推迟至资产负债表日后 1 年以上的负债。流动负债项目包括短期借款、交易性金融负债、应付票据、应付账款、预收账款、应付职工薪酬、应交税费、应付利息、应付股利、其他应付款、一年内到期的非流动负债等。

（2）非流动负债包括长期借款、应付债券、长期应付款、其他非流动负债等。

（三）所有者权益

所有者权益，是指企业资产扣除负债后，由所有者享有的剩余权益。一般按照实收资本（或股本）、其他权益工具、资本公积、其他综合收益、盈余公积和未分配利润分项列示。

四、资产负债表的结构

资产负债表由表头、表身和表尾等部分组成。表头部分列明报表名称、编表单位名称、编制日期和金额计量单位；表身部分是资产负债表的主体和核心，采用资产总额和负债与所有者权益总额相平衡对照的结构，反映资产、负债和所有者权益的内容；表尾部分为补充说明。

资产负债表的格式主要有报告式和账户式两种。我国采用账户式结构。

（一）报告式

报告式资产负债表，又称垂直式资产负债表，是依据书面报告的传统习惯，将资产、负债和所有者权益自上而下排列，上部分列示资产项目，下部分列示负债和所有者权益项目，且上下两部分总计金额相等。

报告式资产负债表见表 15－1。

表 15－1　　资产负债表（报告式）

编制单位：××××　　年　月　日　　单位：元

资产		
	流动资产	
	非流动资产	
	资产合计	
负债		
	流动负债	
	非流动负债	
	负债合计	
所有者权益		
	实收资本	
	资本公积	
	盈余公积	
	未分配利润	
	所有者权益合计	

（二）账户式

账户式资产负债表，又称平衡式资产负债表。是将表分为左右两方，左方列示资产项目，右方列示负债与所有者权益项目，资产负债表左方资产合计数与右方负债和所有者权益合计数相等。因此，通过账户式资产负债表，可以反映资产、负债、所有者权益之间的内在关系，即“资产=负债+所有者权益”。目前，我国财政部针对是否执行新金融工具准则、新收入准则和新租赁准则的企业颁布了两套格式的资产负债表。

账户式资产负债表格式见表（适用于未执行新金融工具准则、新收入准则和新租赁准则的企业）15-2。

表 15-2　　**资产负债表（账户式）**　　会企01表

编制单位：　　年　月　日　　单位：元

资产	年初数	年末数	负债及所有者权益（或股东权益）	年初数	年末数
流动资产：			流动负债：		
货币资金			短期借款		
交易性金融资产			交易性金融负债		
衍生金融资产			衍生金融负债		
应收票据			应付票据		
应收账款			应付账款		
应收账款融资			预收款项		
预付款项			合同负债		
其他应收款			应付职工薪酬		
存货			应交税费		
合同资产			其他应付款		
持有待售资产			持有至待售负债		
一年内到期的非流动资产			一年内到期的非流动负债		
其他流动资产			其他流动负债		
流动资产合计			流动负债合计		
非流动资产：			非流动负债：		
债权投资			长期借款		
其他债权投资			应付债券		
长期应收款			其中：优先股		
长期股权投资			永续债		
其他权益工具投资			租赁负债		
投资性房地产			长期应付款		
固定资产			预计负债		
在建工程			递延收益		
生产性生物资产			递延所得税负债		
油气资产			其他非流动负债		
使用权资产			非流动负债合计		
无形资产			负债合计		

续表

资产	年初数	年末数	负债及所有者权益（或股东权益）	年初数	年末数
开发支出			所有者权益（或股东权益）:		
商誉			实收资本（或股本）		
长期待摊费用			其他权益工具		
递延所得税资产			其中：优先股		
其他非流动资产			永续债		
非流动资产合计			资本公积		
			减：库存股		
			其他综合收益		
			专项储备		
			盈余公积		
			未分配利润		
			所有者权益（或股东权益）合计		
资产总计			负债和所有者权益（或股东权益）总计		

不论是报告式资产负债表还是账户式资产负债表，资产项目按其流动性排列，流动性强的资产排在前面，反之排在后面。负债项目按偿还的先后顺序排列，偿还期限短的排在前面，反之排在后面。权益项目一般按其来源依次分为实收资本、资本公积、盈余公积和未分配利润等项目。另外，为了提高利用效率，设计时都采用了前后期对比方式填列，表中各项目分别列出年初数和期末数，便于报表使用者将两年的数据进行比较，了解企业财务状况变动情况以及企业经营发展趋势。

如有下列情况，应当在资产负债表中调整或增设相关项目：

（1）高危行业企业如有按国家规定提取安全生产费的，应当在资产负债表所有者权益项下的“其他综合收益”项目和“盈余公积”项目之间增设“专项储备”项目，反映企业提取的安全生产费期末余额。

（2）企业衍生金融工具业务具有重要性的，应当在资产负债表资产项下“交易性金融资产”项目和“应收票据”项目之间增设“衍生金融资产”项目，在资产负债表负债项下“交易性金融负债”项目和“应付票据”项目之间增设“衍生金融负债”项目，分别反映企业衍生工具形成资产和负债的期末余额。

五、资产负债表的数据来源

资产负债表的编制，关键在于明确资产负债表的数据来源。

通常，资产负债表的各项目中需填列“年初数”和“期末数”两栏。其中，资产负债表“年初数”栏内各项数字，应根据上年年末资产负债表“期末余额”栏内相应项目的数字填列。如果本年度资产负债表规定的各个项目的名称和内容同上一年度不一致，则按编报本年的口径对上年年末资产负债表各项目的名称和数字进行调整，填入报表“年初数”栏内。

资产负债表“期末余额”栏根据会计报表的编报时间，可分为月末、季末或年末的数字。“期末数”主要是通过对本会计期间的会计核算记录的数据加以归集、整理而成。各项目的数据填列依据有以下几个方面：

（一）根据总账账户余额直接填列

大多数资产负债表项目的数据来源是总账账户余额，而试算平衡表是各总账账户余额的汇总，在这种情况下可以直接从试算平衡表中取得数据。如“短期借款”项目，可以根据“短期借款”总账科目的期末余额直接填列；“应付职工薪酬”项目，可以根据“应付职工薪酬”总账科目的期末余额直接填列。

（二）根据总账账户余额计算填列

资产负债表的有些项目需要根据几个账户的余额计算填列，如“货币资金”项目，根据库存现金、银行存款、其他货币资金三个总账账户的期末余额的合计数计算填列。“存货”项目应根据“在途物资”“材料采购”“原材料”“周转材料”“库存商品”“生产成本”等账户的期末余额合计填列；材料采用计划成本核算，以及库存商品采用计划成本或售价核算的企业，还应按加上或减去“材料成本差异”“商品进销差价”账户余额后的金额填列。“未分配利润”项目，反映企业尚未分配的利润，应根据“本年利润”账户和“利润分配”账户的期末余额分析计算填列。

（三）根据明细账户余额计算填列

资产负债表的某些项目不能根据总账账户余额直接填列，也不能根据总账账户的余额计算填列，而需要根据明细账户的期末余额分析计算填列。如“应收账款”项目，应根据“应收账款”和“预收账款”账户所属明细账的期末借方余额计算填列；“应付账款”项目，应根据“应付账款”和“预付账款”账户所属明细账的期末贷方余额计算填列等。

（四）根据总账账户和明细账户分析计算填列

资产负债表的某些项目需要根据总账账户和明细账户余额分析填列，如“长期借款”项目，根据“长期借款”总账账户余额扣除“长期借款”所属明细账户中反映的将于1年内到期、且企业不能自主地将清偿义务展期的长期借款后的金额计算填列。

（五）根据账户余额减去其备抵项目后的净额填列

有些项目要以净额反映在资产负债表上，如资产负债表中的“应收账款”项目、“存货”项目、“在建工程”项目、“无形资产”项目等，都反映的是该资产的账面价值。如“应收账款”项目，应根据“应收账款”账户的期末余额减去“坏账准备”账户余额后的净额填列。“固定资产”项目，应当根据“固定资产”账户的期末余额减去“累计折旧”“固定资产减值准备”备抵账户余额后的净额填列。

（六）综合运用上述填列方法分析填列

资产负债表中的某些项目不能只用单一的某种方法填列，而需要综合运用上述填列方法分析填列。如“存货”项目，需要根据“原材料”“库存商品”“委托加工物资”“周转材料”“材料采购”“在途物资”“发出商品”“材料成本差异”等总账账户余额的分析汇总数再减去“存货跌价准备”账户余额后的净额填列。

六、资产负债表的填列

资产负债表反映的是企业某一特定日期的资产、负债及其所有者权益的构成情况，其数据要根据各项目反映的经济内容分析填列。资产负债表的“期末数”栏各项目主要是根据有关账户记录编制的，其填列内容和方法如下：

（一）资产类项目

（1）“货币资金”项目，反映企业库存现金、银行结算账户存款、外埠存款、银行汇票存款、银行本票存款、信用卡存款、信用证保证金存款等的合计数。本项目应根据“库存现金”“银行存款”“其他货币资金”账户的期末余额合计数填列。其他货币资金包括外埠存款、银行汇票存款、信用卡存款、信用证保证金存款等。

（2）“交易性金融资产”项目，反映企业资产负债表日分类为以公允价值计量且其变动计入当期损益的金融资产，以及企业持有的直接指定为以公允价值计量且其变动计入当期损益的金融资产的期末账面价值。该项目应根据“交易性金融资产”科目的相关明细科目期末余额分析填列。自资产负债表日起超过1年到期且预期持有超过1年的以公允价值计量且其变动计入当期损益的非流动金融资产的期末账面价值，在“其他非流动金融资产”项目反映。

（3）“应收票据”项目，反映企业收到的未到期和未向银行贴现的应收票据，包括商业承兑汇票和银行承兑汇票。本项目应根据“应收票据”账户的期末余额，减去“坏账准备”账户中有关应收票据计提的坏账准备期末余额后的金额填列。已向银行贴现和已背书转让的应收票据不包括在本项目内，其中已贴现的商业承兑汇票应在会计报表附注中单独披露。

（4）“应收账款”项目，反映企业因销售商品、产品和提供劳务等而应向买方收取的各种款项，减去已计提的坏账准备后的净额。本项目应根据“应收账款”和“预收账款”两个账户所属各明细账户的期末借方余额合计，减去“坏账准备”账户中有关应收账款计提的坏账准备期末余额后的金额填列。如“应收账款”账户所属明细账户期末有贷方余额，应在本表“预收账款”项目内填列。

（5）“预付款项”项目，反映企业预付给供应单位的款项。本项目应根据“预付账款”和“应付账款”两个账户所属各明细账户的期末借方余额合计填列。如“预付账款”账户所属有关明细账户期末有贷方余额的，应在本表“应付账款”项目内填列。

（6）“其他应收款”项目，反映企业除应收票据及应收账款、预付账款等经营活动以外的其他各种应收、暂付的款项。本项目应根据“应收利息”“应收股利”“其他应收款”科目的期末余额合计数，减去“坏账准备”科目中相关坏账准备期末余额后的金额填列。

（7）“存货”项目，反映企业期末在库、在途和在加工中的各项存货的可变现净值，包括各种材料、商品、在产品、半成品、周转材料、发出商品、委托代销商品、受托代销商品等。本项目应根据“在途物资”“材料采购”“原材料”“库存商品”“周转材料”“发出商品”“委托加工物资”“委托代销商品”“生产成本”等账户的期末余额合计，减去“存货跌价准备”账户期末余额后的金额填列。材料采用计划成本核算，以及库存商品采用计划成本或售价核算的企业，还应按加上或减去“材料成本差异”“商品进销差价”等账户余额后的金额填列。

（8）“合同资产”项目，反映企业按照《企业会计准则第14号——收入》的相关规定，根据本企业履行履约义务与客户付款之间的关系在资产负债表中列示合同资产。“合同资产”项目应根据“合同资产”科目的相关明细科目期末余额分析填列，同一合同下的合同资产和合同负债应当以净额列示，其中净额为借方余额的，应当根据其流动性在“合同资产”或“其他非流动资产”项目中填列，已计提减值准备的，还应以减去“合同资产减值准备”科目中相关的期末余额后的金额填列；其中净额为贷方余额的，应当根据其流动性在“合同负债”或“其他非流动负债”项目中填列。

（9）“持有待售资产”项目，反映资产负债表日划分为持有待售类别的非流动资产及划分为持有待售类别的处置组中的流动资产和非流动资产的期末账面价值。该项目应根据“持有待售资产”科目的期末余额，减去“持有待售资产减值准备”科目的期末余额后的金额填列。

（10）“一年内到期的非流动资产”项目，反映企业将在1年内到期的非流动资产项目金额。“长期待摊费用”账户中在1年内（含1年）摊销的部分，也在资产负债表“一年内到期的非流动资产”项目填列。

（11）“其他流动资产”项目，反映企业除以上流动资产项目外的其他流动资产，本项目应根据有关账户的期末余额填列。如其他流动资产价值较大的，应在会计报表附注中披露其内容和金额。

（12）“债权投资”项目，反映资产负债表日企业以摊余成本计量的长期债权投资的期末账面价值。该项目应根据“债权投资”科目的相关明细科目期末余额，减去“债权投资减值准备”科目中相关减值准备的期末余额后的金额分析填列。自资产负债表日起1年内到期的长期债权投资的期末账面价值，在“一年内到期的非流动资产”项目反映。企业购入的以摊余成本计量的1年内到期的债权投资的期末账面价值，在“其他流动资产”项目反映。

（13）“其他债权投资”项目，反映资产负债表日企业分类为以公允价值计量且其变动计入其他综合收益的长期债权投资的期末账面价值。该项目应根据“其他债权投资”科目的相关明细科目期末余额分析填列。自资产负债表日起1年内到期的长期债权投资的期末账面价值，在“一年内到期的非流动资产”项目反映。企业购入的以公允价值计量且其变动计入其他综合收益的1年内到期的债权投资的期末账面价值，在“其他流动资产”项目反映。

（14）“长期应收款”项目，反映企业的长期应收款项，包括融资租赁产生的应收款项、采用递延方式具有融资性质的销售商品或提供劳务等产生的应收款项。本项目应根据“长期应收款”账户的期末余额减去“未实现融资收益”账户和“坏账准备”账户所属相关明细账户期末余额后的金额填列。

（15）“长期股权投资”项目，反映企业对子公司、联营企业、合营企业的权益性投资，以及对被投资单位不具有控制、共同控制或重大影响的权益性投资。本项目应根据“长期股权投资”账户的期末余额，减去“长期股权投资减值准备”科目中有关股权投资减值准备期末余额后的金额填列。

（16）“其他权益工具投资”项目，反映资产负债表日企业指定为以公允价值计量且其变动计入其他综合收益的非交易性权益工具投资的期末账面价值。该项目应根据“其他权益工具投资”科目的期末余额填列。

（17）“固定资产”项目，反映资产负债表日企业固定资产的期末账面价值和企业尚未清理完毕的固定资产清理净损益。该项目应根据“固定资产”科目的期末余额，减去“累计折旧”和“固定资产减值准备”科目的期末余额后的金额，以及“固定资产清理”科目的期末余额填列。

（18）“在建工程”项目，反映资产负债表日企业尚未达到预定可使用状态的在建工程的期末账面价值和企业为在建工程准备的各种物资的期末账面价值。该项目应根据“在建工程”科目的期末余额，减去“在建工程减值准备”科目的期末余额后的金额，以及“工程物资”科目的期末余额，减去“工程物资减值准备”科目的期末余额后的金额填列。

（19）“使用权资产”项目，反映资产负债表日承租人企业持有的使用权资产的期末账面价值。该项目应根据“使用权资产”科目的期末余额，减去“使用权资产累计折旧”和“使用权资产减值准备”科目的期末余额后的金额填列。

（20）“无形资产”项目，反映企业持有的专利权、非专利技术、商标权、著作权、土地使用权等无形资产的成本减去累计摊销和减值准备后的净值。本项目应根据“无形资产”科目的期末余额，减去“累计摊销”和“无形资产减值准备”科目期末余额后的净额填列。

（21）“开发支出”项目，反映企业开发无形资产过程中能够资本化形成无形资产成本的支出部分。本项目应当根据“研发支出”科目中所属的“资本化支出”明细科目期末余额填列。

（22）“长期待摊费用”项目，反映企业已经发生但应由本期和以后各期负担的分摊期限在1年以上的各项费用。长期待摊费用中在1年内（含1年）摊销的部分，在资产负债表“一年内到期的非流动资产”项目填列。本项目应根据“长期待摊费用”科目的期末余额减去将于1年内（含1年）摊销的数额后的金额分析填列。

（23）“商誉”项目，反映企业合并中形成商誉的价值。本项目应根据“商誉”账户的期末余额减去“商誉减值准备”账户的期末余额后的金额填列。

（24）“递延所得税资产”项目，反映企业期末尚未转销的递延所得税资产的余额。本项目应根据“递延所得税资产”账户的期末余额填列。

（25）“其他非流动资产”项目，反映企业除以上资产以外的其他长期资产。本项目应根据有关账户期末余额填列。如其他长期资产价值较大的，应在报表附注中披露其内容和金额。

（二）负债类项目

（1）“短期借款”项目，反映企业向银行或其他金融机构等借入的期限在1年以下

（含1年）的各种借款。本项目应根据“短期借款”账户的期末余额填列。

（2）“交易性金融负债”项目，反映企业资产负债表日承担的交易性金融负债，以及企业持有的直接指定为以公允价值计量且其变动计入当期损益的金融负债的期末账面价值。本项目应根据“交易性金融负债”科目的相关明细科目期末余额填列。

（3）“应付票据”项目，反映企业购买材料、商品和接受劳务供应等开出、承兑的商业汇票，包括银行承兑汇票和商业承兑汇票。本项目应根据“应付票据”账户的期末余额填列。

（4）“应付账款”项目，反映企业购买原材料、商品和接受劳务等经营活动应支付的款项。本项目应根据“应付账款”和“预付账款”账户所属各明细账户的期末贷方余额合计填列。如“应付账款”账户所属明细账户期末有借方余额的，应在资产负债表“预付款项”项目内填列。

（5）“预收款项”项目，反映企业按合同规定预收的款项。本项目应根据“预收账款”和“应收账款”账户所属各有关明细账户的期末贷方余额合计填列。如“预收账款”账户所属有关明细账户有借方余额的，应在资产负债表“应收账款”项目内填列。

（6）“合同负债”项目，反映企业按照《企业会计准则第14号——收入》的相关规定，根据本企业履行履约义务与客户付款之间的关系在资产负债表中列示合同负债。“合同负债”项目应根据“合同负债”的相关明细科目期末余额分析填列。

（7）“应付职工薪酬”项目，反映企业根据有关规定应付给职工的工资、职工福利、社会保险费、住房公积金、工会经费、职工教育经费、非货币性福利、辞退福利等各种薪酬。外商投资企业按规定从净利润中提取的职工奖励及福利基金，也在本项目列示。本项目应根据“应付职工薪酬”账户期末贷方余额填列。如“应付职工薪酬”账户期末为借方余额，以“-”号填列。

（8）“应交税费”项目，反映企业按照税法规定计算应缴纳的各种税费，包括增值税、消费税、所得税、资源税、土地增值税、城市维护建设税、房产税、土地使用税、车船税、教育费附加、矿产资源补偿费以及企业代扣代缴的个人所得税等。本项目应根据“应交税费”账户的期末贷方余额填列。如“应交税费”账户期末为借方余额，以“-”号填列。

（9）“其他应付款”项目，反映企业除应付票据、应付账款、预收账款、应付职工薪酬、应交税费等经营活动以外的其他各项应付、暂收的款项。本项目应根据“应付股利”“应付利息”“其他应付款”科目的期末余额合计数填列。

（10）“持有待售负债”项目，反映资产负债表日处置组中与划分为持有待售类别的资产直接相关的负债的期末账面价值。本项目应根据“持有待售负债”科目的期末余额填列。

（11）“一年内到期的非流动负债”项目，反映企业非流动负债中将于资产负债表日后1年内到期部分的金额，如将于1年内偿还的长期借款。本项目应根据有关账户的期末余额分析计算填列。

（12）“长期借款”项目，反映企业向银行或其他金融机构等借入的期限在1年以上（不含1年）的各种借款。本项目应根据“长期借款”账户的期末余额填列。

（13）“应付债券”项目，反映企业为筹集（长期）资金而发行债券的本金和利息。本项目应根据“应付债券”账户的期末余额填列。

(14)“租赁负债”项目，反映资产负债表日承租人企业尚未支付的租赁付款额的期末账面价值。该项目应根据“租赁负债”科目的期末余额填列。自资产负债表日起1年内到期应予以清偿的租赁负债的期末账面价值，在“一年内到期的非流动负债项目反映”。

(15)“长期应付款”项目，反映企业除长期借款和应付债券以外的其他各种长期应付款项。本项目应根据“长期应付款”账户的期末余额填列。

(16)“预计负债”项目，反映企业确认的对外提供担保、未决诉讼、产品质量保证、重组义务、亏损性合同等预计负债。本项目应根据“预计负债”账户的期末余额填列。

(17)“递延收益”项目，反映尚待确认的收入或收益。本项目核算包括企业根据政府补助准则确认的应在以后期间计入当期损益的政府补助金额、售后租回形成融资租赁的售价与资产账面价值差额等其他递延性收入。本项目应根据“递延收益”科目的期末余额填列。

(18)“递延所得税负债”项目，反映企业确认的应纳税暂时性差异产生的所得税负债。本项目应根据“递延所得税负债”账户的期末余额填列。

(19)“其他非流动负债”项目，反映企业除长期借款、应付债券等负债以外的其他非流动负债。本项目应根据有关账户的期末余额填列。

(三) 所有者权益项目

(1)“实收资本（或股本）”项目，反映企业各投资者实际投入的资本（或股本）总额。本项目应根据“实收资本（或股本）”科目的期末余额填列。

(2)“其他权益工具”项目，反映企业发行的除普通股以外分类为权益工具的金融工具的账面价值，并下设“优先股”和“永续债”两个项目，分别反映企业发行的分类为权益工具的优先股和永续债的账面价值。

(3)“资本公积”项目，反映企业收到投资者出资超出其在注册资本或股本中所占的份额以及直接计入所有者权益的利得和损失等。本项目应根据“资本公积”科目的期末余额填列。

(4)“其他综合收益”项目，反映企业其他综合收益的期末余额。本项目应根据“其他综合收益”科目的期末余额填列。

(5)“专项储备”项目，反映高危行业企业按国家规定提取的安全生产费的期末账面价值。本项目应根据“专项储备”科目的期末余额填列。

(6)“盈余公积”项目，反映企业盈余公积的期末余额。本项目应根据“盈余公积”科目的期末余额填列。

(7)“未分配利润”项目，反映企业尚未分配的利润。本项目应根据“本年利润”科目和“利润分配”科目的余额计算填列。未弥补的亏损在本项目内以“-”号填列。

七、资产负债表编制举例

南方股份有限公司（以下简称南方公司）为上市公司，增值税一般纳税人企业，适用的增值税率为13%。企业所得税税率为25%，按净利润的10%提取盈余公积。2023年12月31日资产负债表（年初余额略）和2024年12月31日的科目余额表分别见表15－3和表15－4。

表15－3 　　　　　**资产负债表**

编制单位：南方公司　　　　2023年12月31日　　　　单位：元

资产	期末余额	年初余额	负债和股东权益	期末余额	年初余额
流动资产：			流动负债：		
货币资金	1 400 000		短期借款	300 000	
交易性金融资产	15 000		交易性金融负债	0	
应收票据	250 000		应付票据	200 000	
应收账款	300 000		应付账款	950 000	
预付款项	100 000		预收款项	0	
其他应收款	5 000		应付职工薪酬	110 000	
存货	2 580 000		应交税费	39 000	
一年内到期的非流动资产	0		应付利息	1 000	
其他流动资产	100 000		应付股利	0	
流动资产合计	4 750 000		其他应付款	50 000	
非流动资产			一年内到期的非流动负债	1 000 000	
债权投资	0		其他流动负债	0	
其他债权投资	0		流动负债合计	2 650 000	
长期应收款	0		非流动负债：		
长期股权投资	250 000		长期借款	600 000	
投资性房地产	0		应付债券	0	
固定资产	1 100 000		长期应付款	0	
在建工程	1 500 000		专项应付款	0	
生产性生物资产	0		预计负债	0	
油气资产	0		递延所得税负债	0	
无形资产	600 000		其他非流动负债	0	
开发支出	0		非流动负债合计	600 000	
商誉	0		负债合计	3 250 000	
长期待摊费用	0		所有者权益（或股东权益）		
递延所得税资产	0		实收资本（或股本）	5 000 000	
其他非流动资产	200 000		资本公积	0	
非流动资产合计	3 650 000		减：库存股		
			盈余公积	100 000	
			未分配利润	50 000	
			所有者权益（或股东权益）合计	5 150 000	
资产总计	8 400 000		负债和所有者权益（或股东权益）总计	8 400 000	

表 15－4　　科目余额表

2024 年 12 月 31 日　　单位：元

账户名称	借方余额	账户名称	贷方余额
库存现金	2 000	短期借款	50 000
银行存款	805 800	应付票据	100 000
其他货币资金	7 300	应付账款	953 800
交易性金融资产	0	其他应付款	50 000
应收票据	66 000	应付职工薪酬	180 000
应收账款	600 000	预收账款	0
其中：应收账款——姬发公司贷方余额 400 000；东方电气公司借方余额 1 000 000		其中：预收账款——棕榈公司借方余额 12 000；建设证券贷方余额 12 000	
坏账准备	1 800	应交税费	219 200
预付账款	100 000	应付利息	0
其他应收款	5 000	应付股利	32 000
材料采购	275 000	一年内到期的长期负债	60 000
原材料	45 000	长期借款	1 100 000
周转材料	38 050	股本	5 000 000
库存商品	2 122 400	盈余公积	124 000
材料成本差异	4 250	利润分配（未分配利润）	219 000
其他流动资产	100 000		
长期股权投资	250 000		
固定资产	2 401 000		
累计折旧	－170 000		
固定资产减值准备	－30 000		
工程物资	300 000		
在建工程	428 000		
无形资产	600 000		
累计摊销	－60 000		
递延所得税资产	0		
其他长期资产	200 000		
合计	8 088 000	合计	8 088 000

根据上述资料，编制南方公司 2024 年 12 月 31 日的资产负债表（见表 15－5）。

表 15－5　　　　　　　　　　　　**资产负债表**

编制单位：南方公司　　　　　　　　2024 年 12 月 31 日　　　　　　　　单位：元

资产	期末余额	年初余额	负债和股东权益	期末余额	年初余额
流动资产：			流动负债：		
货币资金	815 100	1 400 000	短期借款	50 000	300 000
交易性金融资产	0	15 000	交易性金融负债	0	0
应收票据	66 000	250 000	应付票据	100 000	200 000
应收账款	1 010 200	300 000	应付账款	953 800	950 000
预付款项	100 000	100 000	预收款项	412 000	0
其他应收款	5 000	5 000	应付职工薪酬	180 000	110 000
存货	2 484 700	2 580 000	应交税费	219 200	39 000
一年内到期的非流动资产	0	0	应付利息	0	1 000
其他流动资产	100 000	100 000	应付股利	32 000	0
流动资产合计	4 169 000	4 750 000	其他应付款	50 000	50 000
非流动资产			一年内到期的非流动负债	60 000	1 000 000
债权投资	0	0	其他流动负债	0	0
其他债权投资	0	0	流动负债合计	1 585 000	2 650 000
长期应收款	0	0	非流动负债：		
长期股权投资	250 000	250 000	长期借款	1 100 000	600 000
投资性房地产	0	0	应付债券	0	0
固定资产	2 201 000	1 100 000	长期应付款	0	0
在建工程	728 000	1 500 000	专项应付款	0	0
生产性生物资产	0	0	预计负债	0	0
油气资产	0	0	递延所得税负债	0	0
无形资产	540 000	600 000	其他非流动负债	0	0
开发支出	0	0	非流动负债合计	1 160 000	600 000
商誉	0	0	负债合计	2 745 000	3 250 000
长期待摊费用	0	0	所有者权益（或股东权益）		
递延所得税资产	0	0	实收资本（或股本）	5 000 000	5 000 000
			资本公积	0	0
其他非流动资产	200 000	200 000	减：库存股		
非流动资产合计	3 919 000	3 650 000	其他综合收益		
			盈余公积	124 000	100 000
			未分配利润	219 000	50 000
			所有者权益（或股东权益）合计	5 343 000	5 150 000
资产总计	8 088 000	8 400 000	负债和所有者权益（或股东权益）总计	8 088 000	8 400 000

部分项目计算过程如下：

货币资金 = 2 000 + 805 800 + 7 300 = 815 100（元）

存货 = 275 000 + 45 000 + 38 050 + 2 122 400 + 4 250 = 2 484 700（元）

固定资产 = 2 401 000 − 170 000 − 30 000 = 2 201 000（元）

无形资产 = 600 000 − 60 000 = 540 000（元）

应收账款 = 1 000 000 + 12 000 − 1 800 = 1 010 200（元）

预收款项 = 400 000 + 12 000 = 412 000（元）

任务2 利润表的编制

利润表的编制

一、利润表的原理

利润表也称为损益表、收益表，是反映企业在一定会计期间经营成果的报表。与反映某一特定时点情况的静态报表不同，利润表反映的是某一期间的情况，所以，又称为动态报表。它是企业财务报告中一张重要的报表之一。利润表反映企业的经营成果，也即展示了企业的动态会计要素——收入、费用和利润的形成和构成情况。其建立的基础是会计等式：收入 − 费用 = 利润。

二、利润表的作用

利润表反映企业的经营成果，定期编制利润表，具有非常重要的意义。具体体现在以下几个方面：

（一）提供有关企业经营成果方面的信息

经营成果具体体现在收入、费用和利润三个会计要素上。通过利润表，可以反映企业一定会计期间的收入、费用、利润的实现及其构成情况。首先，对于收入来讲，利润表既能够反映企业在一定期间获得的收入的总额，又能够区分不同的收入来源，分别反映主营业务收入、其他业务收入、投资收益、营业外收入的形成情况；其次，对于费用来讲，利润表既可以反映一定会计期间的费用耗费总额，又可以具体反映费用的构成，如，主营业务成本、税金及附加、销售费用、管理费用、财务费用、营业外支出等；最后，利润表还可以反映企业生产经营活动的成果，即，净利润的实现情况，据以判断资本保值、增值情况。

（二）将利润表中的信息与资产负债表中的信息相结合，提供财务分析的基本资料

作为基本的财务报表之一，利润表上的信息被广泛的运用在财务分析中，作为财务分析的重要依据。利润表常常与资产负债表相结合，借以分析企业的获利能力及盈利增长趋势，为做出经济决策提供依据。比如，将赊销收入净额与应收账款平均余额进行比

较，计算出应收账款周转率，可以表现企业资金的周转速度，进而反映企业资产创造利润的能力。

（三）便于会计报表使用者判断企业未来的发展趋势，做出经济决策

利润表的分析不仅可以用在单一年度的分析上，还可以通过利润表提供的不同时期的比较数字，如本月数、本年累计数、上年数，分析企业的获利能力及利润的未来发展趋势，了解投资者投入资本的保值增值情况。

三、利润表的编制

（一）利润表的格式

利润表的格式目前国际上通行的一般有两种：单步式利润表和多步式利润表。

单步式利润表是将所有的收入、所有的费用、所有的损失分别汇总，再将收入类总金额扣减费用支出类总金额，只通过一步便计算出本期净利润。这个方法由于只存在一个抵减的步骤，所以得名“单步式”。其基本格式见表 15－6。

表 15－6　　利　润　表

编制单位：　　年度　　单位：元

项　目	行次	本月数	本年累计数
一、收入			
主营业务收入			
其他业务收入			
投资收益（亏损以“－”号填列）			
营业外收入			
收入合计			
二、费用			
主营业务成本			
税金及附加			
其他业务成本			
销售费用			
管理费用			
财务费用			
资产减值损失			
营业外支出			
所得税费用			
费用合计			
三、净利润（亏损以”－”号填列）			

这种格式比较简单，便于编制。但是这种格式无法揭示各类收入、费用之间的联系，不便于对利润构成部分的分析，以及企业不同期间利润表与行业间利润表的纵向和

横向的比较和分析。

多步式利润表是指按企业最终损益形成的主要环节，依次分步计算最终得出损益的表达式。多步式利润表将不同性质的收入和费用类别进行配比，从而可以得出一些中间性的利润数据，便于报表使用者理解企业经营成果的不同来源。在这种方式下从营业收入开始到净利润结束，要经过三个环节的计算步骤，依次计算出三个层次的利润——营业利润、利润总额和净利润，三个层次依次递进，层层深入，上一个层次总是下一个层次利润计算的基础。由此，多步式格式下利润表的主要内容包括：

（1）构成营业利润的各项要素。以营业收入为基础，减去营业成本、税金及附加、销售费用、管理费用、财务费用、资产减值损失、信用减值损失，加上其他收益、公允价值变动收益（减去公允价值变动损失）、投资收益（减去投资损失）和资产处置收益（或减去资产处置损失），计算出营业利润。

（2）构成利润总额的各项要素。以营业利润为基础，加上营业外收入，减去营业外支出，计算出利润总额。

（3）构成净利润的各项要素。以利润总额为基础，减去所得税费用，计算出净利润（或净亏损）。

（4）其他综合收益。具体分为“以后会计期间不能重分类进损益的其他综合收益项目”和“以后会计期间在满足规定条件时将重分类进损益的其他综合收益项目”两类，并以扣除相关所得税影响后的净额列报。

（5）综合收益总额。净利润加上其他综合收益税后净额，即为综合收益总额。

（6）每股收益。普通股或潜在普通股已公开交易的企业，以及正处于公开发行普通股或潜在普通股过程中的企业，还应当在利润表中列示每股收益信息。

多步式的利润表格式见表15－7。

表15－7　　　　利　润　表

编制单位：　　　　年度　　　　单位：元

项　目	本期金额	上期金额
一、营业收入		
减：营业成本		
税金及附加		
销售费用		
管理费用		
研发费用		
财务费用		
其中：利息费用		
利息收入		
加：其他收益		
投资收益（损失以“－”号填列）		
其中：对联营企业和合营企业的投资收益		
以摊余成本计量的金融资产终止确认收益（损失以“－”号填列）		

续表

项　目	本期金额	上期金额
净敞口套期收益（损失以“－”号填列）		
公允价值变动收益（损失以“－”号填列）		
信用减值损失（损失以“－”号填列）		
资产减值损失（损失以“－”号填列）		
资产处置收益（损失以“－”号填列）		
二、营业利润（亏损以“－”号填列）		
加：营业外收入		
减：营业外支出		
三、利润总额（亏损总额以“－”号填列）		
减：所得税费用		
四、净利润（净亏损以“－”号填列）		
（一）持续经营净利润（净亏损以“－”号填列）		
（二）终止经营净利润（净亏损以“－”号填列）		
五、其他综合收益的税后净额		
（一）不能重分类进损益的其他综合收益		
1. 重新计量设定受益计划变动额		
2. 权益法下不能转损益的其他综合收益		
3. 其他权益工具投资公允价值变动		
4. 企业自身信用风险公允价值变动		
……		
（二）将重分类进损益的其他综合收益		
1. 权益法下可转损益的其他综合收益		
2. 其他债权投资公允价值		
3. 金融资产重分类计入其他综合收益的金额		
4. 其他债权投资信用减值准备		
4. 现金流量套期		
5. 外币财务报表折算差额		
……		
六、综合收益总额		
七、每股收益		
（一）基本每股收益		
（二）稀释每股收益		

多步式利润表的优点是，能全面反映企业损益及其构成项目的形成情况，便于不同企业之间进行比较，更重要的是有助于正确评估企业管理业绩和预测未来收益及盈利能力。目前，我国的利润表采用多步式结构。

（二）利润表的编制

1. 利润表的数据来源

利润表的编制以企业的损益类科目为编制基础。期末编制利润表时，除“每股收益”项目外，通常需要根据当期损益类科目的发生额编制科目发生额汇总表，并以此作为编制利润表的直接依据。

此外，利润表各项目均需填列“本期金额”和“上期金额”两栏。在年度利润表的编制中，“上期金额”栏的数字应该根据上年该期利润表“本期金额”栏内所列的数字填列。“本期金额”栏反映各项目全年累计实际发生额。

2. 利润表的具体项目填制

（1）“营业收入”项目，反映企业经营主要业务和其他业务所确认的收入总额。本项目应根据“主营业务收入”和“其他业务收入”科目的发生额分析填列。

（2）“营业成本”项目，反映企业经营主要业务和其他业务所发生的成本总额。本项目应根据“主营业务成本”和“其他业务成本”科目的发生额分析填列。

（3）“税金及附加”项目，反映企业经营业务应负担的消费税、城市维护建设税、资源税、土地增值税、教育费附加、房产税、车船税、城镇土地使用税、印花税等相关税费。本项目应根据“税金及附加”科目的发生额分析填列。

（4）“销售费用”项目，反映企业在销售商品过程中发生的包装费、广告费等费用和为销售本企业商品而专设的销售机构的职工薪酬、业务费等经营费用。本项目应根据“销售费用”科目的发生额分析填列。

（5）“管理费用”项目，反映企业为组织和管理生产经营发生的管理费用。本项目应根据“管理费用”科目的发生额分析填列。

（6）“研发费用”项目，反映企业进行研究与开发过程中发生的费用化支出以及计入管理费用的自行开发无形资产的摊销。本项目应根据“管理费用”科目下的“研发费用”明细科目的发生额以及“管理费用”科目下“无形资产摊销”明细科目的发生额分析填列。

（7）“财务费用”项目，反映企业为筹集生产经营所需资金等而发生的筹资费用。本项目应根据“财务费用”科目的相关明细科目的发生额分析填列。

（8）“资产减值损失”项目，反映企业各项资产发生的减值损失。本项目应根据“资产减值损失”科目的发生额分析填列。

（9）“信用减值损失”项目，反映企业计提的各项金融工具减值准备所形成的预期信用损失。该项目应根据“信用减值损失”科目的发生额分析填列。

（10）“其他收益”项目，反映计入其他收益的政府补助，以及其他与日常活动相关且计入其他收益的项目。本项目应根据“其他收益”科目的发生额分析填列。企业作为个人所得税的扣缴义务人，根据《中华人民共和国个人所得税法》收到的扣缴税款手续费，应作为其他与日常活动相关的收益在本项目中填列。

（11）“投资收益”项目，反映企业以各种方式对外投资所取得的收益。本项目应根据“投资收益”科目的发生额分析填列。如为投资损失，本项目以“－”号填列。

（12）“净敞口套期收益”项目，反映净敞口套期下被套期项目累计公允价值变动转入当期损益的金额或现金流量套期储备转入当期损益的金额。本项目应根据“净敞口套期损益”科目的发生额分析填列；如为套期损失，本项目以“-”号填列。

(13)“公允价值变动收益”项目，反映企业应当计入当期损益的资产或负债公允价值变动收益。本项目应根据“公允价值变动损益”科目的发生额分析填列，如为净损失，本项目以“-”号填列。

(14)“资产处置收益”项目，反映企业出售划分为持有待售的非流动资产（金融工具、长期股权投资和投资性房地产除外）或处置组（子公司和业务除外）时确认的处置利得或损失，以及处置未划分为持有待售的固定资产、在建工程、生产性生物资产及无形资产而产生的处置利得或损失。债务重组中因处置非流动资产产生的利得或损失、非货币性资产交换中换出非流动资产产生的利得或损失也包括在本项目内。本项目应根据“资产处置损益”科目的发生额分析填列；如为处置损失，以“-”号填列。

(15)“营业利润”项目，反映企业实现的营业利润。如为亏损，本项目以“-”号填列。

(16)“营业外收入”项目，反映企业发生的除营业利润以外的收益。本项目应根据“营业外收入”科目的发生额分析填列。

(17)“营业外支出”项目，反映企业发生的除营业利润以外的损失。本项目应根据“营业外支出”科目的发生额分析填列。

(18)“利润总额”项目，反映企业实现的利润。如为亏损，本项目以“-”号填列。

(19)“所得税费用”项目，反映企业应从当期利润总额中扣除的所得税费用。本项目应根据“所得税费用”科目的发生额分析填列。

(20)“净利润”项目，反映企业实现的净利润。如为亏损，本项目以“-”号填列。

(21)“其他综合收益的税后净额”项目，反映企业根据企业会计准则规定未在损益中确认的各项利得和损失扣除所得税影响后的净额。

(22)“综合收益总额”项目，反映企业净利润与其他综合收益（税后净额）的合计金额。

(23)“每股收益”项目，包括基本每股收益和稀释每股收益两项指标，反映普通股或潜在普通股已公开交易的企业，以及正处在公开发行普通股或潜在普通股过程中的企业的每股收益信息。

3. 利润表编制举例

南方工业公司为某大型制造企业，2024 年 12 月有关损益类科目的本期发生额见表 15-8，根据这些资料编制 2024 年该公司利润表（见表 15-9）。

表 15-8　　南方工业公司损益类科目 2024 年度发生额汇总表　　单位：元

科目名称	借方发生额	贷方发生额
主营业务收入		1 250 000
其他业务收入		20 000

续表

科目名称	借方发生额	贷方发生额
主营业务成本	750 000	
其他业务成本	10 000	
税金及附加	2 000	
销售费用	30 000	
管理费用	157 100	
财务费用	41 500	
资产减值损失	30 900	
投资收益		31 500
营业外收入		50 000
营业外支出	19 700	
所得税费用	85 300	

关键项目计算说明：

营业收入 = 主营业务收入 + 其他业务收入 = 1 250 000 + 20 000 = 1 270 000（元）

营业成本 = 主营业务成本 + 其他业务成本 = 750 000 + 10 000 = 760 000（元）

表 15－9 **利　润　表** 会企 02 表

编制单位：南方工业公司　　2024 年度　　单位：元

项　目	本期金额	上期金额
一、营业收入	1 270 000	
减：营业成本	760 000	
税金及附加	2 000	
销售费用	30 000	
管理费用	157 100	
研发费用	0	
财务费用	41 500	
加：其他收益		
投资收益（损失以“－”号填列）	31 500	
其中：对联营企业和合营企业的投资收益	0	
净敞口套期收益（损失以“－”号填列）		
公允价值变动收益（损失以“－”号填列）	0	
信用减值损失（损失以“－”号填列）	0	
资产减值损失（损失以“－”号填列）	30 900	
资产处置收益（损失以“－”号填列）		
二、营业利润（亏损以“－”号填列）	280 000	
加：营业外收入	50 000	

续表

项　目	本期金额	上期金额
减：营业外支出	19 700	
其中：非流动资产处置损失		
三、利润总额（亏损总额以“－”号填列）	310 300	
减：所得税费用	85 300	
四、净利润（净亏损以“－”号填列）	225 000	
五、其他综合收益的税后净额		
（一）以后不能重分类进损益的其他综合收益		
（二）以后将重分类进损益的其他综合收益		
权益法下被投资单位以后将重分类进损益的其他综合收益中享有的份额		
六、综合收益总额		
七、每股收益		
（一）基本每股收益		
（二）稀释每股收益		

任务 3 现金流量表的编制

一、现金流量表概述

现金流量表是以现金为基础编制的反映企业一定会计期间内有关现金和现金等价物的流入和流出信息的会计报表，是一张动态报表，表明企业获得现金和现金等价物的能力。

这里所指的现金包括库存现金、可以随时用于支付的存款以及现金等价物。库存现金是指企业持有的可随时用于支付的现金；银行存款是指企业存在金融企业随时可以用于支付的存款；其他货币资金是指企业存在金融企业有特定用途的资金，如外埠存款、银行汇票存款、银行本票存款、信用证保证金存款、信用卡存款等；现金等价物是指企业持有的期限短、流动性强、易于转换为已知金额的现金和价值变动风险很小的投资（除特别声明外，以下所指的现金均含现金等价物）。

从编制原则上看，现金流量表与前两张报表不同，为了真实地反映企业现金流入和流出的情况，它需要按照收付实现制原则，将权责发生制下的盈利信息调整为收付实现制下的现金流量信息，以便信息使用者了解企业净利润的质量。通过现金流量表，报表使用者能够了解现金流量的影响因素，评价企业的支付能力、偿债能力和周转能力，预测企业未来现金流量，为其决策提供有力的证据。

二、现金流量表的作用

现金流量表通过报告企业过去的现金变化过程，为报表使用者提供至关重要的信息。

（一）预测未来现金流量

从财务角度讲，企业价值取决于其创造未来现金流量的能力。因此，股东、债权人等外部投资者，以及企业经理等内部管理者，都有预测企业未来现金流量的动机。而企业过去年度的现金流量状况，显然是未来现金流量的一个很好的预测参考。

（二）评价现金管理途径

为了判断企业的投资价值，投资者不仅需要了解企业在过去年度中创造了多少现金流量，而且需要更具体地了解企业管理当局获取和运用现金的途径。这是因为，不同途径获取的现金，其未来继续获取的可能性是不尽相同的——有些是可持续的，有些则是暂时性或一次性的。不同的现金使用途径，则能够用来评价管理当局资金使用的合理性和有效性。

（三）衡量股利支付能力和偿债能力

企业还本付息和股利支付能力，是债权人和股东关心的一个重要问题。这种能力很大程度上依赖于盈利能力，由于企业的现金流量变化不仅取决于经营活动创造利润的情况，而且还要受到融资和投资活动的影响，即便是经营活动创造的利润，由于利润核算采取权责发生制为基础，因而，其与经营活动创造的现金流量还是存在差异的。因此，衡量公司在到期日支付利息和股息以及清偿债务的能力时，就有必要使用现金流量表提供的信息。

三、现金流量表的内容

现金流量是指企业某一期间内现金和现金等价物流入和流出的数量。通常按照企业经济业务发生的性质，将企业一定期间内产生的现金流量归为以下三类：

（一）经营活动产生的现金流量

经营活动是指企业投资活动和筹资活动以外的所有交易和事项，包括销售商品或提供劳务、经营性租赁、购买货物、接受劳务、制造产品、广告宣传、推销产品、缴纳税款等。

（二）投资活动产生的现金流量

投资活动是指企业长期资产的购建和不包括在现金等价物范围内的投资及其处置活动。这里的长期资产是指固定资产、在建工程、无形资产、其他资产等持有期限在一年或一个营业周期以上的资产。主要包括取得或收回投资，购建和处置固定资产、无形资产和其他长期资产等，不包括作为现金等价物的投资。

（三）筹资活动产生的现金流量

筹资活动是指导致企业资本及债务规模和构成发生变化的活动，包括吸收投资、发行股票、分配利润等。这里的债务是指企业对外举债所借入的款项，如发行债券、向金融企业借入款项以及偿还债务等。

现金流量表以现金的流入和流出反映企业在一定会计期间内的经营活动、投资活动和筹资活动的动态情况，反映企业现金流入和流出的全貌。

四、现金流量表的结构

（一）正表

现金流量表正表是以“现金流入 - 现金流出 = 现金流量净额”为基础，采取多步式，将企业一定期间产生的现金流量分为经营活动产生的现金流量、投资活动产生的现金流量和筹资活动产生的现金流量，分项报告企业的现金流入量和流出量。

（二）补充资料

现金流量表补充资料又细分为三部分：

（1）将净利润调节为经营活动的现金流量，即所谓现金流量表编制的净额法；

（2）不涉及现金收支的重大投资和筹资活动；

（3）现金及现金等价物净变动情况。

五、现金流量表的编制方法

现金流量表是以现金为基础编制的反映企业一定会计期间内有关现金和现金等价物的流入和流出信息的会计报表。现金流量表的数据是通过对资产负债表、利润表及各项经济业务内容分析填列。

在具体编制现金流量表时，可以采用工作底稿法或T形账户法编制，也可以直接根据有关账户记录分析填列。

（一）工作底稿法

采用工作底稿法编制现金流量表，是以工作底稿为手段，以利润表和资产负债表数据为基础，对每一项目进行分析并编制调整分录，从而编制出现金流量表。工作底稿法的程序是：

第一步，将资产负债表的期初数和期末数过入工作底稿的期初数栏和期末数栏。

第二步，对当期业务进行分析并编制调整分录。调整分录大体有这样几类：第一类涉及利润表中的收入、成本和费用项目，以及资产负债表中的资产、负债及所有者权益项目，通过调整，将权责发生制下的收入、费用转换为现金基础；第二类是涉及资产负债表和现金流量表中的投资、筹资项目，反映投资和筹资活动的现金流量；第三类是涉及利润表和现金流量表中的投资和筹资项目，目的是将利润表中有关投资和筹资方面的收入和费用列入现金流量表投资、筹资现金流量中去。此外，还有一些调整分录并不涉及现金收支，只是为了核对资产负债表项目的期末数变动。

在调整分录中，有关现金和现金等价物的事项，并不直接借记或贷记“现金”，而是分别记入“经营活动产生的现金流量”“投资活动产生的现金流量”“筹资活动产生的现金流量”有关项目，借方表明现金流入；贷方表明现金流出。

第三步，将调整分录过入工作底稿中的相应部分。

第四步，核对调整分录，借贷合计应当相等，资产负债表项目期初数加减调整分录中的借贷金额以后，应当等于期末数。

第五步，根据工作底稿中的现金流量表项目部分编制正式的现金流量表。

（二）T形账户法

T形账户法是以T形账户为手段，以利润表和资产负债表数据为基础，对某一项目进行分析并编制调整分录，从而编制出现金流量表。采用T形账户法编制现金流量表的程序如下：

第一步，为所有的非现金项目（包括资产负债表项目和利润表项目）分别开设T形账户，并将各自的期末期初变动数过入各该账户。

第二步，开设一个大的“现金及现金等价物”T形账户，每边分为经营活动、投资活动和筹资活动三个部分，左边记现金流入，右边记现金流出。与其他账户一样，过入期末期初变动数。

第三步，以利润表项目为基础，结合资产负债表分析每一个非现金项目的增减变动，并据此编制调整分录。

第四步，将调整分录过入各T形账户，并进行核对，该账户借贷相抵后的余额与原先过入的期末期初变动数应当一致。

第五步，根据大的“现金及现金等价物”T形账户编制正式的现金流量表。

（三）分析填列法

分析填列法是直接根据资产负债表、利润表和有关会计科目明细账的记录，分析计算现金流量表中各项目的金额，并据以编制现金流量表的一种方法。

六、现金流量表各项目的填列方法

（一）经营活动产生的现金流量的填列

经营活动产生的现金流量通常可以采用直接法和间接法两种方法。

直接法是通过现金收入和现金支出的主要类别反映来自企业经营活动的现金流量。采用直接法编制经营活动的现金流量时，一般以利润表中的营业收入为起算点，调整与经营活动有关的项目的增减变动，然后计算出经营活动的现金流量。

间接法是以本期净利润为起算点，调整不涉及现金的收入、费用、营业外收支等有关项目的增减变动，据此计算出经营活动的现金流量。

我国会计准则和制度规定现金流量表以直接法编制，因为，采用直接法提供的信息有助于评价企业未来现金流量。但是，在现金流量表的补充资料中应按照间接法反映经营活动现金流量的情况。

经营活动现金流量各项目的内容包括：

（1）“销售商品、提供劳务收到的现金”项目，反映企业销售商品、提供劳务实际收到的现金（含销售收入和应向购买者收取的增值税额），包括本期销售商品、提供劳务收到的现金，以及前期销售和前期提供劳务本期收到的现金和本期预收的账款，减去本期退回本期销售的商品和前期销售本期退回的商品支付的现金。企业销售材料和代购代销业务收到的现金，也在本项目反映。本项目可以根据“库存现金”“银行存款”“应收账款”“应收票据”“预收账款”“主营业务收入”“其他业务收入”等账户的记录分析填列。

（2）“收到的税费返还”项目，反映企业收到返还的各种税费，如收到的增值税、消费税、所得税、教育费附加返还等。本项目可以根据“库存现金”“银行存款”“税金及附加”等账户的记录分析填列。

（3）“收到的其他与经营活动有关的现金”项目，反映企业除了上述各项目外，收到的其他与经营活动有关的现金流入，如罚款收入、经营租赁固定资产收回的现金、投资性房地产收到的租金收入、流动资产损失中由个人赔偿的现金收入、除税费返还外的其他政府补助收入等。其他与经营活动有关的现金流入，如价值较大的，应单列项目反映。本项目可以根据“库存现金”“银行存款”“管理费用”“销售费用”等账户的记录分析填列。

（4）“购买商品、接受劳务支付的现金”项目，反映企业购买材料、商品、接受劳务实际支付的现金，包括本期购入材料、商品、接受劳务支付的现金（包括增值税进项税额），以及本期支付前期购入商品、接受劳务的未付款项和本期预付款项。本期发生的销货退回收到的现金应从本项目内减去。本项目可以根据“库存现金”“银行存款”“应付账款”“应付票据”“主营业务成本”等账户的记录分析填列。

（5）“支付给职工以及为职工支付的现金”项目，反映企业实际支付给职工，以及为职工支付的现金，包括本期实际支付给职工的工资、奖金、各种津贴和补助等，以及为职工支付的其他费用。不包括支付的离退休人员的各项费用和支付给在建工程人员的工资等。企业支付给退休人员的各项费用，在“支付的其他与经营活动有关的现金”项目中反映；支付的在建工程人员的工资，在“购建固定资产、无形资产和其他长期资产所支付的现金”项目反映。本项目可以根据“应付职工薪酬”“库存现金”“银行存款”等账户的记录分析填列。

企业为职工支付的养老和失业等社会保险基金、补充养老保险、住房公积金、支付给职工的住房困难补助，以及企业支付给职工或为职工支付的其他福利费用等，应按职工的工作性质和服务对象，分别在本项目和在“购建固定资产、无形资产和其他长期资产所支付的现金”项目反映。

（6）“支付的各项税费”项目，反映企业按规定支付的各项税费，包括本期发生并支付的税费，以及本期支付以前各期发生的税费和预缴的税金，如支付的所得税、增值税、消费税、印花税、房产税、土地增值税、车船税、教育费附加等。本项目可以根据“应交税费”等账户的记录分析填列。

（7）“支付的与经营活动有关的其他现金”项目，反映企业支付的除上述各项目外，与经营活动有关的其他现金流出，如罚款支出、支付的差旅费、业务招待费、保险费、捐赠的现金支出、经营租赁支付的现金等。其他与经营活动有关的现金，如果金额较大的，应单列项目反映。本项目可以根据“销售费用”“管理费用”“营业外支出”等账户的记录分析填列。

（二）投资活动产生的现金流量的填列

（1）“收回投资所收到的现金”项目，反映企业出售、转让或到期收回除现金等价物以外的交易性金融资产和长期股权投资而收到的现金。不包括长期债权投资收回的利息，以及收回的非现金资产。本项目可以根据“交易性金融资产”“长期股权投资”“库存现金”“银行存款”等账户的记录分析填列。

（2）“取得投资收益所收到的现金”项目，反映企业因股权性投资和债权性投资而取得的现金股利、利息，以及从子公司、联营企业和合营企业分回利润收到的现金。不包括股票股利。本项目可以根据“库存现金”“银行存款”“投资收益”等账户的记录分析填列。

（3）“处置固定资产、无形资产和其他长期资产所收回的现金净额”项目，反映企业处置固定资产、无形资产和其他长期资产所取得的现金，减去为处置这些资产而支付的有关费用后的净额。由于自然灾害所造成的固定资产等长期资产损失而收到的保险赔偿收入，也在本项目反映。本项目可以根据“固定资产清理”“库存现金”“银行存款”等账户的记录分析填列。

（4）“处置子公司及其他营业单位收到的现金净额”项目，反映企业处置子公司及其他营业单位所取得的现金减去子公司或其他营业单位持有的现金和现金等价物以及相关处置费用后的净额。

（5）“收到其他与投资活动有关的现金”项目，反映企业收到的其他与投资活动有关的现金，如果价值较大的，应单列项目反映。本项目可以根据有关科目的记录分析填列。

（6）“购建固定资产、无形资产和其他长期资产所支付的现金”项目，反映企业购买、建造固定资产，取得无形资产和其他长期资产所支付的现金，不包括为购建固定资产而发生的借款利息资本化的部分，以及融资租入固定资产支付的租赁费、借款利息和融资租入固定资产支付的租赁费，在筹资活动产生的现金流量中反映。本项目可以根据“固定资产”“在建工程”“无形资产”“库存现金”“银行存款”等账户的记录分析填列。

（7）“投资支付的现金”项目，反映企业进行权益性投资和债权性投资支付的现金，包括企业取得的除现金等价物以外的短期股票投资、短期债券投资、长期股权投资、长期债权投资支付的现金，以及支付的佣金、手续费等附加费用。本项目可以根据“长期股权投资”“持有至到期投资”“交易性金融资产”“库存现金”“银行存款”等账户的记录分析填列。

企业购买股票和债券时，实际支付的价款中包含的已宣告但尚未领取的现金股利或已到付息期但尚未领取的债券的利息，应在投资活动的“支付的其他与投资活动有关的现金”项目反映；收回购买股票和债券时支付的已宣告但尚未领取的现金股利或已到付息期但尚未领取的债券的利息，在投资活动的“收到的其他与投资活动有关的现金”项目反映。

（8）“取得子公司及其他营业单位支付的现金净额”项目，反映企业取得子公司及其他营业单位购买出价中以现金支付的部分，减去子公司或其他营业单位持有的现金和现金等价物后的净额。本项目可以根据有关科目的记录分析填列。

整体购买一个单位，其结算方式是多种多样的，如购买方全部以现金支付或一部分以现金支付而另一部分以实物清偿。同时，企业购买子公司及其他营业单位是整体交易，子公司和其他营业单位除有固定资产和存货外，还可能持有现金和现金等价物。这样，整体购买子公司或其他营业单位的现金流量，就应以购买出价中以现金支付的部分减去子公司或其他营业单位持有的现金和现金等价物后的净额反映，如为负数，应在“收到其他与投资活动有关的现金”项目中反映。

（9）“支付的其他与投资活动有关的现金”项目，支付或收到的其他与投资活动有关的现金流出。其他现金流出如价值较大的，应单列项目反映。

（三）筹资活动产生的现金流量的填列

（1）“吸收投资收到的现金”项目，反映企业收到的投资者投入的现金，包括以发行股票等方式筹集资金实际收到的款项净额（发行收入减去支付的佣金等发行费用后的净额）。以发行股票方式筹集资金而由企业直接支付的审计、咨询等费用，在“支付的其他与筹资活动有关的现金”项目反映，不从本项目内减去。本项目可以根据“实收资本（或股本）”“库存现金”“银行存款”等账户的记录分析填列。

（2）“取得借款收到的现金”项目，反映企业举借各种短期、长期借款所收到的现金和发行债券实际收到的款项净额。本项目可以根据“短期借款”“长期借款”“库存现金”“银行存款”等账户的记录分析填列。

（3）“收到其他与筹资活动有关的现金”项目，反映企业除上述各项目外，收到的其他与筹资活动有关的现金。其他与筹资活动有关的现金，如果价值较大的，应单列项目反映。本项目可根据有关科目的记录分析填列。

（4）“偿还债务所支付的现金”项目，反映企业以现金偿还债务的本金，包括偿还金融企业的借款本金、偿还债券本金等。企业偿还的借款利息、债券利息，在“分配股利、利润或偿付利息所支付的现金”项目反映，不包括在本项目内。本项目可以根据“短期借款”“长期借款”“库存现金”“银行存款”等账户的记录分析填列。

（5）“分配股利、利润或偿付利息所支付的现金”项目，反映企业实际支付的现金股利，支付给其他投资单位的利润以及支付的借款利息、债券利息等。本项目可以根据“应付股利”“财务费用”“长期借款”“库存现金”“银行存款”等账户的记录分析填列。

（6）“支付的其他与筹资活动有关的现金”项目，反映企业除上述各项目外，支付的其他与筹资活动有关的现金，如以发行股票、债券等方式筹集资金而由企业直接支付的审计、咨询等费用，融资租赁各期支付的现金、以分期付款方式购建固定资产、无形资产等各期支付的现金等。其他与筹资活动有关的现金，如果价值较大的，应单列项目反映。

（四）“汇率变动对现金的影响”项目的填列

“汇率变动对现金的影响”项目反映企业外币现金流量及境外子公司的现金流量折

算为人民币时，所采用的现金流量发生日的汇率或平均汇率折算的人民币金额，与“现金及现金等价物净增加额”中外币现金净增加额按期末汇率折算的人民币金额之间的差额。

（五）补充资料项目的填列

1. “将净利润调节为经营活动的现金流量”各项目的填列

（1）“资产减值准备”项目，反映企业计提的各项资产的减值准备。本项目可以根据“资产减值损失”账户的记录分析填列。

（2）“固定资产折旧、油气资产折耗、生物性生物资产折旧”项目，反映企业本期累计提取的固定资产折旧、油气资产折耗、生物性生物资产折旧。本项目可以根据“累计折旧”“累计折耗”等账户的贷方发生额分析填列。

（3）“无形资产摊销”和“长期待摊费用摊销”两个项目，分别反映企业本期累计摊入成本费用的无形资产的价值及长期待摊费用。这两个项目可以根据“累计摊销”“长期待摊费用”账户的贷方发生额分析填列。

（4）“处置固定资产、无形资产和其他长期资产的损失（减：收益）”，反映企业本期由于处置固定资产、无形资产和其他长期资产而发生的净损失。本项目可以根据“营业外收入”“营业外支出”“其他业务收入”“其他业务成本”等账户所属有关明细账户的记录分析填列。如为净收益，以“－”号填列。

（5）“固定资产报废损失”项目，反映企业本期固定资产盘亏（减：盘盈）后的净损失。本项目可以根据“营业外支出”“营业外收入”账户所属有关明细账户中固定资产盘亏损失减去固定资产盘盈收益后的差额填列。

（6）“公允价值变动损失”项目，该项目反映企业本期交易性金融资产等发生的公允价值变动损益。本项目可以根据“公允价值变动损益”账户的发生额填列。如为收益，以“－”号填列。

（7）“财务费用”项目，反映企业本期发生的应属于投资活动或筹资活动的财务费用。可以根据“财务费用”账户的本期借方发生额分析填列。如为收益，以“－”号填列。

（8）“投资损失（减：收益）”项目，反映企业本期投资所发生的损失减去收益后的净损失。本项目可以根据利润表“投资收益”项目的数字填列。如为投资收益，以“－”号填列。

（9）“递延所得税资产减少（增加以‘－’号填列）”项目，反映企业确认的可抵扣暂时性差异产生的递延所得税资产的减少。本项目应根据“递延所得税资产”账户期初、期末余额的差额填列；期末数大于期初数的差额，以“－”号填列。

（10）“递延所得税负债增加（减少以‘－’号填列）”项目，反映企业确认的应纳税暂时性差异产生的所得税负债的减少。本项目应根据“递延所得税负债”账户期初、期末余额的差额填列；期末数小于期初数的差额，以“－”号填列。

（11）“存货的减少（减：增加）”项目，反映企业本期存货的减少（减：增加）。本项目可以根据资产负债表“存货”项目的期初、期末余额的差额填列；期末数大于期初数的差额，以“－”号填列。

（12）“经营性应收项目的减少（减：增加）”项目，反映企业本期经营性应收项目（包括应收账款、应收票据、其他应收款和预付账款中与经营活动有关的部分及应收的增值税销项税额等）的减少（减：增加）。

（13）“经营性应付项目的增加（减：减少）”项目，反映企业本期经营性应付项目（包括应付账款、应付票据、应交税费、其他应付款和预收账款中与经营活动有关的部分以及应付的增值税进项税额等）的增加（减：减少）。

2.“不涉及现金收支的投资和筹资活动”项目的填列

“不涉及现金收支的投资和筹资活动”项目反映企业一定期间内影响资产或负债但不形成该期现金收支的所有投资和筹资活动的信息。不涉及现金收支的投资和筹资活动各项目的填列方法如下：

（1）“债务转为资本”项目，反映企业本期转为资本的债务金额。

（2）“一年内到期的可转换公司债券”项目，反映企业1年内到期的可转换公司债券的本息。

（3）“融资租入固定资产”项目，反映企业本期融资租入固定资产记入“长期应付款”账户的金额。

3.“现金及现金等价物净变动情况”项目的填列

“现金及现金等价物净变动情况”项目反映企业一定会计期间现金及现金等价物的期末余额减去期初余额后的净增加额（或净减少额），是对现金流量表中“现金及现金等价物净增加额”项目的补充说明。该项目的金额与现金流量表“现金及现金等价物净增加额”项目的金额核对相符。

七、现金流量表编制举例

北方股份有限公司（以下简称北方公司）为上市公司，增值税一般纳税人企业，适用的增值税税率为13%。各年企业所得税税率为25%，按净利润的10%提取盈余公积。2024年有关资料如下：

1. 部分账户年初数、本年发生额和年末余额见表15－10：

表15－10　账户发生额和余额

编制单位：北方公司　　2024年12月31日　　单位：万元

账户名称	年初余额		本年发生额		年末余额	
	借方	贷方	借方	贷方	借方	贷方
交易性金融资产	100		500	400	200	
应收票据	300			200	100	
应收账款	500		3 000	2 800	700	
预付账款	100		550	100	550	
应收股利			10	10		
存货	500		3 600	3 500	600	
固定资产	5 000		400	1 000	4 400	
累计折旧		2 000	800	200		1 400

续表

账户名称	年初余额		本年发生额		年末余额	
	借方	贷方	借方	贷方	借方	贷方
在建工程	1 000		400		1 400	
短期借款			200	250		50
应付账款		300	1 300	1 200		200
应付职工薪酬		0	750	750		0
预收账款		150		50		200
应交税费：		530				843
应交增值税		500	207（已交） 340（进项税额）	850（销项税额）		803
应交所得税		30	240	250		40

2. 北方公司2024年利润表数据见表15－11：

表15－11　　利润表（部分项目）

编制单位：北方公司　　2024年　　单位：万元

项　目	本期金额
一、营业收入	5 000.00
减：营业成本	3 500.00
税金及附加	53.00
销售费用	300.00
管理费用	500.00
财务费用	20.00
资产减值损失	0.00
加：公允价值变动收益（损失以“－”号填列）	0.00
投资收益（损失以“－”号填列）	30.00
二、营业利润（亏损以“－”号填列）	657.00
加：营业外收入	363.00
减：营业外支出	20.00
三、利润总额（亏损总额以“－”号填列）	1 000.00
减：所得税费用	250.00
四、净利润（净亏损以“－”号填列）	750.00

3. 北方公司2024年度其他资料如下：

（1）交易性金融资产的取得均已现金结算，且交易性金融资产均不属于现金等价物。

（2）企业期初和期末存货类项目只有原材料和库存商品有余额。

（3）“固定资产”账户借方发生额为现金购入的固定资产400万元；“在建工程”

账户借方发生额含用现金支付的资本化利息费用 30 万元。

（4）本期支付的应付职工薪酬中 750 万元中包括生产经营人员的工资及福利费 450 万元，离退休人员的工资及费用 200 万元，在建工程人员的工资 100 万元。

（5）“管理费用”账户 500 万元中含 200 万元折旧费用。

（6）“财务费用”账户借方发生额 20 万元为用现金支付的利息。

（7）“投资收益”账户贷方发生额含出售股票获得的投资收益 20 万元以及收到的现金股利。

（8）“营业外支出”账户借方发生额为出售固定资产发生的净损失 20 万元（出售固定资产的原价 1 000 万元，累计折旧 800 万元，支付的清理费用 30 万元，收到的价款 210 万元）。

（9）“营业外收入”账户反映的为政府补助。

（10）货币资金 2024 年年初数为 2 150 万元，年末数为 2 163 万元，无其他现金等价物。

（11）假定该公司本期未发生其他交易或事项。

要求：根据以上资料，采用分析填列的方法，编制北方股份有限公司 2024 年度的现金流量表。

1. 北方公司 2024 年度现金流量表各项目金额分析计算确定如下：

（1）销售商品、提供劳务收到的现金 = 营业收入 + 应交税费（应交税费——销项税额）+（应收票据期初余额 − 应收票据期末余额）+（应收账款期初余额 − 应收账款期末余额）+（预收账款期末余额 − 预收账款期初余额）

= 5 000 + 850 +（300 − 100）+（500 − 700）+（200 − 150）

= 5 900（万元）

（2）购买商品、接受劳务支付的现金 = 营业成本 + 应交税费（应交增值税——进项税额）+（存货期末余额 − 存货期初余额）+（应付账款期初余额 − 应付账款期末余额）+（预付账款期末余额 − 预付账款期初余额）− 计入存货的人工工资

= 3 500 + 340 +（600 − 500）+（300 − 200）+（550 − 100）− 450

= 4 040（万元）

（3）支付给职工以及为职工支付的现金 = 应付职工薪酬本期借方发生额 − 应付职工薪酬中在建人员的工资 − 退休职工工资费用

= 750 − 100 − 200

= 450（万元）

（4）支付的各项税费 = 当期实际支付的所得税费用 + 税金及附加 + 应交税费——应交增值税（已交税金）

= 240 + 53 + 207

= 500（万元）

（5）支付其他与经营活动有关的现金 = 销售费用 + 管理费用 − 折旧

= 300 + 500 − 200

= 600（万元）

（6）收回投资收到的现金 = 交易性金融资产贷方发生额 = 400 + 20 = 420（万元）

(7) 取得投资收益所收到的现金 = 投资收益 - 与交易性金融资产一起收回的投资收益 = 30 - 20 = 10（万元）

(8) 处置固定资产收回的现金净额 = 处置固定资产收到的资金 - 清理固定资产发生的清理费用

= 210 - 30 = 180（万元）

(9) 购建固定资产支付的现金 = 用现金购买的固定资产 + 在建工程借方增加额 - 购建固定资产过程中资本化的利息

= 400 + (400 - 30)

= 770（万元）

(10) 偿还利息支付的现金 = 财务费用 + 构建固定资产过程中资本化的利息

= 20 + 30 = 50（万元）

2. 将净利润调节为经营活动现金流量各项目计算分析如下：

(1) 固定资产折旧 = 200（万元）

(2) 处置固定资产、无形资产和其他长期资产的损失（减：收益）

= 20（万元）

(3) 投资损失（减：收益） = -30（万元）

(4) 存货的减少 = 500 - 600 = -100（万元）

(5) 经营性应收项目的减少

= (500 - 700) + (300 - 100) + (200 - 150)

= 50（万元）

(6) 经营性应付项目的增加

= (200 - 300) + (550 - 100) + (843 - 530)

= -237（万元）

编制的北方公司2024年度现金流量表见表15 - 12。

表 15 - 12 **现金流量表**

编制单位：北方公司 2024年 单位：万元

项　目	本期金额	上期金额
一、经营活动产生的现金流量：		略
销售商品、提供劳务收到的现金	5 900.00	
收到的税费返还		
收到其他与经营活动有关的现金	363.00	
经营活动现金流入小计	6 263.00	
购买商品、接受劳务支付的现金	4 040.00	
支付给职工以及为职工支付的现金	450.00	
支付的各项税费	500.00	
支付其他与经营活动有关的现金	600.00	
经营活动现金流出小计	5 590.00	

续表

项　目	本期金额	上期金额
经营活动产生的现金流量净额	673.00	
二、投资活动产生的现金流量		
收回投资收到的现金	420.00	
取得投资收益收到的现金	10.00	
处置固定资产、无形资产和其他长期资产收回的现金净额	180.00	
处置子公司及其他营业单位收到的现金净额		
收到其他与投资活动有关的现金		
投资活动现金流入小计	610.00	
购建固定资产、无形资产和其他长期资产支付的现金	770.00	
投资支付的现金	500.00	
取得子公司及其他营业单位支付的现金净额		
支付其他与投资活动有关的现金		
投资活动现金流出小计	1 270.00	
投资活动产生的现金流量净额	-660.00	
三、筹资活动产生的现金流量：		
吸收投资收到的现金		
取得借款收到的现金	250.00	
收到其他与筹资活动有关的现金		
筹资活动现金流入小计	250.00	
偿还债务支付的现金	200.00	
分配股利、利润或偿付利息支付的现金	50.00	
支付其他与筹资活动有关的现金		
筹资活动现金流出小计	250.00	
筹资活动产生的现金流量净额		
四、汇率变动对现金及现金等价物的影响		
五、现金及现金等价物净增加额	13.00	
加：期初现金及现金等价物余额	2 150.00	
六、期末现金及现金等价物余额	2 163.00	
补充资料		
1. 将净利润调节为经营活动现金流量：		略
净利润	750.00	
加：资产减值准备		
固定资产折旧、油气资产折耗、生产性生物资产折旧	200.00	
无形资产摊销		
长期待摊费用摊销		
处置固定资产、无形资产和其他长期资产的损失（收益以“-”号填列）	20.00	

续表

项　目	本期金额	上期金额
固定资产报废损失（收益以“－”号填列）		
公允价值变动损失（收益以“－”号填列）		
财务费用（收益以“－”号填列）	20.00	
投资损失（收益以“－”号填列）	－30.00	
递延所得税资产减少（增加以“－”号填列）		
递延所得税负债增加（减少以“－”号填列）		
存货的减少（增加以“－”号填列）	－100.00	
经营性应收项目的减少（增加以“－”号填列）	50.00	
经营性应付项目的增加（减少以“－”号填列）	－237.00	
其他		
经营活动产生的现金流量净额	673.00	
2. 不涉及现金收支的重大投资和筹资活动：		
债务转为资本		
一年内到期的可转换公司债券		
融资租入固定资产		
3. 现金及现金等价物净变动情况：		
现金的期末余额	2 163.00	
减：现金的期初余额	2 150.00	
加：现金等价物的期末余额		
减：现金等价物的期初余额		
现金及现金等价物净增加额	13.00	

任务4
所有者权益变动表的编制

一、所有者权益变动表的原理

所有者权益变动，是投资者最关心的问题。而所有者权益（或股东权益）变动表，就是反映构成所有者权益的各组成部分当期增减变动情况的报表。所有者权益变动表不仅揭示所有者权益的变化，可以较为详细的展示在一定期间所有者权益的形成情况，更可以反映所有者权益的构成。在一张所有者权益变动表上，企业不仅要列示由与所有者本身有关的交易或事项所引起的所有者权益的变化，比如投资者投入资本，还需要反映企业生产经营形成的净利润所带来的所有者权益的变化，包括按照企业会计制度和准则的规定应该直接计入所有者权益的利得和损失，从而让报表的阅读者准确的知道所有者权益增减变动的根源，全面地展现企业综合收益的特点和构成的情况。

二、所有者权益变动表的作用

所有者权益变动表上所揭示的相关信息，能够展示企业的综合收益，这是所有者权益变动表最突出的特点。

所谓综合收益，是指企业在某一期间与所有者之外的其他方面进行交易或发生其他事项所引起的净资产的变动。综合收益的具体构成包括两个部分：净利润和直接计入所有者权益的利得和损失。即用公式表示为：

综合收益＝净利润＋直接计入所有者权益的利得和损失

其中，前者是企业已经实现并已确认的收益，后者是企业未实现但根据会计准则的规定已经确认的收益或损失。在一张所有者权益表中，净利润和直接计入所有者权益的利得和损失均单列项目反映，体现了企业综合收益的构成。

三、所有者权益变动表的编制

（一）所有者权益变动表的内容

所有者权益变动表包括实收资本、资本公积、库存股、盈余公积、未分配利润的期初余额、本期增减变动项目与金额，以及期末余额等。所有者权益变动表应至少单独列示反映下列信息：

（1）净利润；

（2）直接计入所有者权益的利得和损失项目及其总额；

（3）会计政策变更和差错更正的累积影响数；

（4）所有者投入资本和向所有者分配利润等；

（5）按照规定提取的盈余公积；

（6）实收资本、资本公积、盈余公积、未分配利润的期初和期末余额及其调节情况。

（二）报表格式

1. 矩阵格式

为了清楚地表明构成所有者权益的各组成部分当期的增减变动情况，我国的所有者权益变动表是以矩阵的形式列示。一方面，列示导致所有者权益变动的交易或事项；另一方面，按照所有者权益各组成部分（包括实收资本、资本公积、盈余公积、未分配利润和库存股）及其总额列示交易或事项对所有者权益的影响。这种方式能够非常直观地反映所有者权益的变动，并同时能够清晰地揭示导致各种变动的原因。

2. 列示所有者权益变动表的比较信息

在矩阵式的基本格式下，同时，与资产负债表、利润表类似，所有者权益表中也列示了相关的比较信息。具体来讲，所有者权益变动表将各项目分别区分为“本年金额”和“上年金额”两栏填列，从而便于进行比较。

所有者权益变动表的格式见表15－13。

表 15－13

所有者权益变动表

________年度

会企 04 表

编制单位：　　　　　　　　　　　　　　　　　　　　　　　　　　单位：元

项目	本年金额											上年金额										
	实收资本（或股本）	其他权益工具			资本公积	减：库存股	其他综合收益	专项储备	盈余公积	未分配利润	所有者权益合计	实收资本（或股本）	其他权益工具			资本公积	减：库存股	其他综合收益	专项储备	盈余公积	未分配利润	所有者权益合计
		优先股	永续债	其他									优先股	永续债	其他							
一、上年年末余额																						
加：会计政策变更																						
前期差错更正																						
其他																						
二、本年年初余额																						
三、本年增减变动金额（减少以“－”号填列）																						
（一）综合收益总额																						
（二）所有者投入和减少资本																						
1. 所有者投入的普通股																						
2. 其他权益工具持有者投入资本																						
3. 股份支付计入所有者权益的金额																						
4. 其他																						
（三）利润分配																						

续表

项目	本年金额										上年金额									
	实收资本（或股本）	其他权益工具			资本公积	减:库存股	其他综合收益	专项储备	盈余公积	未分配利润	所有者权益合计	实收资本（或股本）	其他权益工具			资本公积	减:库存股	其他综合收益	专项储备	盈余公积	未分配利润	所有者权益合计
		优先股	永续债	其他									优先股	永续债	其他							
1. 提取盈余公积																					
2. 对所有者（或股东）的分配																					
3. 其他																					
（四）所有者权益内部结转																					
1. 资本公积转增资本（或股本）																					
2. 盈余公积转增资本（或股本）																					
3. 盈余公积弥补亏损																					
4. 设定受益计划变动额结转留存收益																					
5. 其他																					
四、本年年末余额																					

（三）所有者权益变动表的编制

1. 报表的数据的来源

所有者权益变动表包括表首、正表两部分。正表是所有者变动表的主体，其中横向的项目用于具体说明所有者权益增减变动的各内容，包括实收资本（或股本）、资本公积、其他综合收益、盈余公积、未分配利润等。纵向按照所反映的时间的不同又可分为上年期末余额、本年年初余额、本年增减变动额、本年期末余额四项，其中本年增减变动的部分，主要是反映发生变动的具体原因，如净利润带来的变动、直接计入所有者权益的利得和损失、所有者减少资本等。

所有者权益变动表中的数据根据“实收资本”“资本公积”“其他综合收益”“盈余公积”“未分配利润”等账户及其所属的明细账户的余额和发生额分析填列。

其中，“本年金额”来源于当期的相关账户的发生额，“上年金额”来源于上年度所有者权益变动表的“本年金额”栏数字。

2. 所有者权益变动表的编制

所有者权益变动表中的具体项目的填列方法：

（1）“上年期末余额”项目，反映企业上年资产负债表中实收资本（或股本）、资本公积、盈余公积、其他综合收益、未分配利润的期末余额。所有者权益变动表“上年金额”栏内各项数字，应根据上年度所有者权益变动表“本年金额”栏内所列数字填列。如果上年度所有者权益变动表规定的各个项目的名称和内容同本年度不相一致，应对上年度所有者权益变动表各项目的名称和数字按本年度的规定进行调整，填入所有者权益变动表“上年金额”栏内。

（2）“会计政策变更”和“前期差错更正”项目，分别反映企业采用追溯调整法处理的会计政策变更的累积影响金额和采用追溯重述法处理的会计差错更正的累积影响金额。

为了体现会计政策变更和前期差错更正的影响，企业应当在上期期末所有者权益余额的基础上进行调整得出本期期初所有者权益，根据“盈余公积”“利润分配”“以前年度损益调整”等科目的发生额分析填列。

（3）“本年增减变动额”项目栏内各项数字一般应根据“实收资本（或股本）”“资本公积”“其他综合收益”“盈余公积”“利润分配”“库存股”“以前年度损益调整”等科目的发生额分析填列。

企业的净利润及其分配情况作为所有者权益变动的组成部分，不需要单独设置利润分配表列示。

相关项目分别反映如下内容：

①“所有者投入和减少资本”项目，反映企业当年所有者投入的资本和减少的资本。

其中：“所有者投入和减少资本”项目，反映企业接受投资者投入形成的实收资本（或股本）和资本溢价或股本溢价，并对应列在“实收资本”和“资本公积”栏。该项目主要根据“实收资本”“资本公积”账户的发生额分析填列。

“股份支付计入所有者权益的金额”项目，反映企业处于等待期中的权益结算的股份支付当年计入资本公积的金额，并对应列在“资本公积”栏。

②“利润分配”下各项目，反映当年对所有者（或股东）分配的利润（或股利）金额

和按照规定提取的盈余公积金额，并对应列在“未分配利润”和“盈余公积”栏。

其中：“提取盈余公积”项目，反映企业按照规定提取的盈余公积。

“对所有者（或股东）的分配”项目，反映对所有者（或股东）分配的利润（或股利）金额。

以上各项目应根据“利润分配”账户的发生额分析填列。

③“所有者权益内部结转”下各项目，反映不影响当年所有者权益总额的所有者权益各组成部分之间当年的增减变动，包括资本公积转增资本（或股本）、盈余公积转增资本（或股本）、盈余公积弥补亏损等项金额。为了全面反映所有者权益各组成部分的增减变动情况，所有者权益内部结转也是所有者权益变动表的重要组成部分，主要指不影响所有者权益总额、所有者权益的各组成部分当期的增减变动。

其中：“资本公积转增资本（或股本）”项目，反映企业以资本公积转增资本或股本的金额。

“盈余公积转增资本（或股本）”项目，反映企业以盈余公积转增资本或股本的金额。

“盈余公积弥补亏损”项目，反映企业以盈余公积弥补亏损的金额。

以上各项目的填列需根据“资本公积”“盈余公积”等项目的明细科目分析填列。

3. 所有者权益变动表的编制举例

2024 年某企业所有者权益相关账户当期变化情况如下：

所有者权益类账户当期变动情况

借方　实收资本　贷方

借方	贷方
	期初余额：10 000 000 新投资者投入：2 000 000
	期末余额：12 000 000

借方　资本公积　贷方

借方	贷方
	期初余额：235 700 资本溢价：200 000
	期末余额：435 700

借方　盈余公积　贷方

借方	贷方
	期初余额：185 430 提取法定盈余公积：17 504 提取任意盈余公积：8 752
	期末余额：211 686

借方　利润分配——提取法定盈余公积　贷方

借方	贷方
提取法定盈余公积：17 504	转入未分配利润：17 504
期末余额：0	

借方　利润分配——提取任意盈余公积　贷方

借方	贷方
提取任意盈余公积：8 752	转入未分配利润：8 752
期末余额：0	

借方　利润分配——未分配利润　贷方

借方	贷方
转入提取盈余公积：26 256	期初余额：231 800 转入本年利润：175 040
	期末余额：380 584

企业上年期末相关资料已知，假设所有者权益项目除上述经济事项外无其他变化，编制该企业所有者权益变动表见表 15－14。

表 15－14 **所有者权益变动表**

编制单位：××公司 2024年度 单位：元

项目	本年金额								
	实收资本（或股本）	其他权益工具	资本公积	减：库存股	其他综合收益	专项储备	盈余公积	未分配利润	所有者权益合计
一、上年期末余额	10 000 000		235 700		0		185 430	231 800	10 652 930
加：会计政策变更							0	0	0
前期差错更正							0	0	0
二、本年年初余额	10 000 000		235 700		0		185 430	231 800	10 652 930
三、本年增减变动金额（减少以“－”填列）									
（一）综合收益总额								175 040	175 040
（二）所有者投入和减少资本									
1. 所有者投入资本	2 000 000		200 000						2 200 000
2. 股份支付计入所有者权益的金额	0		0						0
3. 其他	0		0		0		0	0	0
（三）利润分配									
1. 提取盈余公积							26 256	－26 256	0
2. 对所有者（或股东）的分配								0	0
3. 其他								0	0
（四）所有者权益内部结转									
1. 资本公积转增资本（或股本）	0		0						0
2. 盈余公积转增资本（或股本）	0						0		0
3. 盈余公积弥补亏损							0	0	0
4. 其他	0		0		0		0	0	0
四、本年期末余额	12 000 000		435 700				211 686	380 584	13 027 970

公司法定代表人： 主管会计工作负责人： 会计机构负责人：

任务5
会计报表附注的编制

一、会计报表附注的原理

财务报表是企业会计核算的最终成果，是企业对外传递会计信息的主要渠道，而企业对外提供的会计信息中，除了资产负债表、利润表、现金流量表、所有者权益变动表以外，有些信息不便于或不能够在前四张报表中披露，而这些信息又是报表使用者所需要的，要求报表编制单位以其他的方式反映出来，所以就出现了会计报表附注。报表附注是财务报表不可或缺的组成部分，是为便于会计报表使用者理解会计报表的内容而对会计报表的编制基础、编制依据、编制原则和方法及主要事项等所作的解释，是对会计报表本身无法或难以充分表达的内容所作的补充说明。提供必要的报表附注对于使用者正确理解会计报表内容具有不可忽视的重要作用。

二、会计报表附注的作用

（一）能满足报表使用者对会计信息的需求

会计的主要目的是提供财务信息，由于会计报表有固定的格式，按大类设置项目，反映的是比较总括的情况，而各个项目背后的详细情况报表是无法反映的。如资产负债表的应收账款项目，在报表仅仅能够看出一个期初数和期末数，了解大致变动情况，至于应收账款的具体构成情况、欠款收回的可能性究竟有多大等信息是无法在表中体现的，而上述信息却是报表使用者必须研究和读懂的。正因为如此，就需要专门在报表附注相关项目中进行详细说明。

（二）有助于理解会计报表

由于企业对外提供的报表是按照规定的内容和格式进行编制的，是对企业发生的经济业务的高度简化和浓缩的数字，这种方式使得各个企业所编制的报表格式一致，便于比较，具有横向的可比性。这种方式的优点在于我们能够一目了然地获取相关的信息，但也正是因为这种方式使得报表本身所能够揭示的信息具有局限性，如果没有形成这些数字所使用的会计政策说明和理解这些数字所必需的其他信息披露，财务报表就不可能充分发挥效用。例如，同样是核算存货的发出，企业的核算方法可以是先进先出法，可以是加权平均的方式等，而针对同样的业务采用不同的方法所核算出的结果是不一样的。因此，如果不了解其核算方法的选择，也就无法对数据的变化做出解释，从而对报表的阅读带来困难。

（三）有助于进行分析比较

会计报表是依据会计准则编制的，而会计准则要求企业前后各期所采用的会计方法应当保持一致，不得随意变更。由于某些原因，企业可能需要改变原会计政策。而不同期间的会计报表对同一个会计事项采用了不同的会计政策进行处理，从而导致信息不具有可比性，为了帮助会计报表使用者及时掌握这种政策变化所带来的影响，也需要通过报表附注进行揭示，以便于报表使用者分析比较。

三、会计报表附注披露的基本要求

为了使附注真正起到辅助报表阅读的作用，对于报表附注应该揭示的内容应有以下要求：

（1）会计报表附注披露的信息应是定量、定性信息的结合，从而能从量和质两个角度对企业经济事项完整的进行反映，也才能满足信息使用者的决策需求。

（2）会计报表附注应当按照一定的结构进行系统、合理的排列和分类，有顺序地披露信息。由于附注的内容繁多，因此更应按逻辑顺序排列，分类披露，条理清晰，具有一定的组织结构，以便于使用者理解和掌握，也更好地实现财务报表的可比性。

（3）会计报表附注相关信息应当与资产负债表、利润表、现金流量表和所有者权益变动表等报表中列示的项目相互参照，以有助于使用者联系相关联的信息，并由此从整体上更好地理解财务报表。

四、会计报表附注的编制

（一）会计报表附注的编制内容

会计报表附注应当按照一定的方式披露，报表附注中的项目应当与报表中的相关信息互相对照。一般来讲，会计报表附注中一般至少披露以下几方面的内容：

1. 企业的基本情况介绍

通常在报表附注的第一项需要对企业基本情况进行介绍，一般应披露：

（1）企业的注册地、组织结构和总部地址；

（2）企业的性质和主要经营活动；

（3）母公司以及集团最终母公司的名称；

（4）财务报告的批准报出者和财务报告的批准报出日。

2. 会计报表的编制基础

一般来讲，报表的编制是建立在持续经营假设上的，很多报表项目的核算方法都会因为是否满足持续经营的前提而有所差异。因此，在编制基础的说明中，需要特别对企业持续经营的情况予以说明。首先，企业应当以持续经营为基础编制会计期间，进行清算或停止营业的则不应再以持续经营为基础编制会计报表及附注。其次，如果会计报表不是以持续经营为基础编制的，则企业在会计报表附注中对此应首先予以披露，并进一步披露会计报表的编制基础以及企业未能以持续经营为基础编制会计报表的原因。这能够帮助我们对其后的会计处理方法的选择提供依据。

3. 遵循《企业会计准则》的声明

企业应当声明编制的财务报表符合《企业会计准则》的要求，真实、完整地反映了企业的财务状况、经营成果和现金流量等有关信息。以此明确企业编制财务报表所依据的制度基础。

4. 企业的重要会计政策、会计估计及其变更的说明

会计所核算的经济业务是纷繁复杂的，会计人员在核算中需要根据企业自身经济业务的情况选择适合的会计政策，作出必要的会计估计，而这些选择和判断对于企业的报表资料会产生重大的影响。为此，会计报表附注需要对上述情况进行说明。以帮助信息使用者对报表数据的理解和在不同企业之间的比较。企业需要披露的会计政策和会计估计包括：执行的会计制度、记账原则、计价基础、各项资产的核算方法、收入确认原则、所得税会计处理方法、利润分配办法等内容。当会计政策和会计估计出现变更时，也需要在附注中注明会计政策变更的内容和理由、会计政策变更的影响数、累积影响数不能合理确定的理由、会计估计变更的内容和理由、变更的影响数、会计估计变更的影响数不能合理确定的理由、重大会计差错的内容和更正的金额等。

5. 会计报表重要项目的说明

对于资产负债表、利润表、现金流量表、所有者权益变动表中一些重要的项目，应尽可能在附注中采用列表的形式顺序表述各项目增减变化和明细构成情况。通常来讲重要的项目需根据相关制度的规定并结合企业自身的情况来选取。

6. 有助于理解企业财务状况和经营成果的其他信息

除了以上项目外，在报表附注中还需要对关系到报表使用者对报表理解和相关信息进行披露。通常包括：重要资产转让及其出售的说明、合并会计报表的说明、关联方关系及其交易的说明、或有事项说明（包括预计负债、或有负债）、资产负债表日后事项的说明、企业合并、分立的说明、重大投资、融资活动说明、有助于理解和分析会计报表需要说明的其他事项等。

（二）会计报表附注的编制

1. 编制的基础

会计报表附注中的各项信息从时间上来看主要限定在从本年年初开始至本期期末为止。重点对上年度资产负债表日之后所发生的，有助于理解企业财务状况、经营成果和现金流量变化的重要事项或者交易进行披露。报表附注中的信息从来源上来看，不再限定于凭证、账簿、报表，可能还涉及企业的一些决议、合同、会计制度等。

2. 重要附注项目的编制说明

由于行业之间、企业之间具有很大的差异性，所以会计报表附注的编制通常以文字和数字相结合的形式进行说明，而并非制式的表格的形式，因而比较灵活。因此，对于报表附注的编制，本教材仅选择了“会计报表重要项目的注释”一项，并就重要的、运用最为广泛的注释项目进行说明。

（1）交易性金融资产。应按表 15－15 格式披露。

表 15－15

项　目	期末公允价值	期初公允价值
1. 交易性金融债券		
2. 交易性权益工具投资		

续表

项　目	期末公允价值	期初公允价值
3. 指定为公允价值计量且其变动计入当期损益的金融资产		
4. 衍生金融资产		
5. 其他		
合　计		

（2）应收款项。按表15－16格式披露。

表15－16

账龄结构	期末账面余额	期初账面余额
1年以内（含1年）		
1至2年（含2年）		
2至3年（含3年）		
3年以上		
合　计		

注：应收票据、预付账款、长期应收款、其他应收款等，比照应收账款进行披露。

（3）存货。按表15－17格式披露。

表15－17

存货种类	期初账面余额	本期增加数	本期减少数	期末账面余额
1. 原材料				
2. 在产品				
3. 库存商品				
4. 周转材料				
5. …				
合　计				

存货跌价准备的披露格式见表15－18。

表15－18

存货种类	期初账面余额	本期计提额	本期减少额		期末账面余额
			转回	转销	
1. 原材料					
2. 在产品					
3. 库存商品					
4. 周转材料					
5. …					
合　计					

（4）其他流动资产（略）。

（5）其他权益工具投资（略）。

（6）债权投资（略）。

（7）长期股权投资。按表 15－19 格式披露。

表 15－19

被投资单位	期末账面余额	期初账面余额
1.		
2. …		
合　计		

注：被投资单位由于所在国家或地区以及其他方面的影响，其向投资者转移资金的能力受到限制的，应当披露其受限制情况。

（8）投资性房地产（略）。

（9）固定资产。应按企业固定资产类别分类披露固定资产原值、累计折旧和固定资产净值情况（见表 15－20）。

表 15－20

项　目	期初账面余额	本期增加数	本期减少数	期末账面余额
一、原价合计				
其中：房屋、建筑物				
机器设备				
运输工具				
其他				
二、累计折旧合计				
其中：房屋、建筑物				
机器设备				
运输工具				
其他				
三、固定资产减值准备合计				
其中：房屋、建筑物				
机器设备				
运输工具				
其他				
四、固定资产账面价值合计				
其中：房屋、建筑物				
机器设备				
运输工具				
其他				

（10）生产性生物资产和公益性生物资产（略）。

（11）油气资产（略）。

（12）无形资产。分项披露无形资产见表15－21。

表15－21

项　目	期初账面余额	本期增加数	本期减少数	期末账面余额
一、原价合计				
其中：1.				
2. …				
二、累计摊销额合计				
其中：1.				
2. …				
三、无形资产减值准备累计金额合计				
其中：1.				
2. …				
四、无形资产账面价值合计				
其中：1.				
2. …				

（13）商誉的形成来源、账面价值的增减变动情况（略）。

（14）递延所得税资产和递延所得税负债（略）。

（15）资产减值准备。按表15－22格式披露。

表15－22

项　目	期初账面余额	本期计提数	本期减少额		期末账面余额
			转回	转销	
一、坏账准备					
二、存货跌价准备					
三、可供出售金融资产减值准备					
四、持有至到期投资					
五、长期股权投资减值准备					
六、投资性房地产减值准备					
七、固定资产减值准备					
八、工程物资减值准备					
九、在建工程减值准备					
十、生物性资产减值准备					
十一、油气资产减值准备					
十二、无形资产减值准备					
十三、商誉减值准备					
十四、其他					
合　计					

（16）借款。按表 15 – 23 格式披露。

表 15 – 23

项　目	短期借款		长期借款	
	期末账面余额	期初账面余额	期末账面余额	期初账面余额
信用借款				
抵押借款				
质押借款				
保证借款				
合　计				

（17）应付债券。按表 15 – 24 格式披露。

表 15 – 24

项　目	期初账面余额	本期增加额	本期减少额	期末账面余额
1.				
……				
合　计				

（18）长期应付款。按表 15 – 25 格式披露。

表 15 – 25

项　目	期末账面余额	期初账面余额
1.		
……		
合　计		

（19）营业收入表。按表 15 – 26 格式披露。

表 15 – 26

项　目	本期发生额	上期发生额
1. 主营业务收入		
2. 其他业务收入		
合　计		

（20）投资收益表。按表 15 – 27 格式披露。

表 15 – 27

产生投资收益的来源	本期发生额	上期发生额
1.		
……		
合　计		

（21）资产减值损失表。按表15－28格式披露。

表15－28

项　目	本期发生额	上期发生额
一、坏账损失		
二、存货跌价损失		
三、可供出售金融资产减值损失		
四、持有至到期投资		
五、长期股权投资减值损失		
六、投资性房地产减值损失		
七、固定资产减值损失		
八、工程物资减值损失		
九、在建工程减值损失		
十、生物性资产减值损失		
十一、油气资产减值损失		
十二、无形资产减值损失		
十三、商誉减值损失		
十四、其他		
合　计		

（22）营业外收入。按表15－29格式披露。

表15－29

项　目	本期发生额	上期发生额
1. 接受捐赠		
……		
合　计		

（23）营业外支出。按表15－30格式披露。

表15－30

项　目	本期发生额	上期发生额
1. 对外捐赠		
……		
合　计		

五、某企业财务报表附注举例（部分）

（一）四川中汇医药公司基本情况：

四川中汇医药（集团）股份有限公司（以下简称“公司”）系原四川第一纺织股

份有限公司，于2004年6月10日更名。营业执照注册号：5101001803193。

公司住所：成都高新区技术创新服务中心西部园区基地A-215

法定代表人：封玮

注册资本：11 457万元

注册经营范围：药品、保健品、食品、化妆品、医疗器械的投资及开发，相关技术研发、转让、服务，医药及其他项目的投资。

（二）公司主要会计政策、会计估计和前期差错

1. 遵循企业会计准则的声明

公司编制的财务报表符合企业会计准则的要求，真实、公允地反映了公司的财务状况、经营成果和现金流量。

2. 财务报表的编制基础

公司以持续经营为编制基础。

3. 会计年度

自公历1月1日至12月31日。

4. 记账本位币

以人民币为记账本位币。

5. 记账基础、计量基础和计价原则

以权责发生制为记账基础。主要会计计量属性包括历史成本、重置成本、可变现净值、现值和公允价值。

6. 外币业务核算方法

外币交易在初始确认时，采用交易发生日的即期市场汇率将外币金额折算为记账本位币金额。在资产负债表日，对于外币货币性项目，采用资产负债表日即期市场汇率折算。因资产负债表日即期市场汇率与初始确认时或者前一资产负债表日即期市场汇率不同而产生的汇兑差额，计入当期损益，属于与购建或生产符合资本化条件的资产相关的外币借款产生的汇兑损益，按照借款费用资本化的原则进行处理；对以历史成本计量的外币非货币性项目，仍采用交易发生日的即期市场汇率折算，不改变其记账本位币金额。

7. 现金等价物的确定标准

现金等价物是指企业持有时间短（一般是指从购买日起3个月内到期）、流动性强、易于转换为已知金额现金、且价值变动风险很小的投资。

8. 金融资产和金融负债的核算方法

（1）金融资产和金融负债的分类。

（2）金融资产和金融负债的确认依据和计量方法。

（3）金融资产转移的确认依据和计量方法。

（4）主要金融资产和金融负债的公允价值确定方法。

（5）金融资产的减值测试和减值准备计提方法。

9. 应收款项坏账准备的计提方法

（1）公司应收款项按下列标准确认坏账损失：

①债务人被依法宣告破产、撤销，依照法律清偿程序清偿后其剩余财产确实不足清偿的应收款项；

②债务人死亡或依法被宣告死亡、失踪，其财产或遗产不足清偿的应收款项；

③债务人遭受重大自然灾害或意外事故，损失巨大，以其财产确实无法清偿的应收款项；

④债务人逾期未履行偿债义务，经法院裁决，确定无法清偿的应收款项；当债务人无能力履行偿债义务时，经本公司董事局审核批准，将该等应收款项列为坏账损失。

（2）应收款项坏账准备的计提方法：备抵法。

坏账准备的计提方法、计提比例：公司采用余额百分比法计提坏账准备。计提的比例见表15－31：

表15－31

账龄	计提比例（%）
1年以内	5
1至2年	10
2至3年	30
3至5年	50
5年以上	80

10. 存货核算方法

（1）存货分类：存货分为原材料、包装物、低值易耗品、在产品、自制半成品、库存商品、发出商品等。

（2）存货盘存制度：存货实行永续盘存制。

（3）存货计价方法和摊销方法。存货采用实际成本核算，发出时按加权平均法结转成本；低值易耗品单项价值500元以内（含500元）采用一次摊销，500元以上采用五五摊销。

（4）存货跌价准备的确认标准和计提方法。期末时，存货以成本与可变现净值孰低计量，按单个存货项目的成本高于其可变现净值的差额计提存货跌价准备。与具有类似目的或最终用途并在同一地区生产和销售的产品系列相关，且难以将其与该产品系列的其他项目区别开来进行估价的存货，合并计提；对于数量繁多、单价较低的存货，按存货类别计提。

11. 长期投资核算方法

12. 投资性房地产

13. 固定资产计价和折旧方法

（1）固定资产确认：固定资产指本公司为生产商品、提供劳务、出租或经营管理而持有的使用寿命超过一年的房屋建筑物、机器设备、运输工具及其他与经营有关的工器具等。与该固定资产有关的经济利益很可能流入企业，以及该固定资产的成本能够可靠地计量时予以确认。

（2）固定资产计价：固定资产按成本进行初始计量。购买固定资产的价款超过正常信用条件延期支付，实质上具有融资性质的，固定资产的成本以购买价款的现值为基础确定。实际支付的价款与购买价款的现值之间的差额，除应予资本化的以外，在信用期间内计入当期损益。

（3）固定资产后续计量：本公司对所有固定资产计提折旧，除对已提足折旧仍继续使用的固定资产外。固定资产折旧采用直线法平均计算。本公司根据固定资产的性质和使用情况，确定固定资产的使用寿命和预计净残值。并在年度终了，对固定资产的使用寿命、预计净残值和折旧方法进行复核。公司的固定资产类别、预计使用寿命、预计净残值率和年折旧率见表 15－32。

表 15－32　　**固定资产类别预计净残值率**

固定资产类别	估计经济使用年限	年折旧率（%）	预计净残值率（%）
房屋建筑物	25～40	3.8～2.375	5
专用设备	14	6.786	3
通用设备	10	8.125	5
运输设备	12	7.917	1
电子及办公设备	8	11.875	2

（4）固定资产的减值。期末时，对固定资产逐项进行检查，如果由于市价持续下跌，或技术陈旧、损坏、长期闲置等原因导致其可收回金额低于账面价值的，按单项固定资产可收回金额低于其账面价值的差额提取固定资产减值准备。

计提减值准备的固定资产在计提折旧时，按照该项固定资产的账面价值（即固定资产原价减去累计折旧和已计提的减值准备），以及尚可使用年限重新计算确定折旧率和折旧额。每年年度终了，对固定资产的使用寿命、预计净残值和折旧方法进行复核调整。固定资产使用寿命、预计净残值和折旧方法的改变作为会计估计变更处理。

14. 在建工程核算方法

在建工程指兴建中或安装中的资本性资产，以实际发生的支出作为工程成本入账。工程成本包括建筑费用、机器设备原价、安装费用及其他直接费用，以及在资产达到预定可使用状态之前为该项目专门借款所发生的借款费用。在建工程在达到预定可使用状态时，转入固定资产并自次月起开始计提折旧。

在建工程减值准备的核算见资产减值相关会计政策。在建工程减值损失一经确认，在以后会计期间不得转回。

15. 借款费用的核算方法

16. 无形资产核算方法

（1）无形资产是指公司拥有或者控制的没有实物形态的可辨认非货币性长期资产，同时满足下列条件的确认为无形资产：与该无形资产有关的经济利益很可能流入公司；该无形资产的成本能够可靠地计量。

（2）按取得时以实际成本计价。

①外购的无形资产按照购买价款、相关税费及直接归属于使该资产达到预定用途所发生的实际成本入账。

②投资者投入的无形资产，按投资方签订的投资合同或协议价值入账。

内部研究开发项目研究阶段的支出，于发生时计入当期损益。内部研究开发项目开发阶段的支出，同时满足下列条件的，确认为无形资产：

A. 完成该无形资产以使其能够使用或出售在技术上具有可行性；

B. 具有完成该无形资产并使用或出售的意图；

C. 无形资产产生经济利益的方式，包括能够证明运用该无形资产生产的产品存在市场或无形资产自身存在市场，无形资产将在内部使用的，可证明其有用性；

D. 有足够的技术、财务资源和其他资源支持，以完成该无形资产的开发，并有能力使用或出售该无形资产；

E. 归属于该无形资产开发阶段的支出能够可靠地计量。

公司划分内部研究开发项目研究阶段支出和开发阶段支出的具体标准为：A 研究阶段指企业为获取新的技术和知识等进行的有计划的调查、探索阶段确认为研究阶段；B 开发阶段指企业在进行商业性生产或使用前，将研究成果用于某项计划或设计，以生产出新的或具有实质性改进的材料、装置、产品等，此阶段作为开发阶段。

（3）使用寿命有限的无形资产，在自取得当月起在预计使用年限内分期平均摊销；使用寿命不确定的无形资产，不进行摊销。公司的无形资产类别及摊销期限见表15－33：

表15－33

项　目	预计使用年限	摊销年限
土地使用权	50年	50年
专有技术及专利权	10年	10年
技术许可费	8年	8年
计算机软件	5年	5年

公司在每年年度终了时，对使用寿命有限的无形资产的使用寿命及摊销方法进行复核，使用寿命与摊销方法不同的，根据情况改变摊销期限和摊销方法。期末时，对无形资产账面价值进行检查，如发现下列情况，则对无形资产的可收回性进行估计，并对该项无形资产的账面价值超过可收回金额的部分，计提减值准备：某项无形资产已被其他新技术等所替代，使其为公司创造经济利益的能力受到重大不利影响；某项无形资产的市场价在当期大幅下跌，其跌幅明显高于因时间的推移或正常使用而预计的下跌。其他足以证明某项无形资产的账面价值超过可收回金额的情形。

17. 商誉

非同一控制下企业合并时，对合并成本大于合并中取得的被购买方可辨认净资产公允价值份额的差额，确认为商誉。初始确认后，商誉按照成本扣除累计减值准备后的金额计量。每期末，结合与商誉相关的资产组或者资产组组合进行商誉减值测试。资产减值损失一经确认，在以后会计期间不予转回。

18. 长期待摊费用核算方法（略）

19. 应付职工薪酬核算方法（略）

20. 应付债券核算方法（略）

21. 预计负债核算方法（略）

22. 政府补助（略）

23. 所得税的会计处理方法（略）

24. 利润分配

公司税后净利润按以下顺序及比例分配：

(1) 弥补以前年度亏损；

(2) 提取10%的法定盈余公积；

(3) 提取任意盈余公积（提取比例由股东大会决定）；

(4) 分配股利（由股东大会决定分配方案）。

25. 会计政策、会计估计变更及重大会计差错更正

(1) 报告期内，本公司无重大会计政策变更；

(2) 会计估计变更报告期内，本公司无重大会计估计变更；

(3) 会计期间内未发生前期会计差错更正事项。

其余部分略。

会计报表编制习题